Von allen anderen Veröffentlichungen über Legasthenie und Wahrnehmungsstörungen unterscheidet sich dieses Buch in einem sehr wesentlichen Punkt: Es ist der Erfahrungsbericht einer Mutter, die ihre schwer legasthenen Söhne vor der Sonderschule bewahren konnte, indem sie selbst, ohne dafür ein Ausbildung zu haben, die Therapie übernahm.

Inzwischen hat in dieser zum zweitenmal überarbeiteten und stark erweiterten Neuauflage der einstmals von der Sonderschule bedrohte Sohn selbst in zwei Kapiteln über seine Erfahrungen berichtet.

Das Buch enthält eine Fülle praktischer Hilfen, die sowohl für unerfahrene Eltern als auch für Pädagogen und den Förderunterricht geeignet sind. Lehrer finden zudem wertvolle Hinweise und Erkenntnismerkmale für den täglichen Unterricht und Umgang mit teilleistungsgestörten Kindern. Es wurden die neuesten Erkenntnisse der Hirnforschung, viele Hilfen für rechenschwache, wahrnehmungsgestörte und sprachentwicklungsverzögerte Kinder, neues Fördermaterial und Bücher aufgenommen, ergänzt von Hinweisen zur Beurteilung einer guten Lerntherapie, für Bewerbungsschreiben, Prüfungserleichterungen bei erwachsenen Legasthenikern und einer Liste mit nützlichen Adressen.

Mechthild Firnhaber, geboren 1936, übernahm 1971 die Therapie ihrer beiden von der Legasthenie besonders schwer betroffenen Kinder, weil sie damals keine andere Möglichkeit sah, ihnen wirksam helfen zu können. Sie gründete in Hessen den Landesverband Legasthenie und eine große Anzahl von ehrenamtlich arbeitenden Elternselbsthilfegruppen. Sie berät heute Eltern, Lehrer und Ärzte, hält Vorträge und veranstaltet interdisziplinäre Fortbildungstagungen zum Thema »Integrationsstörungen«.

Mechthild Firnhaber

Legasthenie und andere Wahrnehmungsstörungen

Wie Eltern und Lehrer
helfen können

Unter Mitarbeit von
Dietrich Firnhaber
und Heidi Rupp

Fischer Taschenbuch Verlag

Mein besonderer Dank gilt
Frau Dr. Lisa Dummer-Smoch
und Frau Dr. Lotte Schenk-Danzinger (†)
für ihre fachliche und persönliche Unterstützung
und meinem Mann, der meine Arbeit
über all die Jahre mit viel Verständnis
und aktiver Hilfe unterstützt hat.

Meinen Söhnen gewidmet

12.–15. Tausend: September 1997

2. überarbeitete Neuausgabe
Veröffentlicht im Fischer Taschenbuch Verlag GmbH,
Frankfurt am Main, Juni 1996

© 1983, 1990, 1996 Fischer Taschenbuch Verlag GmbH,
Frankfurt am Main
Gesamtherstellung: Clausen & Bosse, Leck
Printed in Germany
ISBN 3-596-13197-9

Inhalt

Einführung:
Die Leiden des jungen D. oder
Ein Drama in unzähligen Akten
mit unerwartet gutem Ausgang

Das Foto vom September 1971 zeigt zwei fröhliche Jungen, die Schultüte im Arm. Der Klassenlehrer – das Pensionsalter bereits überschritten – versichert den Eltern, daß ihre Kinder in Kürze alle Straßenschilder lesen könnten. Zu Weihnachten könne man ihnen dann Bücher schenken. Er lehrt die alte Buchstabenmethode, Beginn mit Blockschrift.

Als die Klassenkameraden bereits Straßenschilder lesen, manche auch schon Zeitungsüberschriften, sitzt die Mutter der obengenannten Knaben auf dem Sofa, die Fibel auf dem Schoß. Rechts und links die Söhne, gar nicht mehr strahlend. Sie üben den Buchstaben »H« – aber sie lernen ihn nicht. Der Vorname ihrer Lieblingstante fängt mit H an. Die Mutter versucht es damit. Nichts geht. »Aber Mami, wir geben uns doch solche Mühe, wirklich!« Täglich dasselbe, täglich Verzweiflung. Oft genug endet der Leseversuch mit Tränen – nicht nur bei den Söhnen. Die Eltern sind ratlos. Für so unbegabt hatten sie die Kinder nicht gehalten.

Weihnachten gibt es nur bei ihnen keine Bücher, dafür bittet der Lehrer die Mutter nach den Ferien in die Schule. »Es ist doch wohl klar, daß Ihr Sohn D. in eine Sonderschule überwiesen werden muß.« Da ihr dies gar nicht klar ist, darf sie eine Schulstunde aus dem Hintergrund miterleben. Die Mutter wußte von Kreidestücken des Lehrers, die dem unaufmerksamen D. an den Kopf geflogen waren, wußte, daß er vor Schreck geweint hatte, wußte, daß dieser Pädagoge D.s Heft der Klasse zeigte mit den Worten: »Seht mal her, wie D. das Wort ›Kamel‹ geschrieben hat!« Johlender Beifall war dem Lehrer sicher. Was sie an diesem Tag sieht, trifft sie wie ein Keulenschlag. Der sonst so redegewandte, lebhafte, fröhliche D. sitzt mit tief gesenktem Kopf, schaut die ganze Stunde kein einziges Mal umher, sagt nichts.

Der ältere Sohn sitzt zwar aufmerksam da, sagt aber ebenfalls nichts.

Die Söhne werden dem Leiter der kinderpsychiatrischen Klinik in G. vorgestellt. Dort verfügte man schon damals über mehrjährige Erfahrung mit legasthenen Kindern. Diagnose beim älteren Jungen: gerade noch meßbare Schwerstlegasthenie. Diagnose beim jüngeren (D.): nicht mehr meßbare Schwerstlegasthenie! Da D.s Lehrer weiterhin die Sonderschule bevorzugt, Antrag auf zeitweise Befreiung vom öffentlichen Schulbesuch. Die Niedersächsischen Behörden erteilen die Erlaubnis. Noch vor Ende des 1. Schuljahres versucht eine angehende Sonderschulpädagogin, D. Lesen und Schreiben beizubringen. Die Mutter selber versucht es weiter mit dem ältesten Sohn W.

Beide Lehrenden besitzen keine Erfahrung auf dem Gebiet der Legasthenie, aber lesen fleißig Literatur darüber, verschaffen sich Material. Sie begehen sicher viele Fehler, aber es scheint, als ob D. kleinste Fortschritte macht. Ende des Jahres Umzug nach Hessen, stufenweise Wiedereinschulung ins 2. Schuljahr. Mühsam und schon fast erschöpft, versuchen Mutter und Sohn den geforderten Zielen nachzujagen – ohne sichtbaren Erfolg. Legasthenie-Unterricht privat bei einer Lehrerin, die ihm so viel Angst einjagt, daß D. am Abend vor dem Unterricht nicht einschlafen kann, am Morgen Bauchschmerzen hat.

Inzwischen Gründung des Bundesverbandes Legasthenie. Die Eltern sind unter den ersten Mitgliedern. Die Mutter erhält hilfreichen Rat, besucht alle Tagungen und später Kongresse, sucht Kontakt mit erfahrenen Legasthenie-Therapeuten, liest alles, was es über Legasthenie gibt, und entschließt sich schweren Herzens, D. vom 3. Schuljahr an selbst zu behandeln. Im Dorf, in dem die Familie lebt, findet sich keine andere Lehrkraft, weite Fahrten in die Stadt würden D. überfordern. D. kann zu diesem Zeitpunkt noch nicht lesen, ganz zu schweigen vom Schreiben. Sein Klassenlehrer in der 3. und 4. Klasse ist überzeugt, daß die einzig mögliche Schulform für D. die Sonderschule sei. Legasthenie hält er für eine dumme Erfindung. Die mehrfach in der Universitätsklinik in G. angefertigten Intelligenztests, die D. immerhin eine recht hohe Intelligenz bescheinigen, erklärt er alle für einen Irrtum. Dieser Herr wirft mit dem Schlüsselbund. Die Schulleiterin erklärt täglich: »D. braucht nichts zu sagen, er weiß ja doch nichts«, seine Meldungen übersieht sie schlichtweg. Die Klasse findet bald heraus, daß es D. tief trifft, wenn man ihn »Professor der Doofheit« nennt oder »D., der Doofe« im Dorf hinter ihm hergrölt. Um nicht noch mehr Sympathie zu verlieren, wehrt sich D. nicht, wenn man ihm Schreibzeug und Schulfrühstück wegnimmt. »Es hat keinen Sinn, Mami, wenn ich mich wehre, wird alles nur noch schlimmer.« Wenn er mit Nachbarskindern spielen will, schicken die Eltern ihn fort mit der Bemerkung: »Du brauchst gar nicht erst zu kommen. Du bist ja dümmer als alle Kinder dieser Straße.«

D. versucht, sich die Liebe der Klassenkameraden zu erkaufen. Sein gesamtes Taschengeld setzt er in Eis und Süßigkeiten um für andere. Sie werfen ihm das Eis vor die Füße und johlen. Er beginnt, seine liebsten Spielsachen zu verschenken. Ehe die Mutter einschreiten muß, hat D. mit 8 Jahren es selbst begriffen: Freunde kann man sich nicht kaufen. Dies war das erste Gespräch am Abend, eines von unzähligen, bis in die Nacht, die Mutter auf seinem Bettrand, der Sohn verzweifelt schluchzend in ihren Armen. »Warum? Was habe ich getan? Warum bin ich dümmer als die anderen? Was soll ich tun?«

Mitte des 4. Schuljahres kann D. mehrere Monate die Schule nicht besuchen, da Augenoperationen notwendig geworden sind. Der Plan der Eltern: Herausnahme aus der 4. Klasse, freiwillige Wiederholung, diese aber nicht am Ort, um ihn vor weiteren Diskriminierungen zu schützen, außerdem zunächst ein halbes Jahr zu Hause in Ruhe Legastheniebehandlung. Der Schulrat steht diesem Ansinnen fassungslos gegenüber, total überfordert. Der Oberschulrat im Regierungspräsidium wälzt Paragraphen. Für humane Entscheidungen ist er nicht zuständig, ablehnender Bescheid. Als er im Verlauf des Gespräches erfährt, daß die Eltern sogar den Plan haben, D. später auf ein Gymnasium zu schicken, schlägt er mit der Faust auf den Tisch und sagt: »Sie werden an mich und an diesen Tag noch denken: Dieses Kind gehört nicht in ein Gymnasium.« Nun, sie denken an ihn – noch oft –, aber nicht so, wie er es sich gedacht hatte!

Der nächste Schritt: Vorsprache im Kultusministerium. Man ist sehr verständnisvoll, bemüht zu helfen, aber leider – der Behördenweg muß eingehalten werden. Die Gutachten der Universitätsklinik in G. können nicht anerkannt werden – sehr bedauerlich.

Der Behördenweg ist möglich, aber fast ein Jahr könne es dauern, bis alles geregelt sei.

Ein Jahr so weitermachen, dann ist das Kind am Ende. Deprimiert fahren die Eltern heim.

Am nächsten Tag – ganz ohne Hoffnung – letzter Versuch zur Rettung von D. Anruf beim Schulrat des Nachbarkreises, in den D. jetzt eingeschult werden soll. Das Wunder geschieht: Eine unbürokratische, schnelle, menschliche Entscheidung wird getroffen. Der Schulrat, der Legasthenikerleid vom Nachhilfeunterricht, den seine Frau gibt, sehr genau kennt, erlaubt den halbjährigen Aufenthalt von D. zu Hause, einzige Bedingung: einmal wöchentlich Unterricht bei einem Deutschlehrer. Diesem Schulrat genügten die Gutachten aus G. Er glaubte ihnen, brauchte keinen Obergutachter. Auch die Einschulung danach im Nachbarkreis für die 2. Hälfte des 4. Schuljahres wurde von ihm geregelt. Dieser Schulrat bekommt jedes Jahr einen Anruf von der Mutter: Bericht über die weiteren Fortschritte von D., dem er in einer verzweiflungsvollen Phase seines Lebens entscheidend geholfen hat.

Das halbe Jahr zu Hause bezeichnet D. noch heute als die schönste Zeit seines Lebens. In Ruhe und nach festem Plan üben Mutter und Sohn Lesen und Schreiben, tun alles, was Legastheniker gern tun: Schreibmaschine schreiben, die Arbeit mit dem Kassettenrecorder, Spiele spielen und auch das, was sich die Mutter so ausdenkt an Übungen. Für jede Stunde, die sie ihm gibt, muß sie sich selbst eine Stunde vorbereiten. Sie ist ja keine Lehrerin, aber beiden – dem Sohn und der Mutter – macht das alles großen Spaß. Die vielen Hobbys, die er hat, darf er alle ausüben: Volkstanz mit angeschlossenem Entspannungstraining, Malen, Basteln, Modellieren bei einer großzügigen, jungen Kunstlehrerin, Jagdhorn blasen und Singen als einziges, umsorgtes Kind in einem kleinen Kirchenchor. Das Voltigieren gibt er bald wieder auf, denn da wird nur Leistungssport getrieben, nie ein Lob, immer nur Kritik, noch einmal, noch besser machen! Davon hatte er in der Schule genug, das wollte er nicht.

Das halbe Jahr ist nicht nur für Gemüt und Seele D.s ein voller Erfolg. Ein meßbar traumhafter Erfolg zeigt sich auch im erneut durchgeführten Lese-Rechtschreibtest.

Wiedereinschulung im Nachbarort. Die ältere, mütterlich-warmherzige Lehrerin braucht keine Woche, um zu erkennen, daß bei D.

keine angeborene Dummheit vorliegt. Sie setzt ihn zu den 5 Kindern (von 40!), die sie speziell fürs Gymnasium fördert! Eine Atempause für Mutter und Sohn, selbst im Rechnen gelingen gute Zensuren, obwohl D. auch eine sehr schwere Rechenschwäche hat.

Hinter den Eltern liegt inzwischen schon die Suche nach einem geeigneten Gymnasium für Legasthenie-Kinder. Die Gespräche mit den Direktoren der Oberschulen verlaufen alle gleich. »Rücksicht auf Legastheniker? Nein, tut mir leid, ist völlig ausgeschlossen.« Nur eine einzige Direktorin hatte – noch bevor der nun geltende gute hessische LRS-Erlaß herauskam – anders gedacht und gehandelt. Dort besuchte D.s Bruder W. inzwischen die Schule, die Legasthenie war zwar gebessert, aber die Fremdsprache brachte ihm für einige Zeit einen Rückschritt.

Nun der Start mit D. Zunächst Glück auf der ganzen Linie. Endlich wird D.s Verstand gefordert. Und denken kann er ja, dazu bedarf es keiner Buchstaben. Aber bald wittert die Klasse Unrecht – unterstützt von den Lehrern, die, mit Ausnahme der Deutschlehrerin, kein Verständnis für die Schwierigkeiten eines Legasthenikers aufbringen. Zwar zwingt der Erlaß sie später, Fehler und Diktate nicht zu werten, aber man streicht trotzdem alles rot an, doppelt unterstrichen den Fehler, am Rand nochmals ein roter Strich, die 5 oder 6 zwar in Klammern, aber deutlich sichtbar unter der mißlungenen Arbeit. Der Religionslehrer sieht nicht ein, warum D. nicht wenigstens »Zebaoth« richtig schreiben kann – das könne er wenigstens für eine Klassenarbeit verlangen! In Erdkunde bekommt er für die Führung des Heftes (obwohl von der Mutter alle Fehler verbessert worden sind) ein: »Katastrophal, völlig unleserliche Schrift – nicht zu benoten.« In anderen Fächern ist es ähnlich.

Regelrecht sadistisch gequält wird D. vom Mathematiklehrer. Von Rechenschwäche hat er natürlich noch nie etwas gehört, um so schneller und gründlicher findet er heraus, daß D. kein Selbstvertrauen besitzt, sich vor Angst immer schlimmer verrechnet. Die Szenen, D. an der Klassentafel, völlige Denkblockierung wegen der von ihm erwarteten Leistung, bringen der Klasse den nötigen Spaß im Mathematikunterricht. Erneuter Beweis für Lehrer und Klasse: D. ist dumm. Noch heute überfällt D. bei Mathearbeiten die alte Angst, die sich dort in ihm festgesetzt hat.

Am schlechtesten geht es in Englisch. Mutter und Sohn quälen sich redlich jeden Tag. Für jede Klassenarbeit schuften sie, denn D. will dem Lehrer – zugleich sein Klassenlehrer – beweisen, daß er besser wird. Er wird es nur leider nicht, und der junge, sozial eingestellte Pädagoge stellt D. mit all seinen Bemühungen um eine gute Klassenarbeit auf dieselbe Stufe mit denen, die aus Faulheit eine »5« schreiben, und mit denen, die mangels genügender Intelligenz keine bessere Arbeit schreiben konnten. Eine Erkenntnis, die D.s Arbeitseifer zwar nicht lähmt, denn er ist zum Glück als Kämpfer mit eisernem Willen geboren worden, er gibt nicht auf, aber sein Körper kann nicht mehr. Er bekommt eine schwere Kreislaufstörung, die lange Zeit eine ärztliche Behandlung notwendig macht.

Die Klasse ist irritiert. D. ist ihnen allen in manchen Fächern voraus. Religion, Sozialkunde, Biologie, Musik und Deutsch mündlich. Das spielt er aus. In anderen Fächern mit viel Schreibarbeit ist er bei den Schlechtesten. Das ärgert ihn. Die Klasse merkts. Sie haben wieder einen, den sie quälen können. D. wird zum Außenseiter. Morgens geht er mit gesenktem Kopf zur Schule, in den Pausen steht er allein; will er sich einer Gruppe anschließen, übersieht man ihn, mit gesenktem Kopf verläßt er wieder die Schule.
D. bekommt im 2. Schuljahr auf diesem Gymnasium eine sogenannte reaktive Depression, eine Reaktion auf die übergroßen, nicht mehr zu bewältigenden Schulprobleme. Seine Leistungen sinken rapide, nicht zuletzt deshalb, weil er seine sonst so gute mündliche Mitarbeit aufgibt. Trotz ärztlicher Mitteilung, daß D. als krank anzusehen sei, keine Reaktion bei den Lehrern. Zwar helfen Medikamente ihm schnell aus dem größten Tief heraus, aber die Leistungen bessern sich vorläufig nicht, die Versetzung ist gefährdet. Die Angst der Mutter, D.s Verzweiflung könnte übermächtig werden, wächst. Der Kinderpsychiater beruhigt, Gefahr bestehe bei diesem Kind nicht. Vieles spricht dafür, aber wenn D. sagt: »Mami, jetzt muß ich mal lange allein spazierengehen«, dann steht die Mutter die ganze Zeit am Fenster, unfähig, etwas zu tun, wartet, daß er zurückkommt. Die Abende am Bett des Sohnes werden häufiger, länger, verzweifelter, mutloser. Um an ihrer Angst und Sorge nicht zu ersticken, um die Kinder nicht zu bedrücken, fängt die Mutter an, in der Öffentlichkeit für die Legastheniker zu arbeiten, richtet Förder-

kurse ein, hält Elternseminare, Vorträge, rät und hilft anderen verzweifelten Eltern. Das hilft auch ihr. Sie sieht überall das gleiche Schicksal: ratlose Väter, weinende Mütter, Kinder am Ende ihrer Kräfte.

Inzwischen besucht D.s älterer Bruder W. seit der 7. Klasse ein Aufbau-Gymnasium hier am Ort, geleitet von christlich orientierten Lehrern. W. blüht auf, verbessert sich laufend in Leistung und Legasthenie. An dieser Schule wird aus der Legasthenie kein Problem gemacht. Man nimmt die notwendige Rücksicht, beurteilt und sieht auch die übrigen Fähigkeiten eines Kindes, macht ihm Mut. Diese Schule soll auch D. besuchen. Da er schließlich doch versetzt wird, kommt es auch dazu.

Zwar schüttelt der Direktor dieser Schule angesichts von D.s Schicksal bedenklich den Kopf, aber nach drei Wochen können die Tabletten in den Mülleimer. Sie werden nie wieder gebraucht. D. ist gesund! Nach einem Jahr auf dieser Schule sagt D.: »Das war mein erstes schönes Schuljahr«, und der Direktor dieser Schule ruft die Eltern an. Er hat D. mehrfach im Unterricht beobachten können. Sein Pädagogenherz, so sagt er ihnen, freue sich, wenn er dieses Kind beobachten könne. Das freut auch die Eltern. D., nun fünf Jahre auf dieser Schule, gehört inzwischen – wie auch sein älterer Bruder – zu den Besten seiner Klasse, in einigen Fächern ist er sogar der Beste. In Deutsch eine Eins, obwohl er durchaus nicht fehlerfrei schreiben kann. Aber er kann ja alles lesen, was ihm unter die Augen kommt, er kann denken, lernen und behalten. Aller Einsatz, alle Kämpfe haben einen Sinn bekommen. D. hat Freunde, wird anerkannt, keiner schließt ihn aus.

Morgens, wenn er geweckt wird, strahlt er die Mutter an. Wie viele lange, lange Jahre tat er das nicht? Sie zählt lieber nicht nach, das bringt nichts. Pfeifend verläßt er morgens das Haus. Mittags läutet die Haustürglocke Sturm. Beide Brüder (der Große inzwischen Klassensprecher) stürmen herein, pfeffern die Schultaschen in den Flur, sprudeln über von dem, was sie erlebten, fröhliche, aufregende, unerhörte, tolle Dinge. Sie sind Kinder, in deren Leben die Schule einen normalen Platz gefunden hat. Der gute hessische Erlaß und diese menschliche Schule schützen sie, geben ihnen Selbstvertrauen und die Möglichkeit, eine Schulbildung zu bekommen, die ihrer Begabung angemessen ist.

D. weiß, was er kann und was er noch nicht kann, nämlich ganz fehlerfrei schreiben, aber es bedrückt ihn nicht mehr, es behindert ihn nicht mehr. Er kann sich entwickeln, als wenn er keine Legasthenie hätte. D.s Leben ist glücklich geworden.

Leider ist das eine Ausnahme bei einer so schweren Legasthenie, wie D. sie hat. Aber gäbe es mehr Schulbeamte, Politiker und Lehrer, die humaner denken und handeln, die die Würde und das Wohl eines Kindes so hoch achteten wie die ihrer eigenen Person, gäbe es keine unglücklichen Legastheniker mehr, hätte es die Leiden des jungen D., meines Sohnes, nicht zu geben brauchen. (Wie es mit D. weitergegangen ist, erfahren Sie in den beiden letzten Kapiteln im Anhang des Buches.)

Vorwort 1989

Als ich 1983 die erste Ausgabe dieses Buches schrieb, war ich erfüllt von dem Gedanken, man müsse als Mutter nicht taten-, rat- und hilflos zusehen, wenn die schwer betroffenen Kinder zu scheitern drohen. So wurde dies ein sehr persönlicher Erfahrungsbericht, um Eltern Mut zu geben.

Inzwischen lernte ich durch dieses Buch, durch meine Elternberatung und meine Elternselbsthilfegruppen viele Mütter kennen, die aus leidvollem Erleben heraus so handelten, wie ich es damals getan hatte. Ich denke auch, daß die betroffenen Mütter mein Buch und mein Anliegen, zunächst einmal Hoffnung zu vermitteln, richtig verstanden haben. Einige Fachleute allerdings halten mir immer wieder vor, ich riefe mit meinem Buch bei denjenigen Müttern, die ihren Kindern aus mancherlei Gründen nicht so helfen konnten, Schuldgefühle und Versagensvorwürfe hervor. Ich möchte deshalb noch einmal ganz deutlich das hervorheben, was in vielen Kapiteln zwar schon steht, aber offensichtlich von den Fachleuten überlesen wurde: **Niemand soll glauben, alles so durchführen zu müssen, wie es hier beschrieben wurde. Niemand soll ein schlechtes Gewissen bekommen, weil bisher vielleicht schon etwas versäumt wurde, weil man nicht so handeln kann oder konnte. Jede Mutter wird das tun, was im Rahmen ihrer Persönlichkeit, ihrer Kräfte und ihrer Möglichkeiten steht. Mehr wird niemand von Ihnen erwarten!**
Und was immer Sie, die Eltern, nun für Ihr Kind tun wollen und können, die wichtigste und vorrangigste Hilfe, die Sie ihm geben können, ist, daß Sie den Glauben an Ihr Kind nicht verlieren, daß Sie zu ihm halten, daß Sie es verstehen und beschützen! Ein Kind, das sich von den Eltern akzeptiert und geliebt fühlt, kann die Verletzungen durch die Umwelt und sein »Versagen« leichter ertragen.
Mein ältester Sohn, inzwischen 25 Jahre, hat es vor kurzem noch

einmal deutlich ausgesprochen: »Du hast immer an uns geglaubt, Mami, und Kinder spüren das!«

▶ Ich möchte Sie aber nun auch bitten, nicht zu viel darüber zu grübeln, ob und wie Sie helfen können. Warten Sie vor allem nicht immer nur auf Hilfe von außen, von anderen. Seien Sie zuversichtlich und fangen Sie das an, was in Ihren Kräften steht. Dieses Buch will Sie darin unterstützen. Wer erkennt, das Legasthenie kein unabwendbar schlimmes Schicksal ist, wer dazu steht, der wird sich nicht mutlos machen lassen.

Mut und Durchhaltevermögen – das wünsche ich Ihnen!

Vorwort 1996

Die moderne Hirnforschung der letzten Jahre hat uns nicht nur neue Erkenntnisse zur Legasthenie gebracht, sondern auch zu den mannigfachen Wahrnehmungsstörungen, die diese Kinder zusätzlich noch haben können.

Zudem bin ich immer häufiger Kindern mit Sprachentwicklungsverzögerungen begegnet und habe mich deshalb entschlossen, auch darüber etwas zu schreiben. Denn wenn alles zusammentrifft, die Legasthenie, stärkere Probleme in den Wahrnehmungsbereichen und eine verzögerte oder auch gestörte Sprachentwicklung, dann wird es für Eltern meist besonders schwer, eine ausgewogene Balance zu finden zwischen Fordern und Überfordern.

Und nicht zuletzt bin ich in all den vergangenen Jahren auch immer wieder sehr bemühten Pädagogen begegnet, die diesen Kindern, die nun eigentlich in kein Schulsystem so richtig passen, gerne helfen würden – nur die Information, wie diese Unterstützung aussehen könnte, die fehlt zumeist.

So wurde in dem nun vorliegenden Buch alles Bisherige umgestellt, überarbeitet, ergänzt und um wichtige Kapitel aus dem Bereich der Forschung und Förderung dieser Kinder erweitert.

Teil I: Theorie

1. Unsere Kinder sind Legastheniker

Als wir 1971 erfuhren, daß unsere beiden Sönne eine Legasthenie haben, waren wir zunächst erleichtert. Sie werden dieses Gefühl kennen: Man atmet auf, daß die Ursache der vermeintlichen Dummheit gefunden ist und Zurückstufungen im Klassen- und Schulsystem – bis hin zur Sonderschule – vermieden werden können. Aber es wird Ihnen ähnlich gehen wie mir damals. Der Schock ist groß! Man fragt sich verzweifelt und ratlos, wie kann es weitergehen, was können wir tun, wie kann unserem Kind geholfen werden?

So fühlte auch ich mich mit diesen für mich neuen Problemen sehr alleingelassen. Zunächst war ich auch vollkommen hilflos, denn Förderkurse, ausgebildete Legasthenie-Therapeuten oder den Bundesverband Legasthenie gab es damals noch nicht. Da ich das Leid meiner verzweifelten Söhne aber auch nicht länger tatenlos ertragen konnte, entschloß ich mich, alles zu versuchen, um ihnen zu helfen. Ich war nicht berufstätig und hatte deshalb Zeit, die Legasthenie-Behandlung selbst zu übernehmen. Von meiner Berufsausbildung her war ich auf diese Aufgabe keineswegs vorbereitet, aber es blieb mir letztlich gar nichts anderes übrig, wenn ich verhindern wollte, daß meine Kinder an den Problemen der Legasthenie scheiterten.

Der Gedanke allerdings, daß meine Bemühungen, unseren Kindern zu helfen, mißlingen könnten, kostete viele schlaflose Nächte. Die Verantwortung, die ich mit dieser Aufgabe übernommen hatte, erschien mir zeitweilig kaum tragbar, wenn ich an die Schwere dieser Legasthenien und die geringe Chance einer Besserung dachte. Nirgendwo hatte ich bisher gehört oder gelesen, daß solche Kinder einen ihrer Begabung angemessenen schulischen Weg gehen könnten.

So ist dieses Buch die Summe meiner guten und schlechten Erfahrungen, die Summe der schweren und auch der schönen Erlebnisse, es ist der Bericht über viele Jahre an der Seite meiner legasthenen Kinder, über die Jahre, die unser Familienleben nachhaltig beeinflußt haben. Es waren schwere, leidvolle Jahre, die wir alle gewiß nicht noch einmal erleben möchten. Wir haben aber dabei erfahren, daß wir als Familie in der Lage waren, die Probleme zu bewältigen.

Immer wieder wird mir gesagt, es sei wohl nur in den seltensten Fällen möglich, daß eine Mutter sich so viele Jahre hindurch nur auf ihre Kinder konzentrieren könne. Ich glaube, alle Mütter von in irgendeiner Weise schwerbehinderten Kindern werden mir zustimmen, wenn ich sage, daß ich darüber überhaupt nicht nachgedacht habe, denn für mich gab es keine Alternative. Meine Kinder standen noch am Anfang ihres Lebens, aber ihre Zukunft war stark gefährdet. Ich war überzeugt, daß niemand meine Kinder besser kannte als ich, daß niemand sich so einsetzen würde für sie, wie es mir möglich war.

Nun, nach so vielen Jahren, weiß ich, daß keine Arbeit, keine Aufgabe sinnvoller und wichtiger hätte sein können als diese: meinen Kindern zu helfen, auch **mit** ihrer Legasthenie glückliche Menschen zu werden.

So kummervoll und bedrückend diese Jahre auch oft gewesen sind, so erlebe ich doch jetzt um so intensiver und dankbarer, daß die Söhne ihren Weg nun auch ohne mich und meine Hilfe gehen können, **denn sie haben gelernt, mit ihrer Behinderung zu leben.**

2. »Legasthenie«, was ist das?
Ein wichtiges Kapitel, das jeder lesen sollte

1. Unterscheidungsmerkmale der verschiedenen Lese-Rechtschreib-Schwächen

Für die Lese- und Rechtschreib-Schwächen im schulischen Alltag gibt es die unterschiedlichsten Ursachen. In ihren Auswirkungen sind sie sich alle aber sehr ähnlich: Das Kind lernt nicht oder nur sehr schwer das Lesen und Schreiben.

Um nun die jeweils richtige Therapie einzuleiten, muß man sich zunächst ein genaues Bild über die Ursachen verschaffen, denn es gibt viele Möglichkeiten, beim Lesen und Schreiben zu versagen. Ich will Ihnen die Unterscheidungsmerkmale der verschiedenen »Lese-Rechtschreib-Schwächen« einmal aufzeichnen (siehe auch L. Dummer):

a) methodisch bedingte (z. B. Ganzwortmethode)

b) durch äußere Bedingungen erworbene Lern- und Leistungsdefizite

c) Minderbegabung (allgemeine Lernbehinderung)

d) primäre Verhaltensstörungen, die zum allgemeinen Lern- und Leistungsversagen führen

e) angeborene oder erworbene Lese-Rechtschreib-Schwäche, die als **Legasthenie** oder **Dyslexia** (=internationaler Fachausdruck) bezeichnet wird bei **normaler bis überdurchschnittlich hoher Intelligenz**

Zu a): Oftmals ist die Methode, mit der dem Kind Lesen und Schreiben beigebracht wird, gerade für diesen Schüler nicht geeignet (z. B. die Ganzheitsmethode). Manchmal werden aber auch Fehler im Erstleseunterricht gemacht durch ungeeignete Fibeln, unerfahrene Lehrer oder auch zu große Klassen. Dann kann es vorkommen, daß diejenigen, die langsamer lernen, nicht mitkommen. Es entstehen schnell Lücken. Jeder weiterführende Unterricht baut auf »Löchern im Fundament« auf. Irgendwann bricht dann diese instabile Basis zusammen – das Kind versagt. Bei diesen Kindern hilft ein Lese-Rechtschreibtraining, das gezielt die entstandenen Lücken aufarbeitet.

Zu b): Zu den »äußeren Bedingungen« zähle ich u. a. Schul- bzw. Lehrerwechsel während des Leselernprozesses, schwere Erkrankungen in den ersten beiden Schuljahren und auch gravierende familiäre Ereignisse, die Lerndefizite verursachen können und Lese-Rechtschreibprobleme zur Folge haben. Auch hier hilft ein Lese-Rechtschreibtraining, das die Defizite behebt.

Zu c): das allgemein lernbehinderte Kind kann Lesen und Schreiben nur mühsam erlernen und wird in einer Lernbehindertenschule am besten gefördert werden können, denn dort wird der Leselernprozeß bis zum Ende der 4. Klasse gedehnt.

Zu d): Wenn primär verhaltensgestörte Kinder nicht lesen und schreiben lernen, hilft ihnen ein Lese-Rechtschreibtraining überhaupt nichts. Man muß die Ursache ihres Versagens finden und psychiatrisch-psychologisch behandeln.

❑ *Zu e)*: **Die Weltgesundheitsorganisation (WHO) und der Wissenschaftliche Beirat des Bundesverbandes Legasthenie definieren den Begriff »Legasthenie – Dyslexia« folgendermaßen:**
»Legasthenie ist die Bezeichnung für Schwächen beim Erlernen von Lesen, Schreiben und Rechtschreiben, die weder auf eine allgemeine Beeinträchtigung der geistigen Entwicklung noch auf unzulänglichen Unterricht zurückgeführt werden können.« (Entsprechend ist Legasthenie [Dyslexia oder auch umschriebene Lese-Rechtschreibschwäche] unter Ziffer 315.0 in der Internationalen Klassifikation der Krankheiten von 1979 – ICD 10 – und im Diagnostic und Statistical Manual of Mental Discorders von 1980 – DSM III – definiert.)
Wir können **primäre** (erbliche) und **sekundäre** (Schädigungsursachen z. B. durch Sauerstoffmangel vor, bei oder nach der Geburt o. ä.) Störungen als Ursache für die Legasthenie unterscheiden. Seit der deutsche Schularzt Oswald Berkhan die Legasthenie 1885 »entdeckte«, arbeiten Wissenschaftler weltweit an der Aufklärung dieser Phänomene.

Beides, sowohl die erbliche als auch die erworbene Hirnschädigung, kann natürlich zusammentreffen, und meist läßt sich dann nur schwer eine genaue Aussage über die eigentliche Ursache machen. Wir wissen aber, daß Kinder, die eindeutig durch eine minimale Hirnschädigung Lese-Rechtschreibprobleme bekamen, eine gute Chance haben, sich von der Pubertät an mit zunehmender Hirnreifung laufend und nachhaltig zu verbessern, vorausgesetzt, daß sie in einem harmonischen Umkreis aufwachsen, gezielte Hilfen erhalten und die Hirnschädigung nicht zu schwerwiegend war.

Häufig werden Sie auch hören, daß man Legasthenie als **»Teilleistungsschwäche«** des Gehirns bezeichnet, denn es sind in der Tat nur einige Teilfunktionen (Wahrnehmung, Sprache, Motorik) betroffen bei normal erhaltener Intelligenz.

Vielleicht werden Sie auch hören, daß man Legasthenie als **»Wahrnehmungs- oder Integrationsstörung«** bezeichnet, denn je nach Schweregrad sind verschiedene Wahrnehmungsbereiche des Kindes mehr oder weniger gestört, was dazu führt, daß das Gehirn die einzelnen Funktionen nicht integrieren kann, das Gehirn ist in einigen Teilbereichen seiner Tätigkeit »behindert« (s. Kap. 5).

Nach Dummer gehören alle Kinder, ob sie die Legasthenie nun ererbt oder bei der Geburt erworben haben, zunächst nicht zu den »Behinderten«, aber sie sind von »Behinderungen« bedroht.

Sicher gibt es auch Kinder, die ganz schlicht nur »Spätentwickler« sind, aus welchem Grunde auch immer. Auch hier gilt es, das Kind rechtzeitig mit den richtigen Hilfen zu fördern, damit keine Defizite entstehen. Man sollte also nicht abwarten, bis es sich »auswächst«!

❑ *Wichtig*: Noch ein Wort an die Eltern, denen vielfach gesagt wird, sie seien schuld am Entstehen der Legasthenie ihres Kindes. Wenn Sie den vorhergehenden Text gründlich gelesen haben, werden Sie wissen, daß dies nicht stimmen kann! Die Legasthenie Ihres Kindes hat organische Ursachen, die Sie nicht beeinflussen konnten. Lassen Sie sich deshalb von solchen Aussagen nicht irritieren, denn von Schuldgefühlen geplagte Eltern sind nicht sonderlich hilfreich für ihre Kinder!

2. Mögliche Folgen einer Legasthenie

Weil die Vorgänge im Gehirn beim Lernen und besonders beim Lesenlernen sehr kompliziert sind, können schon geringfügige Störungen schwerwiegende Folgen haben. Diese Folgen müssen nicht unbedingt eintreten. Wie gut und wie schnell sich das Gehirn von seiner Beeinträchtigung erholen kann, hängt von dem Grad der Schädigung ab und auch von den Bedingungen, unter denen ein solches Kind aufwächst. Wenn die Legasthenie rechtzeitig erkannt wird, wenn Schule und Elternhaus dem betroffenen Kind verständnisvoll begegnen und ihm helfen, dann kann der Legastheniker seine Lese-Rechtschreib-Schwäche weitgehend überwinden, und Verhaltensstörungen als Folge des andauernden Versagens können vermieden werden.

Je später die Legasthenie entdeckt wird, je verständnisloser die Umwelt auf das vermeintliche »Versagen« des Kindes reagiert, um so schwerer wird man den Teufelskreis der Legasthenie durchbrechen können. **Die ständigen Mißerfolge entmutigen den Legastheniker schließlich so weit, daß seine Leistungen in allen Fächern betroffen werden.** Auf sämtlichen Gebieten braucht er gute Lesefähigkeiten, die er aber nicht hat. Bei einer Klassenarbeit in Erdkunde, Biologie, Physik z. B. kann er seine richtige Antwort nicht aufschreiben, weil er nicht weiß, wie man dieses oder jenes Wort richtig schreibt. So gerät er immer mehr ins Hintertreffen und gibt schließlich entmutigt den aussichtslosen Kampf auf.

Der Diplom-Psychologe Volker Ebel drückt das so aus: »Schließlich wird auch jeder einsehen, daß dauernde Mißerfolgserlebnisse, denen man sich nicht entziehen kann, der Persönlichkeitsentwicklung bei Kindern und Jugendlichen schwer schaden können.«

Und Professor Othmar Kowarik schreibt: »Nicht selten sind die Folgen stärker als die Ursachen.«

Merke: Ein in seinen Funktionen nur leicht gestörtes Gehirn hat genügend Möglichkeiten, sich von diesen Beeinträchtigungen zu erholen. Es muß nur rechtzeitig mit dem Training begonnen werden. In Teil II lesen Sie mehr darüber.

▶ **Leichte und rechtzeitig behandelte Legasthenien** können folgenlos verschwinden. Alle **schweren Formen der Legasthenie** werden lebenslang zu gewissen Schwierigkeiten führen. Bei Ermüdung und unter Zeitnot werden sich immer wieder Rechtschreibfehler einstellen. Die meisten erwachsenen Legastheniker lesen nicht gerne, weil sie damit immer noch ihre Schwierigkeiten haben. Besonders Fachbücher, bei denen es auf **genaues Lesen** ankommt, bereiten ihnen Probleme. In der Berufsausbildung oder beim Studium macht ihnen zusätzlich das **Mitschreiben** von Vorträgen, Vorlesungen etc. Schwierigkeiten. Es geht nicht schnell genug, denn unbewußt müssen sie immer noch überlegen, in welcher Reihenfolge man die Buchstaben schreibt. Der vielen Fehler wegen wissen sie oft nicht mehr, was das Geschriebene bedeutet.

Für viele wird auch ein späteres Studium oder die Berufsausbildung allein schon dadurch erschwert, weil das Nachschlagen und Lesen in den Bibliotheken ein Problem bleibt. Das liegt zum einen daran, daß das Abc (die seriale Leistung) auch später noch nicht beherrscht wird, zum anderen, daß es schon sehr still in den Räumen sein muß, damit ein Legastheniker die nötige Ruhe zum Lesen findet (s. Kap. 3).

Außerdem schreiben Legastheniker in Klausuren oft Sätze nicht zu Ende, schaffen es nie in der vorgegebenen Zeit, übersehen wichtige Passagen oder Wörter, müssen schwierige Texte mehrfach lesen, nicht nur, um den Sinn zu erfassen, sondern auch, um sich zu vergewissern, daß sie sich nicht verlesen haben, kurzum – sie brauchen viel mehr Zeit als andere. Das bringt in der Tat manchen Legastheniker zur Verzweiflung. Und doch entwickeln gerade diese Menschen erstaunliche Fähigkeiten, um ihre Schwierigkeiten auszugleichen.

3. Legasthenie und die Ergebnisse der modernen Hirnforschung

Als ich 1983 die erste Auflage dieses Buches schrieb, konnte ich zu den Ursachen nur das sagen, was Sie im vorhergehenden Kapitel gelesen haben. Inzwischen hat die Hirnforschung gewaltige Fortschritte gemacht und viel Licht in die Entstehungsgeschichte der meist erblich bedingten Legasthenie gebracht. Noch wissen wir längst nicht alles, aber es fügt sich ein Puzzlesteinchen zum anderen, und es ist ungeheuer spannend, wie viel sich jetzt schon erklären läßt.

Bahnbrechend waren vor einigen Jahren die Erkenntnisse von Prof. Galaburda aus den USA. Seine neuropathologischen Untersuchungen wurden von vielen Forschern der unterschiedlichsten Fachrichtungen wie Neurologen, Neurophysiologen, Kinder- und Jugendpsychiatern, Pädaudiologen, Phoniatern, Neurolinguisten und Augenärzten inzwischen bestätigt.

Galaburda untersuchte Gehirne verstorbener Legastheniker, unter denen auch ein junger Deutscher war, und entdeckte einige minimale Veränderungen (u. a. Fehlbildungen). Da man heute sehr genau über die zeitliche Hirnreifung eines Embryos Bescheid weiß, konnte er feststellen, daß im 4. Schwangerschaftsmonat Zellen u. a. nicht weitergereift bzw. nicht weitergewandert waren.

Diese Störungen liegen überwiegend in den Sprachzentren der linken Hirnhälfte, und offensichtlich ergibt sich daraus, daß die führende Rolle der linken Hemisphäre in einigen Bereichen abgeschwächt oder gar nicht vorhanden ist. Diesen Befund haben andere Wissenschaftler mit besonderen Methoden (kernspintomographischen und speziellen EEG-Ableitungen) an »lebenden« Gehirnen inzwischen ebenfalls nachweisen können.

1991 hat Galaburda dann weitere Forschungen durchgeführt. Er untersuchte an den Gehirnen verstorbener Legastheniker **und** an lebenden Versuchspersonen (Legastheniker und Nichtlegastheniker) die »Sehwege«, also die visuellen Verarbeitungskanäle im Gehirn. Auch diese Untersuchungen wurden inzwischen mit Hilfe des EEGs und der bildhaften Darstellung der Gehirntätigkeit (brain mapping) bestätigt.

Man fand, daß einer dieser **Verarbeitungskanäle** in der »Schaltzentrale« im Gehirn einen Mangel an bestimmten großen Zellen aufwies. Diese großen Zellen sind zuständig für die Verarbeitung rasch aufeinanderfolgender Seheindrücke und auch für solche, die nicht besonders kontrastreich sind. Dies alles trifft u. a. auf Buchstaben zu. Sie folgen schnell hintereinander und unterscheiden sich kaum voneinander. Deshalb kann der Legastheniker nicht mehr ordnungsgemäß einen Buchstaben nach dem anderen aufnehmen bzw. unterscheiden. Vielmehr fließen sie ineinander über, denn die notwendige Entschlüsselung und Verarbeitung gehen wegen der fehlenden Zellen nicht schnell genug.

Auch die **Blickbewegungen** der Augen sind ganz offensichtlich nicht angepaßt. Sie werden im Gehirn nicht »gebremst«, wie das normalerweise sein müßte. Deswegen erfolgen sie ziemlich ungeordnet.

Und dazu kommt noch, daß die **Verweildauer** der Blickbewegungen, die man braucht, um ein Wort zu entschlüsseln, bei Legasthenikern nicht »vorschriftsmäßig« ist: Sie paßt sich nicht der Wortlänge oder dem Schwierigkeitsgrad des Wortes an.

So kommt es, daß Buchstaben nicht schnell genug erkannt werden können, daß sie in ihrer Reihenfolge vertauscht werden und daß sogar ganze Wort- und Satzteile »verschwinden«. Und dies wiederum betrifft meist die Vor- oder Endsilben eines Wortes und auch die Mitte. Es gibt also offensichtlich »Löcher« beim Sehen. Der Neurolinguist Prof. Huber nennt diese Unordnung beim Sehen »Blickbewegungsdschungel«. An der unruhigen Pupille dieser Kinder während des Lesens können Sie dies ganz gut erkennen.

Für diese »Löcher« beim Sehen hat D. noch als Erwachsener ein klassisches Beispiel geliefert: Er fährt mit dem Auto nach Frankfurt, will zum Hauptbahnhof und wundert sich, daß die Verkehrsschilder ihn permanent in eine Richtung lenken, in der seiner Meinung nach der Hauptbahnhof nicht sein kann. Als braver Bürger aber folgt er den Hinweisen, hat an der 4. Ampel endlich einmal Rot und so auch Zeit genug, um in Ruhe die Schilder zu lesen. Was liest er da? Wohin fährt er? Nicht zum »Haupt*bahn*hof«, nein, zum »Haupt*fried*hof«! Ganz klare Sache: Hier hat D. die beim schnellen Hinschauen ausgefallene Wortmitte kurzerhand mit dem Wort ersetzt, das er brauchte.

Solch wundersamen Wortverwandlungen wird man bei Legasthenikern, besonders in den ersten Schuljahren, sehr häufig begegnen. Sie erkennen das Wort nicht genau, aber mit Hilfe ihrer Phantasie und Begabung setzen sie das ein, was ihrer Meinung nach dahin paßt.

Zum Problem des **Lesenlernens** bei Legasthenikern hatte man übrigens vor Jahren schon mit ganz unterschiedlichen Untersuchungsmethoden (bildgebenden Verfahren und EEG) festgestellt, daß einige Legastheniker es nicht schaffen, beim Lesen ihre linke Hirnhälfte »dazuzuschalten«, wie es zum flüssigen Lesen notwendig ist.

Es gibt also mannigfaltige und langandauernde Hemmnisse beim Lesenlernen, aber natürlich ist – wie stets bei der Legasthenie – die Schwierigkeit, Buchstaben und Wörter zu entschlüsseln, nicht bei allen legasthenen Kindern gleich stark ausgeprägt. Es gibt auch Kinder, die diese Leseerschwernisse nicht oder nicht so ausgeprägt haben.

1994 veröffentlichten Galaburda und Mitarbeiter dann Studien über die **Hörverarbeitung** bei legasthenen und nicht legasthenen Menschen, die sich ebenfalls mit seinen Befunden an den Gehirnen verstorbener Legastheniker deckten.

Auch hier liegen die Probleme in der »Schaltzentrale«, dort wo die im Gehirn eingegangenen Laute zur Hirnrinde weitergeleitet werden. Ausgerechnet dort sind wiederum die Zellen, die für diese Arbeit benötigt werden, kleiner und ungeordneter, als sie eigentlich sein sollten. Dieser Fehler betrifft nun genau die Zellen, die für die Verarbeitung von rasch aufeinanderfolgenden Reizen bzw. Lauten zuständig sind. Die kurzen oder schnellen Laute wie b, t, d, g, k, p, die sog. »Stoppkonsonanten« (auch Plosiv- oder Verschlußlaute genannt), können deshalb nicht richtig verarbeitet werden. Das Kind erhält unscharfe Klangbilder und kann vor allem die ähnlich klingenden Buchstaben nicht unterscheiden.

Dazu kommt bei einigen Kindern noch ein weiteres Problem: Die Geräusche, die über die Ohren das Gehirn erreichen, kommen bei manchen Kindern auf der einen Seite schneller im Gehirn an als auf der anderen. Das kann man mit dem sog. »Dichotischen Hörtest« nachweisen. Es entsteht also hier schon ein »Hörsalat«, und das ist leider noch nicht alles!

Prof. Dr. G. Esser (Düsseldorf) und andere stellten außerdem fest, daß – genau wie bei der Blickbewegung – die normale Hemmung, der alle Reize im Gehirn unterliegen müssen, auch beim Hören unterentwickelt ist. Die Töne kommen also ungebremst, werden zu laut gehört und können auch nur schlecht voneinander unterschieden werden. Man nennt all diese Probleme zusammengenommen die **»Zentrale Fehlhörigkeit«**. Um die Auswirkungen dieser Fehlsteuerungen zu verdeutlichen, ein paar Beispiele:

Vielleicht erinnern Sie sich, daß Ihr Legastheniker als Kleinkind sehr erschrak oder sogar weinte bei den Sondersignalen von Polizei und Feuerwehr und bei lauter Jahrmarkts- und Radiomusik, daß in den ersten Schuljahren der Geräuschpegel der Klasse ihn total erschöpfte und die Stimme des Lehrers für ihn im allgemeinen Krach unterging. Die meisten Legastheniker können deshalb auch nur dann lesen, wenn sie eine sehr ruhige Umgebung haben.

Manche dieser fehlhörigen Kinder meiden lärmende Spielgruppen und den Schulhof während der Pausen, sind lieber für sich allein und verlieren schon deswegen leicht den Kontakt zu Gleichaltrigen. Dieses durch die Fehlhörigkeit entstandene soziale Problem kann auch später noch eine Rolle spielen, denn für einige stark betroffene Jugendliche ist z. B. die Lautstärke in den Discos außerordentlich quälend. Wer aber solche Vergnügungen dadurch meidet, verpaßt den Anschluß an die Gemeinschaft, gehört nicht dazu! Auch als Erwachsene haben sie größte Probleme, im Zug oder Bus ein Buch zu lesen, denn die sie umgebenden Geräusche können nicht verdrängt werden, sie laufen sozusagen immer mit und erschweren die Konzentration.

1995 brachten Untersuchungen Ergebnisse, die einen weiteren Baustein zur Erklärung der Legasthenie und anderer Wahrnehmungsstörungen liefern könnten. Sie wissen vielleicht, daß unsere beiden Gehirnhälften durch den sog. **Balken** verbunden sind. Über diesen Balken laufen ganz wichtige Nervenverbindungen für den Austausch der Informationen von rechter und linker Hirnhälfte. Nur wenn dieser Austausch klappt, kann der Mensch alle geforderten

Leistungen erbringen. Die sog. »Sensorische Integration«, die Sie im übernächsten Kapitel kennenlernen werden, ist geglückt.

Bei legasthenen Kindern nun fand man, daß dieser Balken an zwei Stellen dünner ist, als er eigentlich sein sollte. Nun kann man sich vorstellen, daß auch hier wieder wichtige Fasern fehlen oder vermindert sind oder die notwendigen Verbindungen zwischen den Zellen nicht hergestellt wurden. Und das beeinträchtigt natürlich die Zusammenarbeit der beiden Hirnhälften. Daß diese Zusammenarbeit gestört sein muß, wissen wir schon lange. Mit diesen neuen Ergebnissen aber können wir es uns nun auch besser erklären.

Merke:

1. Trotz dieser minimalen Mißbildungen ist die **Intelligenz** der Legastheniker **nicht** betroffen oder verringert.

2. Trotz dieser in der frühen Hirnentwicklung entstandenen Fehlbildungen kann eine **sinnvolle Therapie** eingesetzt werden. Gerade durch die Hirnforschungen der letzten Jahre wissen wir heute viel sicherer, was helfen kann. Deshalb werden auch in nächster Zeit noch bessere Fördermethoden entwickelt werden können.

3. Wir haben trotz allem Grund, für unsere betroffenen Kinder **hoffnungsvoll** in die Zukunft zu schauen.

4. Und noch eins: Ein Kind, das seine Legasthenie eindeutig durch eine Geburtsschädigung »erworben« hat, kann seine Probleme meist sehr viel besser und schneller und auch nachhaltiger »in den Griff« bekommen. Voraussetzung allerdings ist auch hier: **Rechtzeitig erkennen und angemessen fördern!** Nichts auf die leichte Schulter nehmen, nach dem Motto: So schlimm ist es ja gar nicht! Die Auswirkungen auf die Psyche, auch bei nur leichtem Versagen, sind oft unerwartet groß! Und vieles verschlechtert sich erst bei höheren Anforderungen, insbesondere bei begabten und fleißigen Kindern, die über viele Jahre hinweg ihre Schwierigkeiten ausgleichen konnten. Irgendwann aber, meist in der Pubertät, reicht die Kraft nicht mehr aus. Eine Förderung, die erst dann einsetzt, ist viel langwieriger und schwieriger.

Dramatisieren Sie nichts. Die Legasthenie darf nie im Mittelpunkt des Familienlebens stehen, aber sie darf auch nicht verdrängt werden, auch nicht in leichten Fällen.

4. Seine Füße schienen nicht zum Laufen gedacht zu sein...
Über den Leidensweg eines Kindes mit sensomotorischen Integrationsstörungen

Vor Jahren hatte ich für eine Ärztezeitschrift über die Probleme berichtet, die D. schon **vor** der Schule hatte. Ich habe diese Aufzeichnungen übernommen, da Sie vielleicht einerseits einiges an Auffälligkeiten darin wiederfinden, die auch Ihr Kind zeigte, und zum anderen führt es Sie ein in das nachfolgende Kapitel mit den wissenschaftlichen Erkenntnissen zu diesem Thema.

»Als D. im Alter war, in dem normalerweise ein Kleinkind sich krabbelnd den Raum erobert, vollführte er zum Entzücken der Eltern einen Schwänzeltanz auf dem Bauch. Weder der Neurologenvater noch der behandelnde Kinderarzt aus der Neuropädiatrie fanden dieses auffällig oder gar behandlungsbedürftig.

Später schienen seine Füße nicht zum Laufen gedacht zu sein. Regelmäßig fiel er in die einzige Pfütze des ganzen Weges, brach sich einen Zeh, weil er über einen gut sichtbaren Draht am Nordseestrand stolperte. Und war er mal mutig und sprang von der Sandklippe – dann landete er garantiert auf einem Splintstein, und die Mutter raste mal wieder mit einem schreienden und blutenden Sohn auf dem Rücksitz des Autos zum Unfallchirurgen.

Auf den Kinderspielplätzen mied er das Karussell wie die Pest, die Klettergerüste schienen ihn nicht zu interessieren, und erklomm er wirklich mal eine Rutsche, so saß er oben weinend fest, wagte sich weder vor noch zurück.

Ein besonders ängstliches, ungeschicktes, von der überbesorgten Mutter verwöhntes, unselbständiges Kind? Man sprach es nicht aus, aber die Mutter besaß die übernatürliche Fähigkeit, solche Gedanken lesen zu können! Noch heute sieht sie sich auf dem Flur der Polikinderklinik stehen, den D. auf und ab läuft, zwei Weißbekittelte neben sich, und hört sich verzweifelt fragen:»Sehen Sie denn nicht, wie komisch er läuft und sich bewegt?« Sicher, man sah es, fand es aber nicht ungewöhnlich, verordnete der überbesorgten Kollegenfrau zuliebe krankengymnastische Behandlung.

D. und sein zehn Monate älterer Bruder W. mit ähnlichen Schwierigkeiten erhielten nun von einer Krankengymnastin Nachhilfe im Laufen, Balancieren, Ball-Fangen und -Werfen, Hampelmann und ähnlichem mehr. Beide Knaben benahmen sich wie die Klabautermänner. Nichts, aber auch rein gar nichts schienen sie zu begreifen von den Anweisungen. Sollten sie über den Balken springen, liefen sie nebenher, sollten sie die Keule nach oben halten, warfen sie sie seitlich fort, statt auf den Rücken legten sie sich bäuchlings auf die Matte, und statt der Arme hoben sie das Bein in die Höhe.

Die Mutter schämte sich, so merkwürdig hatte sie die Söhne bisher noch nicht erlebt. Resigniert gaben Mutter und Krankengymnastin den Zirkus wieder auf. Beide hatten zu diesem Zeitpunkt von sensomotorischen Integrationsstörungen noch nichts gehört. Heute kann die Mutter dieses scheinbar unerklärliche Fehlverhalten ihrer Söhne gut verstehen und einordnen.

Als D. zur Schule kam, konnte er weder balancieren noch auf einem Bein stehen, weder eine Schleife binden noch sich ordnungsgemäß anziehen: rechter Schuh auf linken Fuß, Unterhose als Unterhemd, Pullover mit Ausschnitt nach hinten. Kästchenhüpfen, rhythmisch klatschen, zwei Punkte mit einem geraden Strich verbinden, Formen abmalen, ja sogar die Schwungübungen des I-Männchens mißlangen gründlichst. Buchstaben existieren für ihn überhaupt nicht.

Die Mutter erinnert sich noch gut daran, wie sie in der Augenklinik, in der D. wegen Schielens behandelt wurde, vollkommen verzweifelt den Arzt anflehte: »Bitte schauen Sie in der Literatur nach: kann es sein, daß Kinder nicht Lesen lernen?« Höflich, wie man sich eben gegenüber Kollegenfrauen verhält, wurde dies verneint.

Aus meiner Elternarbeit weiß ich, daß fast alle Mütter, denen auffällt, daß ihr Kind sich »anders« entwickelt, als overprotecting abgetan werden. Viele fühlen sich schließlich so schuldig, daß sie gar nicht mehr zugeben können, daß ihr Kind langsamer, ungeschickter und auffälliger war als andere.

Das aber muß verhindert werden, um ein rechtzeitiges Erkennen und Fördern zu gewährleisten. Lesen Sie daher das nachfolgende Kapitel aufmerksam und, falls Ihr Kind entsprechende Probleme hat, auch das Kapitel 16, damit Sie wissen, wie Sie helfen können.

5. Ein Kapitel über Wahrnehmung, Wahrnehmungsstörungen und ihre Folgen
Mit Checkliste für Lehrer

Nach den vorhergehenden Kapiteln werden Sie verstehen, daß eine Legasthenie zu haben oft nur die »Spitze eines Eisberges« (Dummer-Smoch) bedeutet. Darunter verbergen sich bei vielen Kindern mannigfache und ganz unterschiedlich stark ausgeprägte Störungen in bestimmten Wahrnehmungsbereichen, die zunächst als Entwicklungsverzögerungen auffallen – oder besser: auffallen sollten! Die Kinderneurologin Dr. Flehmig sagt, daß der Verdacht darauf schon vom 2. Lebensmonat an bestehen kann.

Es gibt für diese Entwicklungsverzögerungen in den Wahrnehmungsbereichen die unterschiedlichsten Bezeichnungen, die aber alle inhaltlich dasselbe meinen. Man spricht also von:

a) Wahrnehmungsstörungen oder
b) gestörter Sensorischer Integration (die Erklärung für diesen Begriff erfahren Sie weiter unten) oder
c) Teilleistungsschwächen im verbosensomotorischen Bereich (das bedeutet übersetzt: Schwächen in einigen Teilbereichen, und zwar in der Sprache, beim Spüren, Fühlen und in der Bewegung),
d) früher, aber heute auch noch gebräuchlich, war die Bezeichnung »MCD« (minimale Hirnschädigung) sehr üblich.

Lassen Sie sich durch die vielen Fremdwörter nicht verwirren. Leider gibt es noch keine einheitliche Bezeichnung. Und damit Sie wissen, wovon die Fachleute reden, habe ich Ihnen diese Vielfalt der medizinischen und pädagogisch-psychologischen Begriffe aufgezählt.

Verschiedenes wissen wir heute ganz sicher:
1. Darauf zu warten, daß sich Entwicklungsverzögerungen von alleine »auswachsen« oder gar »in Luft auflösen«, ist nicht nur leichtsinnig, sondern unverantwortlich.
2. Möglicherweise fallen die Störungen kaum auf, aber selbst eine

nur ganz leichte Verzögerung z. B. in der normalen Sprachentwicklung **kann, aber muß nicht**, erhebliche Folgen für das Lernen in der Schule haben.

3. Wir können heute viel tun, um Kindern mit Entwicklungsverzögerungen in den Wahrnehmungsbereichen zu helfen (s. Kap. 16). Aber: **Es sollte rechtzeitig geschehen!** Verfallen Sie bitte nun nicht in Panik, denn **es ist nie zu spät**, um nicht doch noch eine Besserung zu erzielen. (Lesen Sie dazu auch das Kap. 10 über unseren Sohn W.)

Bevor wir uns jetzt mit den gestörten Wahrnehmungsfunktionen der Legastheniker beschäftigen, möchte ich Sie noch auf ein in der heutigen Zeit zunehmend häufiger anzutreffendes Problem aufmerksam machen, und zwar auf Entwicklungsverzögerungen im Bereich der Sprache, der Bewegung und der Körperbeherrschung, die **nicht angeboren oder durch Geburtsschäden erworben wurden.**

Wie kommt es dazu? Wir wissen, daß die geistige Entwicklung in den ersten 1 ½ Lebensjahren – und auch später noch – entscheidend beeinflußt wird durch eine normale Bewegungsentwicklung (Piaget). Das aber ist heute nicht mehr so ohne weiteres gegeben.

Warum ist das so? Es ist sicher verständlich für diejenigen, die noch aus *der* Generation stammen, in der die Kinder mit Ballspielen, Seilchen- und Kästchenhüpfen, Stelzengehen, Murmelspielen, Schaukeln und Wippen ihre Freizeit verbrachten, als es noch keinen Fernseher, kein Video und keine PC-Spiele, als es noch keine Hochhäuser und keine zubetonierten »Spielplätze« gab. Oft »verdanken« unsere Kinder ihre Lernprobleme also »nur« ihrer Bewegungsarmut. Wenn man sie mit einem sportlichen Programm (psychomotorische Übungen) fördert, verliert sich ihr Entwicklungsrückstand recht schnell (Willimczik u. a.). Auch eine solche Ursache muß also in Betracht gezogen werden.

Wir wollen uns aber jetzt mit denjenigen Wahrnehmungsstörungen beschäftigen, die unsere Legastheniker zusätzlich zu ihrem Versagen beim Lesen und Schreiben noch haben können. Zum Glück tragen nicht alle solche Komplikationen mit sich herum. **Diese zusätzlichen Wahrnehmungsstörungen gehören also nicht zwangsläufig zur Legasthenie,** aber sie kommen doch sehr gehäuft vor, und deshalb gehe ich auch so ausführlich darauf ein.

Was versteht man unter den Begriffen »Wahrnehmungsstörungen«
oder »gestörte Sensorische Integration« oder »Teilleistungsschwächen im verbosensomotorischen Bereich«? Da gilt es zunächst zu
klären:

1. Was ist Wahrnehmung?

Sie alle kennen unsere Sinne: Sehen – Hören – Riechen – Schmek-
ken – Tasten (Fühlen). Diese Sinne sind wie Antennen, mit denen
wir uns und unsere Umgebung wahrnehmen, uns ihr anpassen und
uns so verhalten, wie die Situation es erfordert. Wenn also ein Kind
immer wieder an den heißen Herd faßt, obwohl es sich schon tüchtig
verbrannt hat, verhält es sich unangepaßt, nicht situationsgerecht.
Seine Wahrnehmung, daß eine Herdplatte heiß sein kann, ist offensichtlich gestört.

2. Um welche Wahrnehmungs- bzw. Sinnesbereiche kann es
   sich bei den Legasthenikern handeln?

Wir unterscheiden:
a) den Gleichgewichtssinn (Vestibulärsystem),
b) den Bewegungssinn (Kinästhetisches System),
c) den Berührungssinn (Taktiles System),
d) den Sehsinn (Optisches oder Visuelles System) und
e) den Hörsinn (Auditives oder Akustisches System).
Die beiden letzten Sinne sind bei allen Legasthenikern immer mehr
oder weniger betroffen.
**Um Lesen, Schreiben oder Rechnen zu lernen, muß das Gehirn mit
den verschiedenen Sinnen gut zusammenarbeiten. Das bezeichnet
man als »Sensorische Integration«.**
Ein Beispiel: Ein Säugling kann den Ton einer Rassel **hören**, er kann
die Rassel **sehen**, aber erst wenn er danach **greift**, arbeiten die Sinne
des Hörens, des Sehens und der Bewegung ordnungsgemäß zusammen. Es dauert also eine Zeit, bis der Säugling »begreift«, d. h.
durch die Berührung (Greifen) der Rassel lernt, daß sie dieses
Geräusch, das er hört, von sich gibt. Dann erst beginnt die Lautbil-

dung. Der Säugling freut sich über den Ton und beginnt ihn nachzulallen. Ganz deutlich wird mit diesem Beispiel, wie die Sprachentwicklung von der Bewegung abhängig ist. **Es ist ein regelrechter Kreisprozeß.** Wenn ein Teil fehlt, kann der Kreis sich nicht schließen.

3. Was kann passieren?

Aufgrund der neuropsychologischen und neurophysiologischen Hirnforschungen (nachzulesen z. B. bei dem Nobelpreisträger J. Eccles in »Gehirn und Seele«) wissen wir, daß manche Kinder entscheidende Entwicklungsschritte hinsichtlich Bewegung und Wahrnehmung nur unzureichend vollzogen haben. Aus den verschiedensten Ursachen heraus kann es geschehen, daß eins oder mehrere dieser Systeme in der Entwicklung gestört wurden oder auch, daß die einzelnen Sinne nicht gelernt haben, miteinander zu arbeiten.

Es kann also sein, daß

a) die Aufnahme von Reizen gestört ist (das Kind hört die Rassel nur undeutlich),

b) die Speicherung oder das Abrufen dieser Reize betroffen ist (das Kind erkennt den Rassellaut nicht wieder) oder

c) aber die **Verarbeitung und Weiterleitung von Reizen an das zentrale Nervensystem (Gehirn)** gestört ist, und hier wissen wir in bezug auf die Legasthenie durch neuere Forschungen schon sehr viel mehr (s. Kap. 3).

Bei dieser unzureichenden Verarbeitung von Reizen kann es z. B. zu einem falschen Umweltbild kommen. Das Kind erhält nicht die richtigen Informationen, um sich angepaßt zu verhalten.

Beispiel:

D. klettert mit einiger Mühe auf die Rutsche, aber oben angekommen, erschreckt ihn der Weg nach unten, denn er kann die Entfernung bis zur Erde nicht einschätzen, hat keinerlei Informationen darüber, bekommt Angst, schreit wie am Spieß, will weder vor noch zurück. Unter den »Angsthase«-Rufen der Spielkinder und den leicht überheblichen Blicken der anderen Mütter hole ich also den Sohnemann oben wieder ab.

Warum schreit D.? Ganz einfach: Als Folge seiner fehlerhaft arbeitenden Wahrnehmungsbereiche kennt er sich an seinem Körper nicht aus, er weiß nicht, wo oben und unten, vorne und hinten ist, weiß nicht, wo sein Körper anfängt oder aufhört, ob er anstößt oder vorbeikommt. Er kann seinen Körper nicht in Beziehung setzen zu dem ihn umgebenden Raum. Durch seine Gleichgewichtsprobleme weiß er nicht, wie sein Körper sich verhalten wird, wenn er rutschen würde, also bekommt er Angst und schreit ganz fürchterlich. Logisch, oder?

Ich will nun die Probleme, die D. hatte, und die viele Kinder zusätzlich zur Legasthenie haben, noch etwas genauer aufschlüsseln.

4. Wie können die einzelnen Störungen aussehen oder sich bemerkbar machen?

a) Die gestörte Körperwahrnehmung
Die Informationen, die ein Kind für seine sog.»Körperwahrnehmung« braucht, kommen vom Gleichgewicht, vom Bewegungssystem und vom Berührungssinn. Am Erlebnis unseres Sohnes mit der Rutsche können Sie erkennen, welche Folgen eine gestörte Körperwahrnehmung haben kann. Weil wir damals, als D. klein war, über dies alles noch nicht Bescheid wußten, wurde D. natürlich auch nicht behandelt, und so hat er heute noch Probleme damit. Wenn er in einen Raum voller Menschen kommt, glaubt er überall anzustoßen, denn für die»Außenmaße« seines Körpers hat er immer noch kein gutes Gefühl. In einem vollen Raum, in dem er nicht mehr sehen kann, wohin seine Füße treten, glaubt er zu schwanken, denn die Information von seinen Fuß- und Beinmuskeln an das Gleichgewicht ist mangelhaft. D. kann inzwischen damit leben, aber mir wurde erst nachträglich klar, mit welchen ungeheuren Ängsten Kinder wie D. leben müssen und welchen Diskriminierungen sie ausgesetzt sind, weil so vieles nicht klappt, was Gleichaltrige mühelos können. Denn zu dieser gestörten Körperwahrnehmung (a) kann leider nämlich noch so einiges dazukommen, was nicht ordnungsgemäß funktioniert, wie die

b) Störung der taktilen Wahrnehmung
Es gibt Kinder, die außerordentlich berührungsempfindlich sind, die abwehrend reagieren, wenn sie gestreichelt werden, die be-

stimmte Stoffe nicht anfassen mögen und die Haar- und Zahnbürsten für die Erfindung des Teufels halten. Solchermaßen Betroffene können u. U. mit Panik reagieren, wenn ihnen im Gedränge (Schulhof, U-Bahn, Sport) jemand zu nahe kommt. Sie können dann vielleicht sogar aggressiv um sich schlagen. Oft sitzen sie daher am liebsten alleine in der Schulbank oder spielen gerne ganz für sich.
Wenn dazu dann noch die

c) *Störungen beim Sehen,*

d) *Störungen beim Hören und*

e) *Störungen in der Grob- und Feinmotorik*

kommen, dann gelten diese Kinder schnell als Spielverderber, weil sie keinen Ball fangen oder halten können, weil sie tolpatschig zerstören, was mühsam aufgebaut wurde. Man lacht über sie, weil sie jedes einfache Lied falsch singen, keinen Rhythmus nachklopfen können, weil sie nicht hüpfen und nicht rollern können, vom Schwimmen und Fahrradfahren ganz zu schweigen. Man gerät in Verzweiflung über sie, weil sie sich nicht ordnungsgemäß anziehen lernen, weil sie von jedem Balken fallen oder ständig Unfälle bauen, weil sie den Stift wie einen Besenstiel halten und ... und ... und ..., diese Liste kann beliebig verlängert werden.

Es läßt sich denken, daß diese Fehlfunktionen, wenn sie denn massiv auftreten, auch noch in ganz anderen Bereichen erhebliche Folgen haben können, wie z. B.

5. Organische Folgen

Bei Kindern, die in mehreren Bereichen Störungen haben, arbeiten rechte und linke Hirnhälfte noch nicht ordnungsgemäß zusammen (s. Kap. 3). Das merkt man sehr deutlich daran, daß sie ihre sog. Körpermitte nicht überkreuzen können, also beim Schreiben das Blatt ganz schräg vor sich liegen haben oder es nicht schaffen, von einem Punkt links auf dem Blatt eine gerade Linie zu ziehen zu einem Punkt rechts auf dem Blatt, ohne daß sie absetzen müssen. Oder daß es nicht gelingt, auf dem Papier oder in der Luft eine »liegende Acht« zu malen.

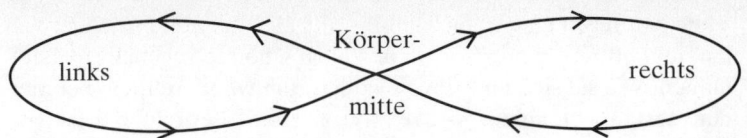

links   Körper-   rechts
mitte

Kinder, die dies noch nicht beherrschen, sind benachteiligt, denn wenn sie in der Schule erfolgreich lernen sollen, müssen die **Wahrnehmungsbereiche beider Hirnhälften gut funktionieren und miteinander arbeiten. Es müssen sich also rechte und linke Hirnhälfte reibungslos »verständigen« können.** Wo dies noch nicht funktioniert, sind Lernprobleme vorprogrammiert!

6. Psychische Folgen

Wer sein Versagen frühzeitig spürt – wie D. –, zieht sich zurück, um nicht aufzufallen und ausgelacht zu werden. Bei Geburtstagsfesten blieb D. stets am Tisch sitzen und aß und aß, nur um nicht mit den eingeladenen Spielkameraden Dinge tun zu müssen, bei denen er doch versagen würde. Andere markieren den Kasper, um zu »überspielen«, was sie nicht können.

Vielleicht erkennen Sie, mit welchem frühen Leid und welchen Ängsten ein solches Kind fertig werden muß. Auch heute noch bekomme ich Bauchschmerzen, wenn ich an all das denke, was D. erleiden mußte, ohne daß wir auch nur die leiseste Ahnung davon hatten.

Wundert es Sie, wenn ein so gehandicaptes Kind schon im Kindergarten als verhaltensauffällig gilt? Und in der Schule heißt es dann nur lapidar: »Na, der kann keine Legasthenie haben, der war ja schon im Kindergarten gestört.« Und gerade in der Schule, wenn eine schwere Legasthenie dann so richtig »ausbricht«, geraten diese Kinder zunehmend unter Druck. Da reagieren einige mit Aggressivität, mit übertriebenem Selbstbewußtsein oder Kaspern, und manche geraten dann schnell in die kriminelle Szene, in Drogenabhängigkeit oder in die Hände von Sekten. **Nie und nirgends erfolgreich zu sein, ist eben kaum zu ertragen!**

Andere Kinder wiederum ziehen sich zurück, werden zunehmend stiller, schließlich depressiv und oft sogar selbstmordgefährdet.

Viele Mütter erzählen mir, daß ihre Kinder nicht mehr leben wollen, und oft haben die Betroffenen auch schon sehr genaue Vorstellungen, wie sie sich umbringen wollen. Ich wundere mich bei meinen Beratungen immer, wie relativ gelassen Eltern doch diese verzweifelten Aussagen zur Kenntnis nehmen. Da müßten eigentlich alle Alarmglocken schrillen und das Kind sofort zum Kinderpsychiater gebracht werden. **Denn dieses große Leid, das Kinder in solchen Situationen bewältigen müssen, wird unbehandelt kaum je vergessen werden können!**

Daraus werden dann diejenigen erwachsenen Legastheniker, die nach einem mühevollen und oft nicht der Begabung entsprechenden Schulabschluß keine angemessene Berufsausbildung durchstehen können, weil sie allen Anforderungen ausweichen und sich nichts mehr zutrauen aus der bekannten Angst heraus, wieder zu versagen. Wenn es einigermaßen gutgegangen ist, dann verschließen sie das Schulkapitel ganz fest in sich, verdrängen alles, wollen von Legasthenie nichts mehr wissen. Haben sie dann später eigene legasthene Kinder, reagieren sie entweder besonders hart und uneinsichtig oder – und das sind häufig die Mütter – bekennen verzweifelt, daß sie das Problem selbst auch haben und nun gar nicht mehr weiter wissen.

Auch diejenigen erwachsenen Legastheniker, die ihr Handicap im Berufsleben jahrelang verschwiegen haben, können eines Tages die Kraft nicht mehr aufbringen, ständig gegen ihre Schwierigkeiten anzukämpfen. Viele teilen ihre Probleme ja noch nicht einmal ihrem Partner mit! So entsteht ein schlimmer Kreislauf. Sehr eindrucksvoll wurde diese generationsübergreifende Tragödie in dem amerikanischen Film »Großvaters Geständnis« dargestellt. Wollen Sie in Ihrer Umgebung Verständnis erwecken für die Probleme dieser Menschen, so zeigen Sie den Film (das Video ist evtl. über Ihren Landesverband Legasthenie zu erhalten), aber das Taschentuch nicht vergessen! Wer mit seinem Kind das Leid mitgetragen hat, wird alles im Film wiederfinden. Doch seien Sie unbesorgt – er geht gut aus!

7. Psychosomatische Folgen

Diese Probleme können sehr schwerwiegend und schlecht zu erkennen sein. Deshalb habe ich sie ausführlich beschrieben.
Eine Mutter ruft an, fragt, ob zur Legasthenie auch gehöre, daß ihr Sohn extrem lustlos und müde sei und dies sogar in den Ferien. Als ich erfahre, daß die Probleme erst seit einer Grippe bestehen und er zudem über Gelenkbeschwerden klagt, rate ich zu einem sofortigen Arztbesuch. Es waren in diesem Fall zum Glück »nur« die Folgen einer sehr schweren Virusinfektion, aber es hätte natürlich auch eine Folge der großen Belastungen durch die Legasthenie sein können.
Es ist für Eltern fast unmöglich, Beschwerden richtig einzuordnen. Bauch- und Kopfschmerzen, Erbrechen, Unruhe, Müdigkeit und diffuse Gelenkbeschwerden können zwar psychosomatische Reaktionen auf die Legasthenie sein, es könnte aber auch eine ernsthafte Erkrankung dahinter stecken. **Deshalb alle unklaren Beschwerden gründlich abklären lassen!**
Wie sehr die gequälte Seele eines Legasthenikerkindes den Körper beeinflussen kann, haben wir mit D. erlebt. In der 3. Klasse erkrankt D. mit einer schweren Angina und behält Schmerzen in Knien, Beinen, Schultern und Armen zurück. Der Kinderarzt veranlaßt die Einweisung in eine Kinderklinik in M. Dort findet man zwar keine Ursache seiner Gelenkbeschwerden, stellt aber eine andere abenteuerliche Diagnose, vermutlich deshalb, weil D. dort anfing, ganz fürchterlich zu kaspern. Denn sehr schnell hatte er gemerkt, daß er damit endlich einmal erfolgreich war. Die Aufmerksamkeit der kranken Kinder, der Schwestern und Ärzte war ihm sicher!
Da der Neurologenvater dieser Diagnose mißtraut, packe ich mein verzweifeltes und sichtbar krankes Kind auf den Rücksitz des Autos, die schmerzenden Gelenke gut gepolstert, und fahre in eine bekannte Kinderrheumaklinik.
Diese Fahrt werden wir beide, D. und ich, wohl nie vergessen. Dichter Winternebel über der Autobahn, die lähmende Angst, was kann das Kind haben, die Aussicht auf einen erneuten Krankenhausaufenthalt, alles legt sich auf unser beider Gemüt, und in der Raststätte ist D. so übel, daß ihn weder Pommes noch Wiener Schnitzel locken

können. In der Großstadt, durch die wir fahren müssen, verursache ich fast einen Unfall, und als wir in der Klinik ankommen, kann ich vor Kopfschmerzen kaum noch vernünftig auf die Fragen des Arztes antworten.

Drei Wochen lang war ich jeden Tag zu D. in die Klinik gefahren, eine Stunde hin, eine Stunde zurück, aber nun droht die Trennung, denn Mütter sind in dieser Klinik damals noch nicht erwünscht gewesen. So versuche ich, eine »vernünftige«, eine »tapfere« Mutter zu sein, nicht überbesorgt, nicht verzweifelt, denn sonst, so befürchte ich, könnte man, wie die Schwestern der Klinik in M., wieder der Meinung sein, daß bei »der« Mutter das arme Kind ja gar keine Chance hat, normal zu sein. So mühe ich mich, aber die Augen des untersuchenden Arztes signalisieren mir, er weiß, das Nervenkostüm der Mutter ist zur Zeit nicht das beste, aber er versteht mich. Ich weiß mein Kind in fürsorglichen Händen.

Besuchen darf ich unseren Sohn allerdings nur am Wochenende. Ich sehe mich noch, als wäre es gestern, mit den anderen Müttern wartend auf der Treppe der Klinik stehen, bis Punkt 15 Uhr die Tür zur Station für eine Stunde geöffnet wird. Da D. nicht zu den schwerkranken Kindern gehört, darf ich mit ihm spazierengehen und bleibe einfach länger fort. Danach tut D. etwas ganz und gar Verbotenes. Er steigt in der Toilette auf das Klo, um mir aus dem Fenster nachzuwinken. Zum Glück finde ich für die Wochenenden ein Zimmer genau gegenüber, und wie Indianer verabreden wir geheime Zeichen vom Toilettenfenster zu meinem Fenster und zurück.

Drei Wochen Klinik, aber man findet die Ursache seiner Schmerzen auch hier nicht. Beim Abschlußgespräch fragt mich der Arzt: »Könnte Ihr Sohn Probleme in der Schule haben?« »Ja, natürlich hat er die, aber können Gelenkschmerzen daher kommen?« Hilflos zuckt der Mediziner die Schultern, darauf weiß auch er keine Antwort.

Wir fahren gleich weiter nach G. zur kinderneurologischen Untersuchung, zu dem Arzt, dem unser ältester Sohn W. sein Leben verdankt. Er findet Probleme in der motorischen Entwicklung, in der Koordination und dem Gleichgewicht. Meine Kusine, Krankengymnastin, zufällig bei uns zu Besuch, stellt fest, daß D. nicht imstande ist, sich gerade auf den Fußboden zu legen und bestimmte Bewegungen auszuführen.

Diese für uns ganz neuen Gesichtspunkte veranlassen uns, D. noch
einmal in eine krankengymnastische Therapie zu geben. Bisher waren wir damit nicht sehr erfolgreich gewesen (s. Kap. 4). Diese
Krankengymnastin ist zwar auch nicht für die Körperwahrnehmungsstörungen unseres Sohnes zuständig, darüber wußte man
damals noch viel zu wenig, aber sie findet die Ursache der Gelenkbeschwerden! D. hat überall verkürzte Muskeln, und endlich begreifen wir: Immer hat er sich »klein« gemacht, Kopf, Schultern
und Beine angezogen, damit der Lehrer ihn ja nicht sieht, damit er
einer Demütigung aus dem Wege gehen kann. Die Angst vorm Versagen hat ihn in steter körperlicher und seelischer Anspannung leben lassen. Hätten wir damals, die Ärzte eingeschlossen, mehr
über die Legasthenie, ihre Auswirkungen und begleitenden Schwierigkeiten gewußt, wir hätten D. zwei leidvolle Klinikaufenthalte
ersparen können!
Fazit: Gehen Sie unklaren Beschwerden sofort nach, um schwerwiegende Erkrankungen auszuschließen, behalten Sie aber im
Auge, daß das durch die Legasthenie verursachte seelische Leid zu
hartnäckigen psychosomatischen Beschwerden führen kann. Und
diese sind oftmals dauerhafter und schlimmer als die eigentliche
Legasthenie.
Abhilfe für die psychischen und psychosomatischen Probleme: Überlegen Sie, wie die Situation mit Hobbies, Entspannungstraining,
Schulwechsel oder Therapie beim Fachmann entspannt oder verändert werden kann.

8. Was kann auffallen in den verschiedenen Altersstufen?

Nachfolgend habe ich Ihnen zusammengestellt, was in den einzelnen Altersstufen auffallen kann, wenn die sog. »Sensorische Integration« gestört ist:
a) Auffälligkeiten als Säugling und Kleinkind
Das Kind hat als Säugling und Kleinkind Entwicklungsverzögerungen gehabt, z. B. krabbelte es nicht richtig.
Ein Kind, das nicht ausreichend auf allen vieren den Raum er-
forscht, kann später – **aber muß nicht!** – Probleme bekommen, u. a.
auch im Rechnen. Der Körper findet sich nicht zurecht im Raum,

das Kind wird bewegungsängstlich oder auch umgekehrt: Es lernt nicht, die Gefahren abzuschätzen und ihnen angemessen zu begegnen; es wird zum sogenannten Unfallkind.

Unser Sohn D. stolperte über den einzigen Stein weit und breit. Er rannte vom Optiker kommend gegen den ersten Türpfosten in unserer Wohnung und zerschmetterte die eben erstandene und sehr gewünschte brandneue Brille.

Manche Kinder verhalten sich als Säuglinge stark abwehrend, wenn man sie berühren oder streicheln möchte. Sie haben deshalb auch Schwierigkeiten, ihren eigenen Körper oder Gegenstände im Raum zu berühren, anzufassen und somit zu »erfassen«. Sie können nicht greifen, also auch nicht »begreifen«.

Wenn sie älter sind, mögen sie nicht gerne barfuß laufen oder vermeiden es, mit Fingerfarben, Kleister, Modder oder Sand zu spielen. Sie sind sehr empfindlich bei bestimmten Fasern ihrer Kleidung und hassen meistens die Berührung mit Kreide, Samt oder Schmirgelpapier. Es fällt auch auf, daß sie schlecht nach Vorlage bauen, puzzeln oder zeichnen können, so wie es ihnen als Kleinkind schon schwerer fiel als anderen, geometrische Formen in die dafür vorgesehenen Behälter oder Schlitze zu stecken.

Später – oft noch als Schulkind – wissen sie nicht, wo das Kinn oder der Ellbogen sind, wo der Arm anfängt und endet. Sie spüren bei geschlossenen Augen nicht, wo man sie berührt hat, sie können sich nicht gerade auf den Boden legen oder mit einem Arm zum anderen hinübergreifen. Sie legen sich auf den Bauch oder die Seite, obwohl man gesagt hat, daß sie sich auf den Rücken legen sollen. Und sie können rechts, links, oben und unten, hinten und vorne nicht unterscheiden.

Merke: Bei einem normal entwickelten Kind sind Bewegung und Wahrnehmung aufeinander abgestimmt. Wenn dieser Kreislauf gestört ist, **kann** es zu Lernschwierigkeiten in der Schule kommen. Wohlgemerkt: **es kann , aber muß nicht!**

b) Auffälligkeiten im Kindergarten

Das Kind ist tolpatschig und ungeschickt, verschüttet jeden Morgen die Milch oder setzt sich neben den Stuhl, zieht Schuhe und Kleidung verkehrt herum an. Meist kann das Kind schlecht Ball spielen, balancieren, hat Angst vor der Rutsche und vor lauten Tönen (Feuerwehrauto, Jahrmarktsmusik), es hat Schwierigkeiten beim

Basteln, Turnen und Malen. Unter Umständen spricht es auch noch sehr schlecht und kann sich nur ungenügend konzentrieren.

c) Auffälligkeiten bei der Einschulung

Es kann seine Schuhbänder nicht zur Schleife binden, es kann immer noch nicht mit Knöpfen umgehen, es kann Wichtiges nicht vom Unwichtigen trennen, es ist extrem ungeordnet und unordentlich, was es leider weitgehend auch im späteren Leben bleiben wird und ihm z. B. das Ordnen der Gedanken für einen Aufsatz oder Referat sehr erschwert. Auch die Unordnung in seinen Sachen (Ranzen, Zimmer o. ä.) wird es ständig auf die Suche nach wichtigen Dingen umtreiben.

Diese Kinder lassen sich immer noch leicht ablenken, weil sie von der Vielfalt der Formen, Größen, Farben und Eindrücke überwältigt werden, nicht Gleiches und Ähnliches unterscheiden können. Sich auf einen bestimmten Gegenstand zu konzentrieren gelingt ihnen nicht, weil sie ihn nicht von den umgebenden Eindrücken trennen können. Sie haben möglicherweise auch noch Sprachprobleme, z. B. in Form des »Hängenbleibens« (Poltern). Man hat den Eindruck, daß die Kinder schneller denken als sprechen können, sie wiederholen ein Wort oder auch einen ganzen Satzteil. Dies zeigt sich später auch beim Schreiben von einzelnen Buchstaben bis zu ganzen Wörtern, die wiederholt werden (iich, Eesel, aatmen). Außerdem können sie noch lange die Schwierigkeiten haben, die ich als Auffälligkeiten beim Säugling und Kleinkind schon beschrieben habe.

Einige sind auch »nur« verlangsamt, in ihrer Aufmerksamkeit gestört oder enorm unruhig (hyperaktiv). Jede Störung für sich kann hinderlich sein und schulische Mißerfolge bedingen.

Damit normale Lernbedingungen geschaffen werden können und damit diese Kinder nicht an ihren vielfältigen Störungen scheitern, müssen sie in geeigneter Form behandelt werden. Maßnahmen, die nur an der oberen Ebene von Lesen und Schreiben ansetzen, können nichts bewirken. Erst durch Entwicklung und Stabilisierung der gestörten untergeordneten Wahrnehmungsbereiche ist eine sinnvolle Legasthenietherapie möglich.

Vielfach werden Eltern vertröstet mit dem schönen Satz: »Das wächst sich aus!« Sicher, irgendwann werden fast alle Probleme vom Kind gemeistert und Ersatzfunktionen, manchmal auch nur

Teilfunktionen, aufgebaut, aber unter welchen Opfern und Anstrengungen und oft auch Demütigungen für das Kind! Denken Sie dabei nur daran, wie Kinder ausgelacht werden, die sich bei der Einschulung noch nicht selber anziehen und die Schuhe binden können, die tolpatschig laufen und den Stift so ungeschickt halten, daß sie bald Schmerzen im Arm bekommen.

9. Checkliste für Lehrer über Auffälligkeiten in den ersten Schuljahren des Kindes

a) Informationen über grapho- und feinmotorische Störungen erhalten Sie bei den folgenden Beobachtungen:
Wie hält das Kind den Stift?
Wie ist seine Schrift?
Wie lange braucht es, um das Federmäppchen zu öffnen?
Kann es Knöpfe schließen, Schleifen binden?
b) Information über sprachliche und auditive Probleme erhalten Sie, wenn Sie beobachten, wie das Kind spricht:
Überhastet, undeutlich, verschluckt es die Endsilben?
Können schwierige Wörter wie »Dampfschiff« (s. Test Breuer-Weuffen) nachgesprochen werden?
Können Melodien nachgesungen oder ein Rhythmus nachgeklopft werden?
Kann die Stimme des Lehrers vom Geräuschpegel der Klasse oder dem Verkehrslärm getrennt werden?
c) Informationen über motorische Probleme, Gleichgewicht und Koordination erhalten Sie am besten im Sportunterricht:
Ist das Kind tolpatschig, hektisch, ungesteuert, ein Unfallkind?
Kann es den Hampelmann, Schwimmen, Balancieren, auf einem Bein stehen und hüpfen?
Kann es Ballspiele (Hand-/Augenkoordination)?
Wie ist seine Körperhaltung: schlaff, verkrampft?
d) Außerdem:
Wie verhält es sich im Unterricht? Kann es Wichtiges von Unwichtigem unterscheiden?
Kann es Zahlenreihen nachsprechen (Kurzzeitgedächtnis)?
Kann es seriale Leistungen durchführen?

Ist es ungeordnet?
(Weitere Auffälligkeiten im Bereich des Lesens und Schreibens finden Sie im Kap. 6.)

Wie Sie als Eltern und Lehrer ohne besondere Ausbildung sehr wirkungsvoll helfen oder eine Therapie unterstützten können, erfahren Sie aus dem Kapitel 16 im Teil II.

10. Überweisungen zur Therapie

Sollten Kinder in mehreren Bereichen größere Auffälligkeiten haben, ganz besonders im sprachlichen Bereich, muß unbedingt vorrangig professionelle Hilfe geleistet werden!
Der Kinder- oder Hausarzt kann überweisen an:
– Logopäden und Sprachheiltherapeuten
– Ergotherapeuten
– Motologen/Motopäden
– Krankengymnastinnen
– Augenärzte
– Pädaudiologische Abteilungen einer HNO-Klinik
❑ **Alle genannten Berufsgruppen müssen eine Ausbildung und Erfahrung im Bereich der Sensorischen Integration haben.**

11. Literatur

Wenn Sie mehr über Wahrnehmungsstörungen lesen wollen, dann können Sie sich mit der folgenden Literatur beschäftigen (genaue Angaben zu den Titeln finden Sie im Literaturverzeichnis S. 263 ff.):
Für Eltern und Lehrer:
BIELEFELD, E.: Tasten und Spüren
DEFERSDORF, R.: Drück mich mal ganz fest
Für Lehrer und gut informierte Eltern:
AYRES, J.: Bausteine der kindlichen Entwicklung
BRAND, I./BREITENBACH, E./MAISEL, V.: Integrationsstörungen
BREUER, H./WEUFFEN, M.: Gut vorbereitet auf das Lesen- und Schreibenlernen? (mit Test)

BREUER, H./WEUFFEN, M.: Lernschwierigkeiten am Schulanfang (mit Test)
KESPER, G./HOTTINGER, C.: Mototherapie bei Sensorischen Integrationsstörungen
MILZ, I.: Sprechen, Lesen, Schreiben
MISKE-FLEMMING, D.: Theorie und Methode zur Behandlung von perzeptionsgestörten Kindern
SIMON, W.: Befund: Legasthenie

Als D. mit all seinen Wahrnehmungsstörungen in die Schule kommt, wird sie schnell zur Bedrohung für ihn, versagt er in einer Welt, die er noch nicht verstehen kann.

Dietrich Firnhaber: Mein Schulweg (1995)

Eine autoumrandete Straße. Ich stehe nach fast 24 Jahren wieder am Anfang meines Schulweges. Die Straße ist kurz, an ihrem Ende liegen die Häuser quer. Es ist eine Sackgasse mit einer kleinen Wendemöglichkeit. Nur der Weg zurück scheint aus ihr herauszuführen. Wir jedoch – mein Bruder und ich – hatten unseren eigenen Ausweg.
In einem der querstehenden Häuser wohnte ein älteres Paar. Sie besaßen einen Garten mit Erdbeeren, von denen wir soviel pflücken durften, wie wir wollten. Der Garten stieß an einen schmalen, an heißen Sommertagen staubigen Weg – unseren Schulweg –, den wir durch ein kleines Holztürchen erreichen konnten. Ob wir damals zur Einschulung mit unseren großen roten Schultüten von unseren Eltern durch dieses Tor begleitet worden sind oder ob wir einen anderen Weg genommen haben, vermag ich nicht mehr zu erinnern, wie ich mich auch sonst nur wenig an das erinnern kann, was Schule bedeutet. Wenn ich zurückdenke, schaffe ich es nicht, meine Eindrücke zu sortieren und sie bestimmten Stunden zuzuordnen. Auch damals schon gingen die verschiedenen Schulstunden ineinander über, die Stimmen, Gesichter und Kreidefarben wechselten, ein alter Pädagoge warf mit dem Schlüsselbund, und mein Bruder saß weit weg von mir. Ich hatte in den ersten Schuljahren selten begriffen, was man eigentlich von mir wollte.

In dem Haus am Ende der Straße scheinen andere Leute zu wohnen. Ich kann an der Außenmauer vorbei auf das Gartentor sehen, das durch ein stabiles Drahttürchen ersetzt worden ist. Langsam taucht das wieder auf, was man als Erinnerung bezeichnen könnte. Bilder finden sich ein. Ich muß einen Umweg nehmen, um auf meinen alten Schulweg zu kommen. Er ist inzwischen geteert und der Acker neben ihm mit Wohnhäusern bebaut, aus denen sicherlich jeden Morgen viele Objekte pädagogischer Theorien in meine alte Schule geschickt, getrieben (?) werden. Der Weg geht bergab. Der Kletterbaum, in dem ich meine feste Astgabel hatte, ist abgeschlagen worden. Doch auch als er noch stand, hatte ich bald die Lust am Klettern verloren. Er stand zu dicht an meinem Pädagogium. Ich erinnere mich wieder, daß eine Lehrerin mit meiner Mutter im Anschluß an meinen Einschulungstest eine ernste Unterredung hatte. An der Hand meiner Mutter verstand ich nicht, um was es ging, doch schien etwas nicht in Ordnung zu sein. Der Test setzte sich aus Anweisungen und Blättern zusammen, jemand hatte vorne gestanden und in den Raum gesprochen, dann lief – für mich ohne Vorwarnung – die Zeit, doch für was? Ich hatte nichts begriffen. Der Rest malte. Ich schaute nach vorne auf die Uhr. Sie gefiel mir. Sie war groß und rund, und ihr Zeiger bewegte sich sehr schnell. Ich mußte abgeben, obwohl ich noch gar nicht fertig war.

Die Leute aus dem Haus am Ende der Straße hatten uns zur Einschulung etwas geschenkt. Besonders ihn mochte ich sehr gern. Er erzählte Geschichten von sich und seinem Vater, der noch mit dem Grafen Zeppelin über den Atlantik gefahren war und sich aus der brennenden »Hindenburg« durch einen mutigen Sprung in die Tiefe gerettet hatte.

Der Sommer 1971 ist in meiner Erinnerung ein heißer Sommer gewesen. Während die anderen bereits spielten, mußten wir noch auf der Terrasse sitzend unsere Übungen machen. Meine Besuche bei dem alten Herrn wurden immer seltener, auch konnte ich seine Fragen nach der Schule nicht beantworten, wußte ich doch nur, daß ich schöne Stifte besaß und Folien, auf denen man malen konnte, aber nicht durfte. Noch heute besitze ich diese Stifte, die kaum kürzer sind als vor 24 Jahren, als ich mit ihnen Schwungübungen und Buchstaben malen sollte, aber nicht konnte.

Ich biege von dem geteerten Weg ab und haue genau wie früher

gegen die Fahrradschikanen, die den Durchgang auf dem Wende-
platz vor der Schule versperren. Auch diese Straße ist eine Sackgasse. Meine alte Schule ist ein flaches Gebäude. Ein paar Treppen-
stufen führen zu ihr herunter, links befinden sich die großen Fenster
meines Klassenzimmers. Ich habe an sich eine gute Erinnerung.
Viele Ereignisse und Dinge kann ich aus meiner frühen Kindheit
detailgenau berichten, auch habe ich viele Geschichten behalten,
die man mir erzählt hat, doch mit meinem ersten Schuljahr verbinde
ich außer Angst und dem Gefühl von Wehrlosigkeit nur sehr wenig.
Tatsächlich habe ich wohl nichts gelernt, jedenfalls nicht das, was
man von mir erwartet hatte, noch nicht einmal eine Geschichte habe
ich behalten. Statt dessen wußte ich, daß man die Kreidestückchen
und den Schlüsselbund des Pädagogen fürchten mußte und daß sich
die Lehrer abwechselten, uns zu unterrichten. Daß dies mit einem
unterschiedlichen Unterrichtsinhalt verbunden war, begriff ich erst
in einem späteren Jahr.
Meine Schule liegt still und friedlich da, als ob sie ein Paradies in sich
verbergen würde. Es drückt in der Magengegend, und in meinem
Kopf taucht unsere Turnhalle auf. Neben dem Klassenzimmer, das
ich aus einer geknickten Perspektive heraus erinnere, scheint dies
der einzige Raum zu sein, den ich mit meiner alten Schule in Verbin-
dung bringen kann. »Wer hat Angst vorm schwarzen Mann« rufts,
und wir mußten versuchen, vor unserem Lehrer davonzurennen,
kreuz und quer. Wer war der schwarze Mann, und warum mußten
wir Angst vor ihm haben? Beim Davonrennen war ich sehr ungeschickt, die schnellen Drehungen, die schrillen Schreie der Kinder
ließen mich taumeln und immer als letzter in die richtige Richtung
laufen. Oben, unten, vorne, hinten, rechts und links, Kreise mit der
rechten und mit der linken Hand, im Takt hüpfen, trommeln,
Schwingübungen machen, malen, lesen, rechnen, schreiben, wo
war da der Unterschied? Alles eins, alles ohne mich, alles ein Brei,
alles Schule.
So ging das erste Schuljahr ohne pädagogische Erfolge, aber dennoch folgenreich dahin. Die anderen konnten ohne Mühen lesen.
Die Schüler lasen die Straßenschilder und Zeitungsüberschriften,
und der schwarze Mann buchstabierte in mir, in der zusammengefal-
teten Kindergestalt, gedankenlos das ABC der niedrigen Begabung. Ich sollte in die Sonderschule. Mit gesenktem Haupt schlich

ich an den längst leeren Erdbeerbeeten und dem entzauberten Kletterbaum vorbei. Auch Graf Zeppelin und die »Hindenburg« waren für immer untergegangen. Im nächsten Jahr wechselten meine Mitschüler das Klassenzimmer, ohne mich.

Ich entschließe mich, nicht in meine Schule zu gehen, und drehe um. Auf dem Rückweg schaue ich über das kleine Gartentor zu den Erdbeerbeeten. Sie sind verschwunden, und ich denke, wie paradox es doch ist, daß ich von »meiner« Schule spreche. Nicht mir gehörte die Schule, sondern ich gehörte der Schule, wie das Holz dem Schreiner. Armes Holz, wenn der Schreiner sein Holz nicht kennt. Es zersplittert und taugt zu nichts.

6. Was Eltern und Pädagogen über Legasthenie unbedingt wissen sollten

In jeder Diskussion, ob mit der Schule, den Schulbehörden oder mit Freunden, ist es wichtig, genau Bescheid zu wissen. Nicht zuletzt fördert eine gute Kenntnis der Dinge das Verständnis für die Schwierigkeiten Ihrer eigenen Kinder.

1. Wie äußert sich Legasthenie?
Erklärung der verschiedenen Erscheinungsformen

Leider gibt es **die** Legasthenie nicht, die bei allen Kindern gleich aussieht! Bei jedem Kind fällt die Legasthenie ein wenig anders aus, und je nach Schweregrad, Veranlagung und Erkennungszeitpunkt

▶ verläuft sie auch anders. Man sagt: **»Jedes Kind hat seine eigene Legasthenie.«**

Ohne pädagogische, psychologische oder sprachwissenschaftliche Vorkenntnisse mußte ich mir über die vielen komplizierten Erscheinungsformen schon frühzeitig ein Urteil bilden, um die Schwierigkeiten meiner Kinder überhaupt verstehen zu können. Ich stellte mir aus der Fachliteratur ein vereinfachtes Schema auf, mit dessen Hilfe ich mir später auch die Fremdsprachenlegasthenie und die Rechenschwäche erklären konnte.

a) Die akustische (auditive) Erfassungsschwäche, auch Lautnuancentaubheit genannt.

b) Die visuelle (optische) Wahrnehmungs- und Speicherschwäche, auch Gestaltmerkschwäche genannt.

c) Die Leseschwäche und das mangelnde Leseverständnis.

d) Die Raumlagelabilität mit der Störungsform der »willkürlichen Reihungen«.

Ich will versuchen, die verschiedenen Erscheinungsbilder zu erklären:

Zu a): Die **akustische Erfassungsschwäche** läßt sich am deutlichsten mit dem Wort »Lautnuancentaubheit« erklären: Die Kinder hören
▶ die klanglichen Feinheiten eines Lautes nicht. Das bedeutet, daß die Laute u–o, i–ü–ö–e, ä–e für den Legastheniker vollkommen gleich klingen. So hören sie statt »Lüge« »Liege«. Und auch die sog. Stoppkonsonanten wie d, b, p, k bereiten große Probleme beim Unterscheiden. Ganz genauso geht es mit den **Schärfungen**, also mit dem »ck« und dem »Doppel-s«. Einer unserer Söhne verwechselte in der Physikarbeit »Maße« mit »Masse«. An diesem Beispiel sieht man deutlich, wie verhängnisvoll sich ein legastheniebedingter Fehler in einer Klassenarbeit auswirken kann, die mit dem Fach Deutsch nichts zu tun hat.

Außerdem hören Legastheniker den Unterschied zwischen **kurzen** und **langen Lauten** nicht. Bei den Wörtern (der) »Kamm« (er) »kam«, (er) »kann«, (der) »Kahn«, hören sie keinerlei Unterschiede in der Betonung. Und die **Endungen** hören sie auch meist nicht, sie fallen fort. Aus »Keller« wird »Kelle«, aus »Sternen« wird »Stern«.

Möglicherweise sind diese akustischen Schwierigkeiten die Ursache dafür, daß manche Kinder bis ins Schulalter hinein *»nuschelig« sprechen* (s. Kap. 3).

Zu b): Wie die **Form eines Buchstabens** oder die einer **Zahl** oder eines **Rechenzeichens** aussieht, können sie sich nicht einprägen. Die **ähnlich aussehenden Buchstaben** wie d–b; l–t; m–n; k–h; I–J; o–a; a–e; K–H etc. werden immer wieder verwechselt. Das hat im Fall von »m« und »n« jahrelang erhebliche Folgen in der **Grammatik**. Wenn ein Kind statt des Satzes: »Der Napf gehört *dem* Hund«, schreibt: »Der Napf gehört *den* Hund«, dann hat es den vierten Fall benutzt und nicht den dritten. Jeder Lehrer wertet das als Grammatikfehler, obwohl es ein Legasthaniefehler ist, der immer bestehen bleiben kann.

Auch die seltenen Buchstaben wie x, y, z, q, qu in Groß- und Kleinbuchstaben bereiten dem Legastheniker oft ein ganzes Leben lang Schwierigkeiten, ebenso wie die Unterscheidung zwischen **groß und klein geschriebenen Wörtern**.

Die Unsicherheit über das Aussehen der Buchstaben ist zudem einer der Hauptfaktoren der schwer lesbaren »Legasthenikerschrift«. Beim Schreiben entstehen immer wieder stärkere Zweifel, ob der Buchstabe nicht doch vielleicht anders aussehen müßte, also wird er verändert. Und weil es rein zeitlich nicht möglich ist, immer weiter die Buchstaben zu verbessern, schreiben die Legastheniker bald so undeutlich ineinander »verkeilt«, daß sich jeder heraussuchen kann, was es nun heißen soll. Insgeheim hegen sie die Hoffnung, daß sie damit ihre fehlerhafte Schreibweise vertuschen könnten. Ich habe aber bei meinen Kindern beobachtet, daß sie mit zunehmendem Selbstbewußtsein auch eine klare, ordentliche Schrift bekamen. Über Jahre hat uns jedoch die Standardnote 5 für Schrift gequält.

▶ Ein Legastheniker wird jahrelang eine schlechte Handschrift haben. Deshalb wäre es sinnvoll und hilfreich zugleich, wenn keine Note dafür erteilt und den Kindern erlaubt würde, Druckschrift zu benutzen. Für graphomotorisch gestörte Legastheniker ist dies außerordentlich hilfreich.

Die **ähnlichen Zahlen** wie 7 und 1, 5 und 3, 2 und 3, 6 und 9 werden verständlicherweise leicht miteinander verwechselt. Da es aber weniger Ziffern gibt als Buchstaben, lernen sie schneller, die Ziffern auseinanderzuhalten.

Auch die **Rechenzeichen** wie plus, minus, Divisions- und Multiplikationszeichen verwechseln Kinder mit schwerer Legasthenie oft noch in der Oberstufe des Gymnasiums. Das ergibt dann die äußerst ärgerlichen Fehler in den Mathematikarbeiten, die kaum ein Lehrer als legastheniebedingt erkennt!

Genauso, wie viele Legastheniker sich die Form (Struktur) eines Buchstabens nicht einprägen können, fällt es ihnen auch schwer, sich **Wort- und Satzstrukturen** einzuprägen. Ein Wort in Buchstaben oder Silben zu zerlegen oder ebenso wieder aufzubauen, bereitet
▶ stets erhebliche Schwierigkeiten. Später gibt es dann die Probleme mit den Satzstrukturen, also mit der Bestimmung von Hauptwort, Tätigkeitswort etc., Satzgegenstand und Satzaussage u. a. Auch die Form z. B. eines Erdteils, eines Landes oder Gebirges, eines Flußlaufes bleibt in ihrem Gedächtnis nicht haften.

❑ Diese beiden Erscheinungsformen, die ich unter a) und b) beschrieben habe, müssen nicht immer zusammen und auch nicht immer gleich schwer auftreten. Oft aber gibt es Fehler, die sowohl zu der »akustischen« wie auch zu der »visuellen« Form gehören können. Das schon beschriebene Problem mit dem Aufgliedern in

Silben oder Buchstaben hat u. a. auch Wurzeln im akustischen Bereich.

Beide Formen zusammen bedingen dann die bekannte »Verlangsamung und Konzentrationsschwäche« des Legasthenikers. Hören, Erkennen, Erinnern von Buchstaben und Wörtern braucht Zeit und viel Konzentration. **Legastheniker können weder beim Diktat noch beim Abschreiben von der Tafel dem Klassentempo folgen, also werden sie bei keiner Klassenarbeit, ganz gleich in welchem Fach, rechtzeitig fertig.** Sie können aus Zeitmangel ihr erlerntes Wissen nicht anbringen.

❏ Sie sind deshalb trotz gleichen Wissensstandes ihren Klassenkameraden gegenüber stets im Nachteil!

Zu c) **Die mangelnde Lesefähigkeit** und das **erschwerte Leseverständnis** erklären sich ganz leicht aus den zwei oben beschriebenen Formen: Legastheniker können Laute und Silben klanglich nicht unterscheiden und können auch die Buchstaben und Wortbilder nicht erkennen. Während sie nun um jeden Buchstaben, jede Silbe und jedes Wort mühsam ringen müssen, begreifen sie den Textinhalt
❏ nicht oder nur ungenau. Diese beiden Vorgänge, das **Erkennen** und das **Begreifen**, laufen über lange Zeit, manchmal für immer, parallel. So erklärt sich das so mühsame Lesen der Legastheniker. Auch die »leierige« falsche Betonung hat hier ihre Ursache. Sie wissen ja im Moment des Lesens noch nicht die Bedeutung des Wortes. Die Intelligenten unter ihnen verlegen sich aufs Raten. Ihr Vorlesen hört sich oft erstaunlich richtig und flüssig an. Schaut man aber genau hin, merkt man, daß sie nur **sinngemäß** lesen.
❏ Das bringt ihnen große Probleme. Jede Anweisung zu einer Klassenarbeit, jede Textaufgabe wird mit viel Zeitaufwand und doch nur *ungenau* gelesen. So wurde einmal bei einem unserer Söhne in der Mathematikaufgabe (Klassenarbeit!) aus dem »Bungalow« ein »Balkon« und aus dem »Quader« ein »Quadrat«, und schon wurde die Rechnung verkehrt. Der andere las im Fernsehen aus den »Tips für Verbraucher« – »Tips für Verbrecher«. Und war empört! Weniger lustig ist es auch immer dann, wenn knappe sachliche Texte in Chemie- und Physikbüchern gelesen werden müssen. Wen wundert es da noch, daß sich die »Lese-Unlust« jahrelang erhalten kann. Und zweifeln Sie bitte nicht an der Begabung Ihres Kindes, auch

wenn es mit 15 oder 16 Jahren immer noch nur sehr unzulänglich und ungern liest und u. a. auch deshalb seine Abschriften von der Tafel verheerend sind. Wie Sie aus Kap. 3 erfahren haben, wird manchen Kindern, die unregelmäßige Blicksprünge haben und/ oder die linke Hirnhälfte beim Lesen nicht ordnungsgemäß mit einsetzen können, das Lesenlernen wirklich sehr erschwert. Diese Behinderungen aber haben mit der eigentlichen Begabung Ihres Kindes gar nichts zu tun. Die Legastheniker sind trotz dieser alle Fächer betreffenden und ihre Leistung mindernden Probleme normal begabt. Auf tragische Weise aber können selbst Eltern dies oft nicht mehr erkennen und glauben, ein schwachbegabtes Kind zu haben, weil es doch überall versagt! Bitte fangen Sie **nie** an, so zu denken,

❑ denn das würde Ihr Kind spüren und dann tatsächlich keine Kraft mehr haben, die gesamte Misere durchzustehen!

Zu d): *Die* **Raumlagelabilität** findet sich **nur** bei den schweren Legasthenien. Viele wissen über diese Störung überhaupt nichts, und doch ist sie ein Symptom mit erheblichen Folgen. Die Kinder haben ein **gestörtes Verhältnis zur Raumlage**, weil sie sich durch ihre nur unzureichend ausgebildete Körperwahrnehmung schon am eigenen Körper nicht auskennen. Das heißt, sie können viele Jahre nicht unterscheiden zwischen oben und unten, hinten und vorne, rechts

► und links. Sie können sich die Himmelsrichtungen nicht merken, wissen nicht, welche Musiknote in welche Notenlinie gehört, ebenso können sie die Uhrzeit nicht erlernen. Beim Erkennen der Uhr spielen mehrere Faktoren eine Rolle: die Richtung, in der die Zeiger laufen, welcher Zeiger für die Stunden und welcher für die Minuten zuständig ist, das richtige Zahlenlesen und die Reihenfolge der Zahlen. Das alles ist so schwer, daß auch 10jährige Kinder oft die Uhr noch nicht lesen können – eine ständige Quelle von Blamagen und Demütigungen!

► Ganz ähnlich verhält es sich mit den Telefonnummern. Sie verwählen sich ständig, weil die Reihenfolge nicht eingehalten werden kann und die Zahlen falsch gelesen werden. Während wir eine Telefonnummer, die uns mit 28–39–41 angegeben wird, durchaus richtig wählen können, muß auch der erwachsene Legastheniker auf die Einzelzahl zurückgreifen, also 2–8–3–9–4–1. Daß Legastheniker Telefonnummern auch schlecht behalten können, hängt mit einem anderen Phänomen der Raumlageschwäche zusammen. Es ist das Unvermögen der Legastheniker, willkürliche Reihungen von Raum und Zeit zu behalten. Dazu gehören neben den Telefonnummern die Wochentage, Monatsnamen, das Abc, das Einmaleins und die unregelmäßigen Verben in den Fremdsprachen. Das Abc und das Einmaleins bedeuten aufgrund dieser Problematik meist bleibende Schwierigkeiten, ebenso die Tatsache, welcher Monat denn nun 31 bzw. 30 Tage hat (den Trick mit dem Abzählen an den Fingerknöcheln kennen sie zwar, aber auf wundersame Weise versagt er bei Legasthenikern!).

In das Gebiet der Raumlageschwäche kann man auch die **Rechenschwäche** einordnen, obwohl hier viele Faktoren der Legasthenie eine Rolle spielen; erschwertes Lesen und Behalten von Zahlen, falsches Abschreiben, Auslassen und Übersehen von Zahlen, Verdrehungen (aus 98 wird 89), die Unsicherheit beim Zuordnen der Rechenvorzeichen, die Schwierigkeit mit dem Einmaleins und die großen Probleme mit der Richtung. Sie verwechseln oben und unten beim Bruchrechnen, drehen also Zähler und Nenner um, bei einer Divisionsaufgabe wechseln sie plötzlich die Richtung und rechnen von rechts nach links. Auch beim Zuzählen, beim Abziehen, beim Malnehmen, bei Reihen- und Blockrechnungen passiert ihnen so ein folgenreicher Richtungswechsel.

Sicher gehört zur Rechenschwäche auch das erschwerte Anwenden und Übertragen von Gesetzmäßigkeiten. So wie sie auch zwei gleiche Puzzleteile nicht herausfinden können, gelingt es ihnen im übertragenen Sinn nicht, bei zwei Rechenaufgaben dieselbe Regel herauszufinden und anzuwenden. Sie haben ein sogenanntes »Transferproblem«.

Bedingt durch die Raumlageschwäche fehlt ihnen auch das Vorstellungsvermögen von Zahleneinheiten und Stellenwerten. Das bedeutet, daß Umwandlungen von z. B. Kilometer in Zentimeter oder von Kilogramm in Gramm ihnen jahrelang größte Probleme bereiten.

Eine Rechenschwäche zu haben, bedeutet für viele Jahre ein schweres Schicksal, denn nur selten wird sie mit der Legasthenie in Zusammenhang gebracht. Es wird also keine Rücksicht genommen und nicht erkannt, daß ein spezielles Training notwendig wäre. Es heißt nur immer wieder: »Nimm dich doch zusammen, du verrechnest dich ja bloß!« Mit der Zeit überfällt dann den Legastheniker, sobald er rech-

nen muß, die ganz große Angst. Sie führt schnell zur totalen Denkblockade – und dann kann er wirklich nicht mehr rechnen! Und sofort wird gesagt: »Der kann keine Legasthenie haben, denn Rechnen kann er ja auch nicht! Also muß er dumm sein.« In schweren
Fällen heißt es dann: »Der sollte besser eine Sonderschule besuchen!« Wir selber erlebten diese Situation gleich zweimal, und viele
Eltern werden ähnliches erfahren. (Im Kap. 9 finden Sie mehr über
die Rechenschwäche.) In der weiterführenden Schule können auch
die Fremdsprachen betroffen sein, darüber mehr im Kap. 8.
Das alles kann zur Legasthenie Ihres Kindes gehören. Deshalb sollten Sie auch genau darüber Bescheid wissen. Ihrem Kind wird vieles
zur Last gelegt, woran nur die Legasthenie schuld ist. Das müssen
Sie rechtzeitig erkennen!

2. Legasthenie-Erlasse

**Ihr legasthenes Kind hat stets ungeheure Nachteile gegenüber gleich-
intelligenten und gleichaltrigen Kindern. Es hat aber dasselbe Recht
wie alle anderen auch, eine Schule besuchen zu dürfen, die seinen
Begabungen entspricht, und den Beruf zu erlernen, den es sich
wünscht.**
Deshalb entschlossen sich vor einigen Jahren die Kultusminister der
Bundesländer zu Erlassen für lese- und rechtschreibschwache Schüler. Dadurch soll gewährleistet werden, daß die Legastheniker und
alle anderen lese- und rechtschreibschwachen Kinder trotz ihrer
schulischen Behinderung annähernd gleiche Chancen zur Bildung
erhalten wie die normal Lernenden.
Leider sind die Erlasse der einzelnen Bundesländer außerordentlich
unterschiedlich und in jedem Fall (mit Aussnahme von Hessen,
Schleswig-Holstein und Mecklenburg-Vorpommern) absolut nicht
ausreichend, um dem Legastheniker wirklich helfen zu können.
In den meisten Fällen wird zudem nicht unterschieden zwischen
Legasthenie und anderen Lese-Rechtschreib-Schwächen. Und das
hat zur Folge, daß eine spezifische Therapie nicht gewährleistet ist.
Wie der Erlaß in dem Land, in dem Sie wohnen, aussieht, erfahren
Sie von den Kontaktstellen des Landesverbandes oder vom Bundes-
verband Legasthenie. Die Adressen finden Sie in Kapitel 12.

3. Zu welchem Zeitpunkt kann sich eine Legasthenie bemerkbar machen?

▶ Eine Legasthenie können wir natürlich immer erst dann diagnostizieren, wenn das Kind Lesen und Schreiben lernen soll.

In vielen Fällen aber können wir deutliche Hinweise schon beim Kleinkind oder spätestens im Kindergartenalter erhalten. Es handelt sich meistens um besonders schwere Fälle, bei denen eine rechtzeitige Therapie sehr wünschenswert wäre. Deshalb habe ich über die Früherkennung ein gesondertes Kapitel geschrieben, das für Eltern, Kinderärzte, Schulärzte (Einschulungsuntersuchungen) und Erzieher gedacht ist (Kap. 5).

Eine Legasthenie zu erkennen, kann aufmerksamen Beobachtern schon in der ersten Klasse gelingen, obwohl das, was zuerst auffallen sollte, nämlich die Leseschwierigkeiten, in der Schule oft gar nicht bemerkt wird, denn die Fibeltexte werden meistens zu Hause ausgiebig geübt. Manche Kinder lernen einen Fibeltext sehr schnell auswendig. Die Mutter muß ihn vielleicht nur einmal vorlesen. Wir kennen einen Jungen, der zu Beginn des 2. Schuljahres entsetzt fragte: »Muß ich dies Buch nun auch wieder auswendig lernen?« Auch D. gehörte zu den Kindern, die sicherheitshalber alles auswendig lernten, sogar später noch in der 3. und 4. Klasse die Hausaufsätze, damit es ja nicht auffiel, daß er selbst die eigenen Produkte nicht lesen konnte!

Wenn Sie mit Ihrem Kind das Lesen zu Hause üben, dann lassen Sie einzelne Worte lesen, die Sie auf Kärtchen geschrieben oder gedruckt haben. Dabei werden Sie dann auf verschiedene Schwierigkeiten stoßen: Manche Kinder können zwar die Buchstaben benennen, aber zwei Buchstaben nicht zu einer Silbe verbinden. Statt na lesen sie n–a. Andere Kinder beginnen häufig mit dem zweiten Buchstaben. Wieder andere kommen bei der Unterscheidung ähnlicher Laute hoffnungslos durcheinander. Sie lesen u statt o und i statt e, ü statt ö u. a. m.

Bei Diktatübungen zu Hause werden fast immer sehr viel weniger Fehler entstehen als in der Schule, weil das Kind sich hier nicht unter Druck fühlt. Bei Diktaten innerhalb der Klasse sollte man sich aber doch Gedanken machen, sobald ein Kind mehr Fehler hat als der Klassendurchschnitt. Natürlich kann dies viele Ursachen haben, aber egal, worauf das zurückzuführen ist, das Abwarten, ob es sich nicht von selber gibt, ist das Verkehrteste, was Sie tun können! Was immer auch der Grund sein mag, es entstehen stets Defizite, die rasch beseitigt werden müssen, damit das Kind nicht hoffnungslos ins Hintertreffen gerät. **Lücken aus den ersten beiden Schuljahren sind nur schwer wieder aufzuholen!**

Im 3.–4. Schuljahr kommen die ersten ungeübten Diktate (meistens jedenfalls). Nun fallen die vielen Fehler fast immer auf. Erfahrene Eltern merken auch, daß ihr Kind mehr Zeit für seine Aufgaben braucht als andere. Zu diesem Zeitpunkt können schon oft Schulunlust, Unruhe, Bauch- und Kopfschmerzen oder Einschlafstörungen beobachtet werden. Mit den ersten Textaufgaben können sich auch Rechenschwierigkeiten einstellen, die bei sehr schweren Legasthenien aber oft schon früher auftreten. Häufig jedoch fällt eine Legasthenie in den Grundschuljahren gar nicht auf. Professor Kowarik schreibt dazu: »Dies besonders dann, wenn durch intensives Üben und aufgrund einer hohen Intelligenz des Schülers verhältnismäßig gute Leistungen erzielt werden.«

▶ Durch die hinzukommende Fremdsprache in der weiterführenden Schule verschlechtert sich in vielen Fällen plötzlich die Rechtschreibung auffallend. Auch mit der Fremdsprache wird es dann nicht klappen (näheres dazu im Kapitel 8). Durch diese Überbelastung geht es meist rapide auch in allen anderen Fächern abwärts. Manch begabter und fleißiger Legastheniker hält sich noch bis zur 8. oder 9. Klasse, ohne daß der Verdacht einer Legasthenie geäußert wird.

❏ **Aber: Jede nicht rechtzeitig erkannte Legasthenie geht zu Lasten des Kindes.**

4. Dokumente zum Verlauf einer schweren Legasthenie

Nachfolgend möchte ich anhand von Abbildungen dokumentieren, wie die extrem schwere Legasthenie eines unserer Söhne verlief. Sie ersehen daraus, daß auch in außerordentlich problematischen Fällen eine erhebliche Besserung möglich ist. Natürlich erreicht man das nicht mühelos. Der jahrelange Einsatz aller verfügbaren Kräfte von

68

Kind und Eltern und das Verständnis und die Rücksichtnahme der Lehrer sind absolut notwendig. Aber ein solcher Kampf kann gewonnen werden, ohne daß die Legastheniker und ihre Eltern daran zerbrechen!

Die Diktate des 2. und 3. Schuljahres erhielt ich mit dem Originaltext vom Lehrer immer schon ein paar Tage vorher. Wir übten jedesmal intensiv und unter starkem Druck, denn die Diktate wurden damals alle zensiert, da es den Legasthenie-Erlaß noch nicht gab. Immerhin konnte ich erreichen, daß der Lehrer die Note (die natürlich stets eine »6« war) nicht unter das Diktat schrieb. Später konnte ich ihn auch überzeugen, daß es besser sei, die richtig geschriebenen Wörter zu unterstreichen und nicht die Fehler. Damit vermied ich, daß sich die falsch geschriebenen Wörter noch stärker einprägten. Außerdem ergab sich bei diesem Vorgehen auch kein so deprimierendes rotes Schlachtfeld. Wie ich die Anzahl der richtig geschriebenen Wörter im Diktat zu einem Erfolgserlebnis werden ließ, habe ich im Kap. 20 beschrieben.

Mitte des 2. Schuljahres schrieb unser Sohn folgendes Diktat, von dem ich aber leider nur noch eine Abschrift und eine damals rechtzeitig angefertigte »Übersetzung« besitze:

Das Jra 137
Am erst Jnnoa anhfaer. Es Heist 103. Jeten Sontak daf ich fandem nüen wochker lenter ich kanh schon die monate. Sichs: Jarnos, febroa, Mers

(Das Jahr 1973. Am 1. Januar hat ein neues Jahr angefangen. Es heißt 1973. Jeden Sonntag darf ich ein Blatt von dem neuen Wochenkalender abreißen. Ich kenne auch schon die Monate. Sie heißen: Januar, Februar, März)

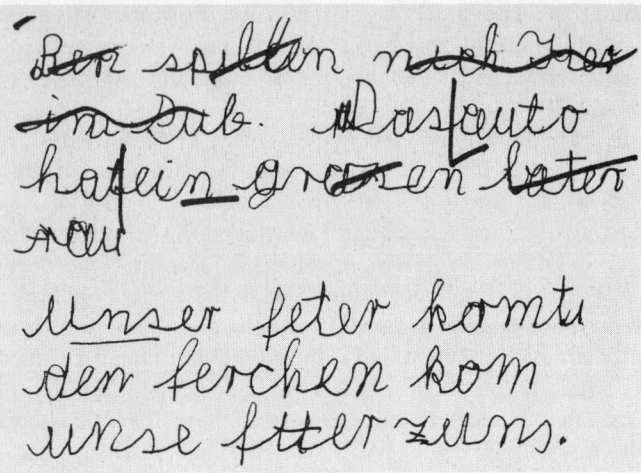

Auch im 3. Schuljahr war es trotz fleißigen Übens des Diktates noch nicht viel besser. Die »Übersetzung« des Textes lautet: Buben spielen nicht gern mit Puppen. Das Auto hat einen großen Gepäckraum. Unser Vetter kommt in den Ferien zu uns.
(Den auf dem Buchumschlag abgedruckten Text schrieb er ebenfalls im 3. Schuljahr.)

> s. doch würde ich das Versprechen,
> „daß ich meinen Vater gab
> gerne halten". „Weißt du was?
> (du) Du hilfst mir schnell
> das Auto zu waschen.
> Dan" bitten wir meinen
> Vater. daß er "um zum Training
> fährt". Das finde ich gut.
> Also das ist abgemacht."
>
> Dietrich, das hast gut gemacht.
> Es war ein schweres Diktat.
> Du hast nur 8 Fehler. Deine Schrift
> ist deutlicher.

Dies ist ein Ausschnitt aus einem 1½ Seiten langen Diktat. Unser Sohn schrieb es Ende des 4. Schuljahres, nachdem ich mit ihm ein halbes Jahr zu Hause (ohne Schulbesuch) ein intensives Legasthenietraining durchgeführt hatte (s. Kap. 12). Die Lehrerin, die ihm dieses großzügige Lob spendete, wird er nie vergessen.

Diese Biologie-Arbeit in der 5. Klasse des Gymnasiums zeigt deutlich die Verschlechterung durch die Fremdsprache. Sogar bei seinem Namen unterläuft ihm ein Fehler.

Der Schlußabsatz dieses 4 Seiten (Din A 4) langen Aufsatzes im 10. Schuljahr läßt erkennen, daß die Verschlechterung nur vorübergehend war. Es wird aber auch deutlich, daß im Falle einer so schweren Legasthenie in Streß-Situationen eine fehlerfreie Arbeit nicht geleistet werden kann.

7. Der Zappelphilipp oder Die Hyperaktivität – leider oft ein zusätzliches Problem

Einige Legastheniker sind zudem auch noch hyperaktiv – oder umgekehrt: Unter den hyperaktiven Kindern gibt es eine ganze Reihe, die auch Probleme beim Lesen, Schreiben und Rechnen haben.

Da unsere beiden Kinder zum Glück nicht zu den Zappelphilippen gehörten, kann ich aus eigener Erfahrung dazu nichts beisteuern. Wenn ich aber die Berichte von Müttern hyperaktiver Kinder lese und höre, dann bin ich sehr dankbar, daß uns dieses Schicksal erspart geblieben ist.

Medizinisch läßt sich das Phänomen »Hyperaktivität« inzwischen gut diagnostizieren. Über die Ursachen gibt es allerdings bisher nur wenige gesicherte Erkenntnisse. Aber trotzdem konnte mit den Fortschritten der medizinischen Forschung inzwischen so manche Hilfe gegeben werden, um die starke Unruhe, den ungezügelten Bewegungsdrang, die Aggressivität und die Probleme mit der Aufmerksamkeit in einigermaßen geregelte Bahnen zu lenken.

Es entstanden auch Verbände und Selbsthilfegruppen. Dort erhalten Sie Rat und konkrete Hilfe. Und zudem gibt es eine vielfältige Literatur und nun auch Bücher von Autoren, die aus eigener Erfahrung darüber schrieben.

So will ich hier nur zwei Tips aus den Erfahrungen meiner Elternarbeit weitergeben:

1. Eltern hyperaktiver Kinder empfehle ich zunächst gern Ärzte mit klassischer Homöopathie. Sicher ist es hier wie bei allen alternativen Methoden: Sie helfen nicht jedem. Aber man kann es ja probieren.
2. Ich kenne mehrere Kinder, die sich durch die »Heileurythmie« der Antroposophen ganz entscheidend verbesserten. Aber auch hier wird es so sein, daß sich nicht jedes Kind von dieser Therapie angesprochen fühlt.
3. Die Adresse eines Selbsthilfeverbandes finden Sie im Anhang.
4. Literaturangaben:

BERNAU, S.: Schulversagen durch falsche Ernährung
BERNAU, S.: Hilfen für den Zappelphilipp
PASSOLD, M. (Hrsg.): Hyperaktive Kinder: Psychomotorische Therapie
WALTER, U.: Mein kleines wildes Teufelchen

8. Die Fremdsprachenlegasthenie
Ein Kapitel auch für Pädagogen

1. Der Legastheniker und die Fremdsprachen

Glücklicherweise bekommt nicht jeder Legastheniker auch Probleme mit den Fremdsprachen. Leider aber passiert dies doch sehr häufig. Es geschieht sogar immer wieder, daß eine Legasthenie erst durch unerklärliche Schwierigkeiten in den Fremdsprachen entdeckt wird. Das erklärt sich leicht. Begabte Legastheniker können mit viel Fleiß jahrelang ihre Rechtschreibschwierigkeiten ausgleichen. Ihre körperlichen und geistigen Reserven waren aber ständig überbeansprucht. Mit der weiterführenden Schule und den vielen neuen Fächern, mit entsprechend vielen Lehrern und der Fremdsprache sind sie dann überfordert. **In den meisten Fällen verschlechtert sich auch für ein bis zwei Jahre die schon gebesserte Rechtschreibfähigkeit in Deutsch.** Das sollte aber keinesfalls ein Grund zur Beunruhigung sein, denn aufgrund allgemeiner Erfahrungen wird dieser Rückfall mit Sicherheit wieder aufgeholt werden!

Auch die zweite Fremdsprache kann wieder einen Schritt zurück in alte, überwunden geglaubte Fehler bedeuten. Sogar ein Auslandsaufenthalt brachte unseren Kindern in der 9. und 10. Klasse wieder einen kurzzeitigen Rückfall, obwohl sie während dieser Ferien nicht Englisch *schreiben* mußten.

Zu Sprachferien in ein fremdes Land sollte man Legastheniker deshalb erst schicken, wenn sich ihre Rechtschreibung einigermaßen stabilisiert hat. Das bedeutet für die schweren Fälle, daß sie frühestens dann ins Ausland fahren sollten, wenn sie einen bestimmten Fehlerprozentsatz erreicht haben, der sich nicht ständig wieder erheblich verschlechtert, sobald sie müde oder krank sind, möglichst also nicht, bevor sie 15 oder 16 Jahre alt sind.

▶ Von Vorteil zumindest für die mündliche Beherrschung der Fremdsprache sind Auslandsaufenthalte aber ganz sicher.

In allen schweren Fällen wird man für zwei bis drei Jahre eine unter Umständen sehr schlechte Note in der Fremdsprache in Kauf nehmen müssen. Doch wenn diese Zeit durchgehalten wird, können auch Schüler mit schwerster Legasthenie hier akzeptable Noten erzielen. Am ehesten ist dies allerdings zu erreichen, wenn die Rechtschreibung nicht gewertet wird. **Eine Fremdsprachenlegasthenie läßt sich bessern und bedeutet in keinem Fall, daß deshalb vom Besuch einer der allgemeinen Begabung entsprechenden weiterführenden Schule abgeraten werden muß.**

Die Diskussion darüber, welche Fremdsprache zuerst genommen werden sollte und welche ganz gemieden werden müßte, ist noch heftig. Meine Erfahrungen mit den eigenen Kindern und aus meiner Elternberatung lassen mich vermuten, daß Englisch als erste Fremdsprache noch am wenigsten schnell zur totalen Katastrophe führt. Gibt man Latein als erster Fremdsprache den Vorzug, so hat man zwar den Vorteil der lautgetreuen Sprache, aber die »legasthenischen Fallen« in Latein sind zu diesem frühen Zeitpunkt noch erheblich. Im allgemeinen sind Legastheniker beim Eintritt ins Gymnasium überfordert, wenn sie Regeln und Gesetzmäßigkeiten erkennen und anwenden sollen, wenn sie Wort- und Satzteilanalysen vornehmen müssen. Die Satzkonstruktionen sind anders als im Deutschen und schwerer als im Englischen. Der logische Aufbau der Sprache hat zwar Vorteile, doch erfordert gerade dieses logische Denken eine gute Konzentrationsfähigkeit, die Legastheniker zu Beginn der Sekundarstufe I meist noch nicht aufbringen können. Auch in Latein macht sich bemerkbar, daß bei Legasthenikern »Lesevermögen« und »Leseverständnis« *zwei* Vorgänge sind, die nicht miteinander verbunden werden können. Aus diesem Grunde und auch wegen mancher ungewohnter Buchstabenverbindungen im Lateinischen fällt dem Legastheniker selbst nach mehreren Jahren Latein das Lesen immer noch schwerer als anderen Kindern. Auch das Lernen der vielen bedeutungsvollen und leider so ähnlichen Kleinwörter (ac, at, aut, autem) erfordert Übung. Nicht zuletzt ist auch zu diesem Zeitpunkt die Gefahr noch zu groß, durch Verwechseln und Auslassen nur eines einzigen Buchstabens ein ganz anderes Wort (aus »audire« wird »audere«) zu erhalten oder eine falsche Endung (aus »vident« wird »videt«) zu schreiben. Das gilt dann als Grammatikfehler, obwohl es ein legasthenischer ist. Aber das läßt sich eben sehr schlecht beweisen (höchstens mündlich). Zwei Jahre später ist fast immer dieses spezielle Problem mit der lateinischen Sprache nicht mehr so stark ausgeprägt. Als Anhaltspunkt könnte man sagen: **Mathematisch-naturwissenschaftlich Begabte können Latein als erste Fremdsprache nehmen, alle anderen sollten es erst später wählen.**

Leider gibt es auch keine gesicherten Erkenntnisse darüber, ob man Latein oder Französisch als zweiter Fremdsprache den Vorzug geben sollte. Ich selber habe mit Französisch kaum Erfahrungen, die anderer Eltern sprechen aber eher dafür, Latein zu wählen.

Meine Erlebnisse mit Fremdsprachenlegasthenie haben mir gezeigt, daß alle Erkenntnisse, die man bis dahin gewonnen hatte, richtig waren.

Unser jüngster Sohn hatte in der 11. Klasse als dritte Fremdsprache zu Englisch und Latein Französisch genommen. Er wollte es unbedingt, und da er sowohl in Englisch als auch in Latein inzwischen eine 2 hatte, habe ich trotz größter Bedenken schließlich zugestimmt. (In Englisch wurden die Legastheniefehler nicht bewertet, in Latein machte er diese Fehler nicht mehr.) Aber die Katastrophe ließ nicht auf sich warten. In der ersten Vokabelarbeit waren von zehn Wörtern neun falsch geschrieben. Die Französischstunden strengten ihn unverhältnismäßig an, denn sie erforderten 45 Minuten höchste Konzentration. Das richtige Hören und Sprechen der französischen Laute fiel ihm sehr viel schwerer als der übrigen Klasse. Und die Rechtschreibung zu üben schien vollkommen zwecklos zu sein. Er konnte sie sich nicht merken. Hätten wir nun verstärkt und intensiv die Schreibweise der Vokabeln trainiert, wäre das Unglück bald perfekt gewesen. Die mühsam erarbeiteten Rechtschreibfähigkeiten in Deutsch, Englisch und Latein wären mit Sicherheit ins Wanken geraten. Ich konnte genau beobachten, wie unser Sohn, während er sich konzentriert um die Schreibweise der französischen Vokabeln bemühte, zunehmend unsicherer wurde. Auch die Grammatik war schon mit betroffen, denn wenn er den Infinitiv eines Verbs nicht schreiben konnte, wußte er auch nicht, welche Endung beim Konjugieren verlangt wird.

So entwickelte ich mit der sehr verständnisvollen Französischlehrerin, die unseren Sohn aus früheren Lateinjahren gut kannte, ein »Notprogramm«. Unser Sohn lernte Französisch weiter, solange ihn die Schulstunden und Hausaufgaben nicht zu sehr belasteten. Auch die Klassenarbeiten wollte er regulär mitschreiben, da er von Ausnahmen und Rücksicht nichts mehr wissen wollte. Er verzichtete aber auf das Üben der richtigen Schreibweise. Daß er auf diese Weise mit der Französischnote im Zeugnis keine Lorbeeren erringen konnte, war ihm klar. Aber die Zensur war ihm nicht wichtig. Er wollte die Sprache lernen, wollte nicht aufgeben, denn der Schock über den erneuten Beweis seiner Legasthenie hatte ihn (und auch mich) heftig getroffen. Schon vergessene angstvolle Situationen wurden wieder lebendig. Das Fazit aus unserem französischen Abenteuer für Eltern von schwer legasthenischen Kindern ist klar: Nur sehr willensstarken und sprachlich begabten Kindern ist diese Belastung zuzumuten.

Ein Trost aber noch für die schwer Betroffenen aus der Sicht von 1989: D. spricht inzwischen am besten Englisch von allen Familienmitgliedern! Nach zwei Stipendiumsaufenthalten (6–8 Wochen) an englischen Universitäten im Rahmen seines Jurastudiums versteht er selbst die »knautschigste« Aussprache, kann sich mit jedem unterhalten, kann den Vorlesungen folgen, nur schriftlich – da geht's noch immer nicht besonders gut! Das ist zwar hinderlich und ärgerlich, aber es wirft ihn nicht mehr um!

2. Wie äußert sich eine Fremdsprachenlegasthenie?

Das Schema, in das sich die Fremdsprachenlegasthenie einordnen läßt, ist das gleiche wie in der Muttersprache. Im Kapitel 6 habe ich es ausführlich beschrieben. Im fremdsprachlichen Bereich verursacht Legasthenie folgende Schwierigkeiten:

a) beim akustischen Erfassen der Sprache,
b) beim visuellen Erfassen und Speichern,
c) beim Lesen,
d) mit der Raumlage und den dadurch bedingten Problemen der willkürlichen Reihungen.

3. Legastheniebedingte Fehler am Beispiel
   der englischen Sprache

Ein bisher nicht bewältigtes Problem bedeutet die Entscheidung, welche Fehler auf die Legasthenie zurückzuführen sind und welche auf ungenügendem Üben oder mangelnden sprachlichen Fähigkeiten beruhen. Um hier etwas Klarheit zu schaffen, habe ich versucht, den Ursprung der Fehler mit Hilfe des für die Legasthenie aufgestellten Erscheinungsbildes zu ermitteln. Ich habe ca. 50 Klassenarbeiten in Englisch aus fast ganz Deutschland ausgewertet. Dabei bin ich zu den Ergebnissen gekommen, die ich im folgenden erklären will.

a) Fehler bedingt durch die akustische Erfassungsschwäche

1. lautgetreue Schreibweise:
   coght   (caught)
   etan   (eaten)
   colam   (column)
   ran   (run)
   came   (come)

Daß Legastheniker anfangs so schreiben, wie sie die Wörter hören, ist einleuchtend. Daraus können sich aber scheinbare Grammatikfehler entwickeln wie im Fall von »ran« und »came«: Der Legastheniker soll »run« im Präsens schreiben, hört das »a« im Wort und schreibt lautgetreu »ran«. So entsteht – legastheniebedingt – eine falsche Zeit. Der Fehler wird als Grammatikfehler eingestuft, obwohl er keiner ist.

2. ähnliche Wörter verwechseln – auch teilweise visuell bedingt –
   insbesondere Pronomen und Präpositionen:
   think   thing
   back   bag
   write   right   ride
   to   two   too
   there   their   where
   while   why   my
   what   that

Das Verwechseln von »there« mit »their« und umgekehrt ist nur ein scheinbarer Grammatikfehler. Der Legastheniker kennt genau den Satzinhalt, nur steht ihm das erforderliche Wortbild für »dort« oder »ihre« nicht zur Verfügung.

3. ausgeprägte akustische Differenzierungsschwäche
   – auch visuell bedingt:

where	their
it	did
brought	bought
feed	fed
my	why
»runing«	(running)
»comming«	(coming)

Alle diese Fehler entstehen, weil ein Legasthenie-Kind in der Tat den klanglichen Unterschied der Wörter nicht hört. Auch überdeutliches Vorsprechen der Unterschiede zwischen »th« und »w« bringt zunächst keinen Erfolg.

Legastheniker hören auch nicht, daß »run« und »put« kurz gesprochen, der Mitlaut also verdoppelt werden müßte bei der Verlaufsform (vgl. »kan« und »komen« im Deutschen).

Bei »coming« wird der stumme Endvokal nicht beachtet, solange das Schriftbild noch nicht genau gespeichert ist.

4. Deutungsschwäche von Konsonanten und Vokalen:

storys	(stories)
trys	(tries)
plais	(plays)
a elephant	(an elephant)

❏ Auch in der Muttersprache haben Legastheniker Probleme, zwischen Konsonanten und Vokalen zu unterscheiden. In der Fremdsprache ist die Verwirrung dann komplett, zumal das Anwenden der Regeln ihnen zusätzlich Schwierigkeiten bereitet (Kap. 6).

*b) Durch die visuellen Wahrnehmungs- und Speicherschwächen be-
dingte Fehler*

1. Unfähigkeit der Wortbildspeicherung:
   whife   (with)
   stadu   (statue)

Diese Fehler verschwinden mit zunehmender Übung vollkommen.

2. Buchstaben vertauschen:
   childern   (children)
   peopel   (people)
   fuor   (four)
   tow   (two)
   lovley   (lovely)

Auch »lovley« ist nur scheinbar ein Vokabelfehler. Es handelt sich
hier lediglich um das Vertauschen von Buchstaben bei noch ungenügender Speicherung der Endsilbe »ly«.

3. Buchstaben verwechseln:
   is   (it)
   childres   (children)
   lose   losed (lost)   lost
   sea (see)   saw   sean (seen)
   hear   heart oder heared (heard)   heard

Wie im Deutschen aus dem Verwechseln von »dem« mit »den«
Grammatikfehler resultieren, so führt auch hier das Verwechseln
von Buchstaben zum Entstehen von scheinbaren Grammatikfeh-
lern.

4. Buchstaben auslassen oder hinzufügen:
   cam   (came)
   an   (and)
   gong   (going)
   raning (raining)

hase   (has)
The cottage is (a) little house.

❏ Der Satz »The cottage is little house« wird sich in ähnlicher Form immer wieder noch jahrelang finden. Beim Vorlesen dieses Satzes wird das legasthene Kind das fehlende »a« selbstverständlich mitlesen, denn es würde ihm gar nicht auffallen, daß es beim Schreiben vergessen wurde.

5. Verwechslung der »s«-Möglichkeiten, verbunden mit Apostroph-Problemen:
   Genitiv-s: Toms' (Tom's) book
   Plural-s: parent (parents)
                       cars' (cars)
   3. Person Sing.-s: doe's (does)

Die vielen »s«-Regeln sind für das Legasthenie-Kind stets verwirrend. Kommt noch der Apostroph hinzu, der ihnen seiner »Lage« wegen zusätzliche Probleme bereitet (vgl. d,1), wird das Ganze unüberschaubar. Häufig entstehen auch deshalb Schwierigkeiten, weil das »s« weder visuell noch akustisch eindeutig vom Legastheniker wahrgenommen werden kann.

6. Fehler bei den Präpositionen, Konjunktionen und Pronomen wegen ähnlicher Schreibweisen:
   where–which–what–why–while–with–whom–who–whose–when.

c) *Fehler bedingt durch die Leseschwäche*

1. Falsch verstandene Arbeitsanweisung aufgrund von Lesefehlern,
2. Übersetzungsfehler durch ungenaues Lesen,
3. wiederum scheinbare Grammatikfehler, wenn durch ungenaues Lesen Zeitformen verändert wurden – ein Fehler, der jahrelang schwerwiegende Folgen hat.

d) Durch die Raumlageschwäche und das damit verbundene Problem der »willkürlichen Reihungen« bedingte Fehler

1. Richtungs- und Lageprobleme, Verwechslung besonders der räumlichen Präpositionen:

   Apostroph: 'Iam (I'm)
                       dont' (don't)

   Präpositionen: at – in –
                       into – on – to –
                       behind – in front of –
                       under – after –
                       for – by – before –
                       behind – down
                       up – off – of –
                       from – over –
                       right – left

2. »Willkürliche« Reihenfolge der unregelmäßigen Verben:
   shake – shaken – shook (shake – shook – shaken)
   »Willkürliche« Reihenfolge der Pronomen:
   The children met your (their) friends.

❑ Man erreicht zwar mit der Zeit und mit viel Mühe, daß beispielsweise unregelmäßige Verben in der richtigen Reihenfolge erlernt werden können, doch unterbricht man den automatisierten Prozeß, kommt es zu Fehlleistungen. Soll also zu »shook« die Präsensform gefunden werden, kommt es zu ebensolchen Schwierigkeiten wie beim Reproduzieren des Alphabetes.
Ich füge noch eine kurzgefaßte Fehlerzusammenstellung von M. Critchley (1964) an, die er für das Lesen und Schreiben aufstellte und die ich dem Informationsorgan des Bundesverbandes Legasthenie Heft 3/1980 entnommen habe. Diese Fehlergruppierung bedeutete für mich die Bestätigung dessen, was auch ich gefunden hatte.
Folgende Hauptgruppen an **Lesefehlern** seien ihr entnommen:
– Unfähigkeit, ein unbekanntes Wort auszusprechen, mit der Tendenz, die Aussprache zu erraten;

- Unfähigkeit, akustosprechmotorische Gleichheiten oder Unterschiede zwischen zwei Wörtern zu erkennen;
- Schwierigkeiten der Fixierung der jeweiligen Lesestelle, auch bei Zeilenübergängen;
- Versagen im sinnvollen Lesen;
- Unkorrektes Aussprechen von Vokalen oder Konsonanten;
- Raumverlagerungen einzelner Buchstaben, Wörter oder Wortgruppen;
- Auslassungen von Lauten und Wörtern;
- Hinzufügen von Lauten und Wörtern;
- Ersatz von Wörtern.

An wichtigsten **Rechtschreibfehlern** dürfen der Aufstellung von Critchley entnommen werden:
- Auslassungen von Wörtern und Buchstaben;
- Raumverlagerungen bei Buchstaben (d–b, p–q) oder Wörtern (ton–not);
- Einfügungen von Großbuchstaben in der Wortmitte;
- nur sporadische Zeichensetzung;
- viele Falschschreibungen (misspellings);
- Verstöße gegen das Zusammenschreiben von Wörtern und Buchstaben.

Abschließend möchte ich zu der schwierigen Beurteilung legastheniebedingter Fehler noch einige Überlegungen aufzählen, die mögliche Entscheidungen erleichtern könnten.

❑ Ein Legastheniker macht vermutlich dieselben Fehler wie andere Schüler auch. Doch drei Dinge sollten dabei nicht übersehen werden:
1. Ein Legastheniker macht diese Fehler in weit größerer Anzahl.
2. Ein Legastheniker braucht Jahre länger als andere Kinder, um aus seinen Fehlern zu lernen, sie selber zu finden und zu korrigieren.
3. Ein Legastheniker verbraucht ein Mehrfaches an Konzentration, denn bei allen Wörtern, die ihm Schwierigkeiten bereiten, muß er stets erneut überlegen und erneut entscheiden, ganz gleich, wie häufig dieses Wort auch vorkommen mag. Dies erklärt die vielfach innerhalb kürzester Abstände unterschiedliche Schreib-

weise desselben Wortes. Seine »legasthenischen Schwachstellen« sind überfordert, die Fehler häufen sich.

Außerdem:

1. Der Legastheniker ist bei einer Klassenarbeit weitaus stärker belastet als seine Klassengefährten.
2. Wenn sich ein Legastheniker trotz seiner fortbestehenden Rechtschreib-Schwäche in einer weiterführenden Schule halten kann, so spricht das für eine über dem Durchschnitt liegende Intelligenz. Er wäre sonst den Anforderungen, die Legasthenie und Schule über so viele Jahre an ihn stellen, nicht gewachsen gewesen.

❏ Es erscheint also **nicht** gerechtfertigt, solchermaßen begabte Kinder an ihren Rechtschreibfehlern scheitern zu lassen.

3. Ein noch nicht vollkommen frustrierter Legastheniker wird mündlich stets besser sein als schriftlich. Die meisten Legasthenie-Erlasse berücksichtigen deshalb auch die stärkere Gewichtung der Note im Mündlichen.

Dies alles mögen Pädagogen bedenken, die sich um eine allen Kindern gerecht werdende Beurteilung bemühen.

Welche Hilfen Eltern und Lehrer Legasthenikern geben können, erfahren Sie im zweiten Teil des Buches.

9. Die Rechenschwäche (Dyskalkulie)
Erscheinungsformen – Erklärungsversuch
Ein Kapitel, das speziell auch für Pädagogen gedacht ist

Leider scheint das Thema Rechenschwäche genauso konfliktreich beladen zu sein wie das der Legasthenie. Kaum einem Mathematiklehrer ist sie bekannt. Wer im Fach Mathe nicht mitkommt, ist eben unbegabt!

Wenn man sich aber nun die Mühe macht und die Rechenschwierigkeiten genauer betrachtet, so gibt es durchaus Kinder mit normaler und sogar hoher Begabung im rechnerischen Denken, die aber trotzdem an vielen Rechenvorgängen scheitern. Ich selber habe dazu gehört und auch meine beiden Söhne. Noch heute ist mir der Ausruf meiner Mutter im Ohr, wenn ich – damals in der 2. Klasse – mit glühendem Gesicht und ziemlich geknickt aus der Schule kam: »Na, du hast wohl Rechnen gehabt heute!«

Forschungsergebnisse auf diesem Gebiet sind noch nicht so recht bekanntgeworden, und bis in die Schulen und Kultusministerien ist noch kaum etwas gedrungen. Dennoch gibt es eine ganze Reihe von Veröffentlichungen und Erfahrungen auf diesem Gebiet (s. Literaturhinweise).

Rechenschwäche kann als **Teilleistungsschwäche** ganz isoliert auftreten, aber auch zusammen mit einer meist schweren Legasthenie. Unbehandelt kann sich die Dyskalkulie zu einem echten schulischen Problem auswachsen. Wir haben heute aber doch schon eine ganze Menge hilfreicher Spiele und Arbeitsmaterialien (s. S. 201 f.), zu denen auch ein psychomotorisches Training (Kap. 16) gehört, u. U. auch eine Therapie bei einer Ergotherapeutin (Kap. 5), denn häufig versagen die Kinder schon bei ganz einfachen Anforderungen an ihren Körper, wie z. B. bei der Aufforderung: »Zeige mit deiner rechten Hand nach oben.« Beim Rechnen aber muß man wissen, wo rechts, links, oben, unten, hinten und vorne ist. Deshalb sind die im Kap. 16 und 22 genannten Übungen sehr wichtig.

Am Beispiel meiner beiden Söhne möchte ich Ihnen Mut machen

und Ihnen zeigen, wie unterschiedlich die Rechenschwäche verlaufen kann und daß sie durchaus nicht hoffnungslos sein muß.

W. hat eine gute mathematische Begabung, war im Leistungskurs Mathematik bei den Besten, trotzdem gab er den Kurs auf, weil die noch vorhandenen Rechenschwierigkeiten ihm zuviel Mühe bereiteten. Auch heute beherrscht er einige Gebiete nur mangelhaft (z. B. das Umwandeln in andere Einheiten), dennoch gelang es ihm ohne große Mühe, eine Banklehre zu absolvieren. Seine rechnerische Begabung hatte die Rechenschwäche besiegt!

Ganz anders verlief es bei D., der auch mit Sicherheit nicht gerade unbegabt im rechnerischen Denken ist, der aber dennoch so enorme Schwierigkeiten hatte, daß er die in der Schule geforderten Leistungen in Mathematik nur mit größter Anstrengung schaffte und nie mit glanzvollen Noten aufwarten konnte.

Nach der Schule konnte er nicht verhindern, daß man ihm im Rahmen einer ehrenamtlichen Tätigkeit das Amt eines Schatzmeisters übertrug. Unser Entsetzen war entsprechend! Wir sahen eine Katastrophe größeren Ausmaßes auf uns zukommen. Und dann geschah das Unverhoffte: D. entwickelte erstaunliche Bewältigungsstrategien, um mit seiner Schwäche umzugehen. Er legte sich eine Art doppelter Buchführung zu, die er nie gelernt hatte, mit der er aber seine Lieblingsfehler, die er ja inzwischen kennt, überlisten und aufdecken kann. Noch nie hatte jemand vor ihm die Kasse so gut geführt, und er wurde gebeten, sie freiwillig noch längere Zeit zu übernehmen. Und heute muß er seinem Nachfolger helfen, dessen Differenzen zu finden! Welch ein Triumph für jemanden, der in der Schule auf diesem Gebiet so viele Niederlagen kennengelernt hatte.

❑ *Fazit:* Mit systematischem Vorgehen können Legastheniker eben vieles bewältigen. Und Sie sehen, auch eine in der Schulzeit hoffnungslos erscheinende Rechenschwäche macht zwar sicher keinen Einstein (der übrigens auch Legastheniker gewesen sein soll) aus Ihrem Kind, aber Sie sollten die Hoffnung nicht aufgeben!

Nachstehend habe ich versucht, die möglichen Schwierigkeiten und Fehlerquellen aufzuzeigen. Nicht alles muß auf Ihr Kind zutreffen, aber Sie können damit leichter herausfinden, wo die Fehler liegen und sie dem Mathematiklehrer erklären. Zudem läßt sich gezieltere Hilfe geben, wenn man sich über die Fehlerquellen einmal klargeworden ist. (Weitere Ausführungen zur Rechenschwäche lesen Sie in den Kap. 6, 20, 22 und 24.)

Es liegt nun an Ihnen, den Eltern, an die Kultusminister aller Bundesländer zu schreiben und entsprechende Rücksichtnahme und Hilfen für Ihre rechenschwachen Kinder zu fordern. Nur Sie als Betroffene können erreichen, daß dies Problem auch der Öffentlichkeit bekanntgemacht wird. Handeln Sie, helfen Sie Ihrem Kind und vielen anderen Kindern, deren Eltern nicht den Mut haben, an die Öffentlichkeit zu gehen!

1. Ursachen der Rechenschwäche (Erklärungsversuch)

a) Didaktogene (unzureichende Vermittlung durch den Lehrer) und methodisch bedingte Dyskalkulie
b) psychisch bedingte (durch Ängste bei Mißerfolgen)
c) **Teilleistungsschwäche des Gehirns aufgrund von Wahrnehmungsstörungen (s. Kap. 5) bei intaktem rechnerischen Denken und normaler Intelligenz!**

2. Beschreibung der Teilleistungsschwäche (Dyskalkulie) des Gehirns bei normaler Intelligenz (Erklärungsversuch für Pädagogen und informierte Eltern)

a) *Visuell bedingte Probleme:* Störung in der Intermodalität der Gehirnhälften (die Fähigkeit, die bildliche Vorstellung in verbale [arithmetische] Formen umzusetzen, ist gestört)
 – Umdrehen der Zahlen (92–29: die »Zwei« wird vor der »Neun« gelesen und deshalb auch zuerst geschrieben)
 – Verwechseln von ähnlichen Zahlen
 – Falsches Übertragen (Abschreiben von Zahlen)
 – Ungenaues Lesen der Zahlen
 – Auslassen von Zahlen
 – Falsches Erkennen und Zuordnen von Rechenvorzeichen
 – Schwierigkeiten beim Erkennen und Reproduzieren geometrischer Formen
 – Analogien werden nicht erkannt

- Regeln und Gesetze werden zwar gelernt, können aber nur schwer übertragen werden
- allgemeine Transferprobleme (Übertragungsprobleme)
- Verwechslungen bei der »p–q«-Formel und bei den Zeichen für »größer als« bzw. »kleiner als« (›bzw‹)

b) *Speicherschwierigkeiten – mangelndes Kurzzeitgedächtnis für Zeichen – Zahlen – Symbole:*
- Zahlenreihen und Zwischenergebnisse werden beim Kopfrechnen nicht behalten.
- Regeln, Formeln und mathematische Begriffe werden vergessen, weil sie nicht in den Langzeitspeicher übernommen wurden. Oft fehlt aber auch die Fähigkeit, sie zum richtigen Zeitpunkt »abzurufen«, zur Verfügung zu haben.

c) *Akustische (auditive) Probleme:*
- Zuordnen der gehörten Zahl (Zahlwort) zum Zahlzeichen (gestörte Intermodalität).
- Vermutlich auch ungenaues Hören der Zahl (Feldmanntest!, s. Kap. 14). Verwechseln von ähnlich klingenden Zahlen wie zwei und drei oder dreizehn und dreißig etc.
- Mathematische Begriffe vom Gehör her zu speichern.
- Mangelndes Sprachverständnis wie z. B.: »Gib mir die Plättchen, die blau *und* quadratisch sind« oder »Gib mir die blauen quadratischen Plättchen«. Davon muß dann unterschieden werden, wenn es heißt: »Gib mir die Plättchen, die blau *oder* quadratisch sind« oder »Gib mir die blauen *und* die quadratischen Plättchen« (s. Lorenz).

d) *Reihungsprobleme = Wahrnehmung zeitlicher und räumlicher Abfolgen = Seriale Leistungen:*
- Verdrehen von Zahlen (98 – 89)
- Reihenfolge von Teilschritten zur Lösung wird nicht eingehalten
- Fehlerhafte Zerlegung in Einzelschritte, wie z. B.:

$$6 \times 17 = 6 \times 10$$
$$+6 \times 6$$
$$+1 \times 7 \text{ (statt } 1 \times 6)$$

- 1×1 als Reihungsproblem
- Kopfrechnen sowohl als akustisches als auch als Reihungsproblem (seriale Leistung) und Speicherschwäche des Kurzzeitgedächtnisses
- Zählprobleme beim Über- und Unterschreiten des Zehnerraumes (8+3) als auch beim Hunderter, Tausender etc.
- Zahlenbeziehungen und Zahlenfolgen (Vorgänger und Nachfolger, die Hälfte, das Doppelte, das Mehrfache ...)

e) *Raumlageprobleme:*
- 1×1 als Verständigungsproblem des Dezimalsystems
- Bruchrechnen (oben – unten: Zähler – Nenner)
- Richtungswechsel bei Reihen- und Blockaufgaben und bei allen Grundrechenarten
- Fehlendes räumliches Vorstellungsvermögen von Stellenwerten (1070=100070, Dezimalzahlen, Umrechnen von z. B. Zentimetern in Meter oder Gramm in Kilogramm)
- Unsicherheit, wo mit dem Rechenvorgang zu beginnen ist: vorne, hinten, oben, unten
- Schwierigkeiten, bei Lageveränderungen der Objekte dieselbe Menge wiederzuerkennen
- Probleme, mehr als drei oder fünf Objekte – ohne abzuzählen – zu erfassen (besonders, wenn sie ungeordnet liegen)

f) *Graphomotorische Störungen: seltener, nicht so gravierend*

g) *Impulsiver oder auch stark verlangsamter und unsystematischer Arbeitsstil:* häufig bei überaktiven Kindern, die die erste Lösungsmöglichkeit sofort als die bestmögliche und richtige ansehen.

h) *Textaufgabenprobleme* entstehen wegen der Leseschwierigkeiten, der Mühe mit Teilschritten, dem Erkennen von wichtigen Teilen einer Aufgabe (Störung der Figur-Hintergrund-Wahrnehmung).

i) *Sekundäre Lern- und Leistungsblockaden durch die bisherigen Mißerfolge: Angst*

Eltern, die mit dieser Aufstellung Schwierigkeiten haben, finden kurz und vereinfacht zusammengefaßt Informationen über die Rechenfehler in den Kapiteln 6 und 20.
Wie Sie diesen Kindern helfen können, erfahren Sie im zweiten Teil des Buches.
Literaturangaben zum Thema Rechenschwäche finden Sie ebenfalls im zweiten Teil des Buches im Kap. 22.

Anmerkung: Es gibt immer mehr Schulleiter und Schulbeamte, die eine Dyskalkulie als Teilleistungsschwäche akzeptieren und entsprechende Rücksichtsmaßnahmen eingeleitet haben. Geben Sie deshalb nicht auf, immer wieder als **Nachteilsausgleich** Erleichterungen einzufordern. Je nach Schweregrad der Rechenschwäche könnten das sein: Notenschutz, weniger Aufgaben bei den Klassenarbeiten, Hausaufgabenreduzierung, kein Kopfrechnen, längere Lernzeiten z. B. für das Einmaleins, Vorlesen der Textaufgaben, ruhiger Raum für Klassenarbeiten, Zeitverlängerung bei schriftlichen Arbeiten, großkarierte Hefte und vergrößerte Arbeitsanweisungen, spezielle Rechenwege des betroffenen Kindes zulassen.

10. Die wundersame Geschichte von W. oder Dieses Kind muß leben!

Ein Kapitel über eine Sprachentwicklungsstörung

Und wie ist es meinem älteren Sohn W. ergangen? Bisher habe ich fast nur über D. geschrieben, denn bei ihm stand die Legasthenie im Mittelpunkt seiner schulischen Laufbahn. Doch auch W. hatte zunächst kein leichtes Schicksal. Vieles, das W. und ich erlebten, wird Eltern von integrationsgestörten Kindern nicht fremd sein. Zum Glück aber verlief W.s Lebensweg nicht so dramatisch und bei weitem auch nicht so traumatisch wie bei D. Seine Legasthenie, die nie so stark war wie bei seinem Bruder, blieb zwar auch ihm treu, behinderte ihn aber weniger. Dafür standen bei ihm andere Probleme im Vordergrund.

Der Spanisch-Lehrgang im Betriebswirtschaftsstudium z. B. scheiterte an den Prüfungsdiktaten, die des großen Andrangs wegen als Siebverfahren eingesetzt wurden. Er hat es aber überlebt und verschmerzt, obwohl es ein wiederholter Versuch gewesen war. Schon in der Schulzeit hatte er Spanisch lernen wollen. Diesen Traum mußte er nun begraben, zumal mit Sicherheit eben nicht nur die Legasthenie der Stolperstein war, sondern auch die Überreste jener Sprachentwicklungsstörung, die durch die schwere Geburt entstanden war und von der ich nun berichten möchte.

W. ist ein medizinisches Wunderkind, jedenfalls in unseren Augen. Seine Geburt war schwer, und nur dem kundigen Neuropädiater, den vielen Apparaten und Schläuchen, an denen er auf der Intensivstation hing, verdankt er sein Leben.

Als ich ihn nach der Geburt das erste Mal in der Kinderklinik sehen darf – und auch dies nur durch die Fensterscheibe der Intensivstation –, als ich ihn so sehe mit all seinen Schläuchen, erregt und hilflos weinend, da bricht mein ganzes Glücksgefühl, den erwünschten Sohn geboren zu haben, vollkommen in sich zusammen. Die Tränen laufen. Mein Mann, sicher ebenso verzweifelt, nimmt mich in die Arme, aber der Weinkrampf ist nicht aufzuhalten, schüttelt mich.

So armselig hatte ich es mir nicht vorgestellt, unser Kind, das sofort nach der Geburt aus meinen Armen genommen wird, um mit Blaulicht in die Kinderklinik gebracht zu werden. Dieser Blick auf unseren mit seinem Leben ringenden Sohn, diese Schmerzen, die von ihm auf mich übergehen, all die übermächtigen Gedankenstürme in den wenigen Minuten, die wir ihn sehen dürfen, diese verzagende Verzweiflung – lieber Gott, dieses Kind muß leben! Noch aber wissen die Ärzte nicht, ob es gelingt.

Die frühen Schmerzen, die er gleich nach der Geburt erleiden mußte, haben für lange Zeit eine taktile Abwehrhaltung zur Folge. Zu unserem Kummer läßt er sich nur sehr ungern streicheln – er mochte es einfach nicht. Heute kann ich mir das alles erklären und sehe es als Folge der schmerzhaften, aber lebensnotwendigen Therapien an, denen er sein Leben verdankt.

Als wir ihn endlich nach Hause holen dürfen, muß mir erst eine befreundete Krankengymnastin zeigen, wie ich seine spastisch verkrümmten Beinchen lockere, damit ich ihn überhaupt wickeln kann. Ohne den Totaleinsatz meiner Mutter hätte ich wohl die erste Zeit kaum geschafft. W. kann nur mit großer Anstrengung trinken. Für 100 ccm braucht er eine Stunde. 10 Mahlzeiten über 24 Stunden verteilt, jeweils eine Stunde lang – es war zum Verzweifeln! Dennoch waren wir voller Glück über unser erstes Kind und recht ahnungslos, wie schwer krank er doch eigentlich noch war. Über Geburtsschäden wußte man damals noch viel zu wenig oder fast gar nichts.

Nach dem ersten Schock in der Klinik übertraf die Freude, ihn zu Hause zu haben, alles andere. Neue Sorgen überkamen uns erst sehr viel später, als der Greifreflex seiner Händchen übermäßig lang anhielt, als er sich nicht rechtzeitig aufrichten lernte, statt zu krabbeln robbte und Laufen nur mit großer Verspätung erlernte. So blieb seine Entwicklung in den ersten Lebensjahren – besonders auch im sprachlichen Bereich – teilweise in besorgniserregender Weise zurück.

Als er 3 Jahre alt war und noch kaum sprach, testete ihn ein amerikanischer Arzt, denn zu jener Zeit hatte man eben in Deutschland sehr wenig Erfahrungen mit solchermaßen geburtsgeschädigten Kindern. Der Professor schaute mich danach ernst über den Rand seiner Brille hinweg an und sagte: **»Dies Kind kann gedeihen, aber**

nur in einem harmonischen Klima!« Diese Worte haben mich seither nicht mehr verlassen. Und sehr bald erfuhren wir, wie wahr seine Aussage sein sollte.

Wir sind im Urlaub, zum ersten Mal zusammen mit unseren Kindern, D. 2½ Jahre und W. knapp 11 Monate älter. W. spricht bisher kaum. Alle unsere Versuche waren gescheitert. Jetzt aber haben wir viel Zeit für unsere Kinder, lassen Drachen steigen, klettern und spielen Verstecken mit ihnen, entdecken abenteuerliche Dinge und stehen eines Tages vor einer Weide mit Kühen. Da sagt W. deutlich und laut seinen ersten Satz: »Mami, Kühe barfuß«. Mein Mann und ich schauen uns an, glückselig über seine Äußerung. Das Wunder, das schon mit seinem Überleben nach der Geburt begonnen hatte, ist vollendet. W. fängt an zu sprechen.

Bald fällt mir auf, daß W. mir ständig auf die Lippen schaut, wenn ich mit den Kindern singe oder ihnen vorlese. Das nutze ich aus, setze ihn vor mich auf meine Knie und singe ihm so lange dasselbe Lied vor, bis er mitsingt. Oder ich lese ihm so oft ein bestimmtes Bilderbuch vor, immer und immer wieder, bis er mitspricht. So lernt W. schließlich sprechen, nicht von heute auf morgen und natürlich nicht vollkommen.

Auf Anraten des amerikanischen Arztes starten wir den Versuch, ihn für 1–2 Stunden täglich in einen Kindergarten zu geben. Meine Schwester ist dort Kindergärtnerin und kümmert sich natürlich besonders um ihn. Die erhoffte Sprachanregung durch die anderen Kinder scheint sich einzustellen, doch die Lautstärke und die Unruhe überfordern ihn. Er wird quengelig, nervös, unzufrieden und kommt total erschöpft nach Hause. Nach ein paar Wochen brechen wir dieses Experiment ab, denn W. ist eindeutig überfordert. Noch ist seine Zeit für den Kindergarten nicht gekommen!

Diese Kinder brauchen Zeit, Zeit, viel Zeit und viel Geduld.

Zu der allgemein verlangsamten Entwicklung, besonders im sprachlichen Bereich, kamen bei W. noch grobmotorische und graphomotorische Auffälligkeiten sowie Probleme mit der Koordination und dem Gleichgewicht. Malen gelang ihm nur sehr schlecht, und seine Bauklötzchentürme fielen immer wieder um. Trotzdem entstand früh in ihm der Wunsch, Architekt zu werden. Wenn wir seine mühsam erstellten Bauwerke betrachteten, schauten mein Mann und ich uns traurig an. Aus diesem Berufswunsch würde wohl nie etwas werden können...

In der Zeit der Vorschule besuche ich mit beiden Kindern einen Turnkreis. Schon nach einer Stunde fällt mir auf, daß ich in der körperlichen Erziehung meiner Söhne wohl versagt haben mußte. Beide scheinen sie Klammeraffen an Mamis Rockzipfel zu sein. Vor allen Übungen haben sie Angst, nichts gelingt, der Hampelmann, das Hüpfen, das Balancieren – alles totale Fehlanzeige. D. ist mutiger als W., dafür verhindere ich bei ihm oft im letzten Moment folgenschwere Unfälle. W. und D. bewegen sich ungeschickter als andere, das bleibt selbst dem liebenden Mutterauge nicht verborgen. D. scheint auf dem sportlichen Sektor schlichtweg das zu sein, was der Volksmund einen klassischen »Tolpatsch« nennt. Bei ihm kann ich jedoch alles verstehen, er hat Doppelbilder und kein räumliches Sehen, das erklärt mir seine Unsicherheit. Aber warum fällt auch W. immer wieder beim Balancieren vom Balken? Nur beim Laufen ist er einsame Klasse und schneller als alle anderen. Wenigstens das!

Später beim Anziehen der Kinder stehen die Mütter plaudernd zusammen, nur ich hocke erschöpft zwischen den Söhnen, helfe beim Hemd und dem Pulli und dem richtigen Hosenbein und den verflixten Schleifen an den Schuhen – das sind Fertigkeiten, von denen wir nur träumen können oder noch nicht einmal das, denn daß sie das jemals lernen könnten, erscheint mir ganz und gar unwahrscheinlich.

Nach zwei von diesen mißglückten Turnstunden und den vergeblichen Bemühungen, die Söhne ins Wasser zu locken und ihnen Schwimmen beizubringen, gibt die Mutter jeden persönlichen Ehrgeiz auf. Es ist ihr klar: Sie hat versagt, hat ängstliche, unsportliche Kinder erzogen. Sie engagiert einen jungen, dynamischen Schwimmlehrer. »Seien Sie ganz unbesorgt, das kriege ich schon hin. Sie werden staunen!« Ich staune wirklich und mache mir noch heute Vorwürfe. Der junge, dynamische Herr nimmt meine Knaben und wirft sie einfach ins Wasser. W.s entsetzt und angstvoll aufgerissene Augen verfolgen mich noch heute. Als nächstes verlangt er von den Kindern, vom Beckenrand zu springen.

Für Kinder mit Körperwahrnehmungsstörungen wie bei unseren Söhnen, die die Tiefe eines Sprunges nicht ermessen, die nicht wissen, wie

ihr Körper sich verhält und die keine Entfernungen abschätzen können, bedeutet ein solcher Sprung existentielle Angst und Bedrohung.

Leider wußten damals weder der sportliche Herr (das sei zu seiner Entschuldigung angemerkt) noch die Mutter von diesen Problemen beider Söhne. Der dynamische Junglehrer wird nun allerdings etwas vorsichtiger, geht mit den Söhnen ins Wasser, hält sie und versucht, ihnen die Schwimmbewegungen beizubringen.

W. glänzt mit totaler Verweigerung. Er kann Beine und Arme nicht auseinanderhalten und schon gar nicht koordinieren. D. bringt sich in der Zwischenzeit in der Toilette in Sicherheit, W. folgt im nächst geeigneten Moment. Die Mutter bittet und fleht, aber keiner der Knaben ist wieder ins Wasser zu bringen. Als auch Belohnungen nicht ziehen, begreift die Mutter endlich, daß dieses grausame Spielchen ein Ende haben muß. Der verachtungsvolle Blick des jungen, dynamischen Sportlers trifft sie voll und erreicht natürlich, daß sie sich schuldig fühlt am Versagen der Söhne, aber sie ist inzwischen ganz Glucke, stocksauer auf den sportlichen Herrn, der ihre Kinder unnötig quält.

Fortan werden alle sportlichen Ambitionen in die Mottenkiste gepackt. Und siehe da – ein Jahr später gelingt es einem warmherzigen, älteren, verständnisvollen Sportlehrer an der Nordsee, W. und D. das Schwimmen beizubringen. Der Freischwimmer wird mit einer astronomischen Eisschlacht gefeiert, neue Badehosen gekauft und das Abzeichen angenäht. Wie sind wir alle stolz und glücklich! Und diese Badehosen haben wir immer noch!

Da wir befürchten, daß W.s Probleme bis zum Schulbeginn nicht behoben sein könnten, versuche ich, ihn selber zu fördern, so gut man das Ende der sechziger Jahre eben wußte und konnte. Ich besorgte mir sonderpädagogische Vorschulprogramme für die visuelle und sprachliche Wahrnehmung mit dem schrecklichen Titel: »Zur Intelligenzförderung«. Vielleicht aber tat ich damals damit das Richtige und erleichterte ihm so seinen Schulstart. Im übrigen war ich jedoch auf meine Intuitionen angewiesen.

Daß Kinder mit Sprachentwicklungsstörungen oder Sprachverzögerungen später in der Schule irgendwelche Lernschwierigkeiten bekommen, gilt als gesichert. Es muß keine Legasthenie sein wie bei W.,

aber Probleme irgendwelcher Art, seien es »nur« eine gewisse Langsamkeit oder eine Aufmerksamkeitsstörung, seien es Hyperaktivität (Zappelphilipp) oder motorische Behinderungen, irgend etwas stellt sich fast immer ein.

Da W. aber hauptsächlich noch im sprachlichen Bereich auffällig war, mußte ich hier besondere Maßnahmen ergreifen. W. konnte schneller denken als sprechen, und so hakte es beim Reden – er polterte, wie es in der Fachsprache heißt. Dafür übernahm der redegewandte, lebhafte D. gern und schnell das Sprechen für seinen Bruder, und W. ließ es geschehen. Das aber durfte nicht sein! Deshalb führte ich eine strenge und konsequente Maßnahme ein: Jeder hatte seine »Redezeit«. D. mußte seinen Bruder erzählen und ausreden lassen. Da gab es kein Pardon! Nur so konnte ich erreichen, daß W. Zeit hatte, seine Gedanken auch in Worte umzusetzen.

Zum Glück fiel es mir nicht schwer, konsequent zu sein. Da ich der antiautoritären Welle nie gefolgt war, konnte ich mich D. gegenüber problemlos durchsetzen. So lernten die Brüder, die Belange und Bedürfnisse des anderen zu akzeptieren, Rücksicht zu nehmen. Und schon sehr bald legte sich bei W. das Poltern – er konnte sich die Zeit lassen, die er brauchte.

Dennoch blieben seine sprachlichen Auffälligkeiten noch so besorgniserregend, daß die testende Logopädin auch ein Jahr vor der Einschulung nicht sagen konnte, ob er je eine normale Schule würde besuchen können. Daraufhin verstärkte ich meine Bemühungen, da eine sicher notwendig gewesene logopädische Behandlung daran scheiterte, daß es damals einfach noch viel zu wenige dieser Spezialisten gab. So ist meine Förderung sicher nicht optimal gewesen. Ich hatte jedoch das Glück, eine Mutter zu haben, die einen großen Schatz an Fingerspielen, Reimen und rhythmischen Bewegungsübungen besitzt. Das hatte sie mit meinen Geschwistern und mir damals schon gespielt. Jetzt greife ich darauf zurück, von ihr unterstützt, wenn sie zu Besuch kommt. Aus meiner Kindheit kenne ich zudem eine Fülle von Bewegungsspielen, die man heute »Psychomotorische Übungen« nennen würde. Das setze ich nun in die Tat um. Nachbarskinder und Freunde gab es genug, die gerne mit meinen Kindern all diese für sie unbekannten Spiele mitmachten. Das war damals sicherlich leichter als heute, da es das Konkurrenzunternehmen Fernsehen noch kaum gab.

Rückblickend gesehen habe ich so spielerisch und ohne daß ich viel darüber wußte, doch eine Menge zur Förderung der Kinder tun können. Optimal und ausreichend war es sicher nicht, denn das Wissen, das wir heute haben, besaß man damals einfach noch nicht. Es gelang aber, W. normal einzuschulen. Da allerdings holte uns dann die Legasthenie ein und stellte alle anderen bisherigen Sorgen in den Schatten.

Nun hatte W., wie gesagt, die Legasthenie nicht ganz so schlimm wie D. und litt deshalb etwas weniger, aber am Anfang sah es für mich bei beiden Kindern gleich katastrophal aus. Zum Glück hatten wenigstens W.s motorischen Probleme sich gebessert. Nur die Handungeschicklichkeit behinderte ihn natürlich auch beim Schreibenlernen. Hand und Arm ermüdeten schnell und schmerzten dann.
Sein ungenügender Wortschatz machte uns aber auch weiterhin Sorgen. Wir, die wir ihn gut kannten, merkten im Laufe der Jahre nur zu genau, daß seine sprachliche Entwicklung nicht seinem Alter entsprach. Wir sorgten uns und wußten doch keinen Ausweg. Ich spürte nur immer wieder, daß W. Zeit brauchte, Zeit und Ruhe. Aus all den vorangegangenen Jahren wußte ich zudem, daß seine Entwicklung stets schubförmig verlaufen war.
Glückselig erleben wir deshalb das nächste Wunder, als er ungefähr 16 Jahre alt ist. Plötzlich fängt er an, uns nach der Bedeutung von Fremdwörtern zu fragen, die wir täglich benutzen. Er beginnt sie in seinen Wortschatz aufzunehmen, wenn auch zunächst noch die richtige Aussprache schwerfällt. Aber plötzlich geht auch dies, und gleichzeitig fängt er an, seine ersten Bücher zu lesen. Es ist, als habe ein gnädiger Mechanismus ihn bis dahin vor Überforderung geschützt. Er hatte die Wörter, die er doch noch nicht aussprechen und in ihrer Bedeutung erfassen konnte, einfach nicht wahrgenommen. Dies, so denke ich, war sein ganz großes und einmaliges Glück. Als das Gehirn soweit gereift war und sich erholt hatte, daß es nun auch kompliziertere Dinge verarbeiten konnte, da geschah es dann auch! Alles zu seiner Zeit.

Mein Fazit lautet: Kindern wie W. mit geburtlich bedingten Entwicklungsverzögerungen muß man Zeit lassen! Sie dürfen nicht überfordert werden. Sicherlich ist fördern und unterstützen notwendig, aber es darf nur soweit gefördert werden, daß das Kind alles noch »verkraf-

tet«. Ein Kind, das sich wehrt gegen die Therapiemaßnahmen, das müde und erschöpft ist, wurde überfordert!

Durch W. habe ich schon vor der Schulzeit gelernt, geduldig auf den nächsten Entwicklungsschritt zu warten, mich nicht entmutigen zu lassen, wenn es durch äußere Ereignisse wie Krankheit, Unruhe in der Familie und Reisen immer wieder zu Rückschlägen kam. Er reagierte dann einfach mit motorischer Unruhe und Unzufriedenheit.

Ich mußte lernen, daß Glück und freudige Ereignisse, selbst das Herausholen aus dem gewohnten Tagesrhythmus in den Ferien, für solchermaßen belastete Kinder zu viel des Guten sein können. Es hat eine ganze Weile gedauert, bis ich begriff, daß auch die herrlichsten Ferien eine Belastung sein können.

Trotzdem holte W. seine Entwicklungsrückstände am sichtbarsten stets in den Nordseeferien auf, was sich oft erst im nachhinein zeigte. Aber so tat er doch in ruhiger Stetigkeit einen Entwicklungsschritt nach dem anderen. Der Sprachschatz allerdings blieb noch hinter dem seiner Alterskameraden zurück.

Aber W. hatte wieder einmal Glück. Alle seine Deutschlehrer und -lehrerinnen mochten ihn und förderten ihn optimal. Als ich nach Jahren seine letzte Deutschlehrerin wiedertraf und mich bedankte für die in meinen Augen stets sehr großzügige Benotung seiner sprachlichen Ausdrucksmöglichkeiten in den Aufsätzen, war ihre Antwort: »Aber ich sah doch, wie er sich immer bemühte, noch besser zu werden. Das mußte ich doch unterstützen! Eine schlechte Note hätte ihn nur entmutigt.« Welch Glück für W., eine solche Deutschlehrerin gehabt zu haben, die ihm nie das Gefühl gab, schlechter als gleichbegabte Schulkameraden zu sein. So blieben W. viele Frustrationen und Verunsicherungen erspart.

Im Studium dann schloß er sich einer studentischen Theatergruppe an. Diese Zeit des Theaterspielens im Alter von über 20 Jahren hat seine sprachlichen Ausdrucksmöglichkeiten noch entscheidend verbessert. Er lernte frei zu sprechen, und vieles mußte auf dieser Bühne improvisiert werden, oder wie W. sagt, eigentlich war alles Improvisation. Sein Gedächtnis wurde ebenso trainiert wie sein Wortschatz. Dann fing er an, Vorträge über sein Fachgebiet zu halten, organisierte größere Veranstaltungen zu Themen aus der 3. Welt, kümmerte sich um Erst- und Wechselsemester, kurz, er engagierte sich in vielen Bereichen, die alle mit Sprache zu tun hatten. Zeitweilig waren all die ehrenamtlichen Tätigkeiten so umfangreich, daß die Eltern meinten, W. betriebe das Studium nur noch als Nebenbeschäftigung. Da W. aber schon vom 14. Lebensjahr an ehrenamtliche Arbeit in vielfältiger Form übernommen hatte, hat er nur konsequent seinen Lebensstil fortgeführt und damit ganz unbewußt sich selbst den größten Dienst erwiesen. Er erfuhr durch all dies, daß er reden kann!

Als er 24 Jahre alt ist, hält er zur Silberhochzeit seiner Eltern eine bewegende Rede, auswendig, ausdrucksstark und differenziert in der Wortwahl. Jeder, der um seinen schwierigen Weg wußte, spricht uns an, ist erfüllt von der Erkenntnis, wie sprachliche Probleme sich auch im vorgeschrittenen Alter noch bessern können und sogar ganz verschwinden. Er selbst spürt zwar, daß er hin und wieder noch Wortfindungsprobleme hat, doch ein Außenstehender merkt das nicht mehr. Das Gehirn und seine Rehabilitationsmechanismen bleiben ein Wunder.

Eltern sollten sich deshalb nicht entmutigen lassen, wenn sprachliche Probleme lange anhalten. Bei nicht nachlassendem Training besteht doch häufig noch Aussicht auf Besserung!

Fördern, aber nicht überfordern – Zeit geben, sich und dem Kind!

W.s Weg ist sicher nicht leicht gewesen, aber er litt weniger als D., weil die größten Probleme in den frühen Kindheitstagen lagen, als wir ihn noch rundherum schützen konnten. Später hat er mit zähem Fleiß und viel Energie den Kampf gegen seine noch verbleibenden Behinderungen selbst aufgenommen. Sicher, W. ist wie D. auch ein Kämpfer, das macht vieles leichter. W. hatte auch das Glück, eine Mutter zu haben, die nicht berufstätig sein mußte, die, weil sie Hausarbeit langweilig fand, sehr viel lieber mit Begeisterung Mutter war und die dem Haushalt abgerungene freie Zeit gerne mit den Kindern verbrachte. Als W. 15 Jahre alt war, sagte er den schönsten Satz, den seine Eltern je von ihm hörten: »Weil Ihr mir immer vertraut habt, habe ich mich stark gefühlt, das hat mir Sicherheit und Selbstvertrauen gegeben.«

Und so ist es wohl wirklich, daß Eltern auch das Vertrauen haben müssen, daß aus ihren Kindern etwas werden wird, auch wenn es manchmal nicht so aussieht. Kinder spüren das.

W. im Glück? Ja, aber auch die Mutter, die weiß, daß es sich gelohnt hat, für ein solches Kind Zeit gehabt zu haben, und im Glück auch der Vater, der, stolz auf seinen Sohn, klaglos auch heute noch die notwendigen Rechtschreibkorrekturen der diversen schriftlichen Arbeiten seines Sohnes einschließlich der Diplomarbeit in Betriebswirtschaft vornimmt, auch noch bis Mitternacht, wenn's denn mal ganz eilig ist.

Und meine Gedanken gehen noch einmal zurück: W. ist 8 Jahre alt, und wir ziehen fort aus G., wo er geboren wurde. Der Kinderarzt, der ihm auf der Intensivstation zum Leben verhalf, untersucht ihn, lacht fröhlich: »Da haben Sie«, so sagt er zu mir, »aber wirklich Glück gehabt.« Glück gehabt? Wirklich nur Glück gehabt? Oder war es auch das: »Lieber Gott, dieses Kind muß leben«?

W. ein medizinisches Wunder? Ein Glückskind? Oder hatte er einfach nur die richtigen Eltern, eine glückhafte Umgebung, viel eigenen Fleiß und Willenskraft? Vielleicht, vielleicht von allem etwas. Wir wissen es nicht. Aber was auch immer es gewesen sein mag, das W. zu diesem Überraschungskind werden ließ, eines wissen wir heute ganz genau und sicher, und das ist der einzige und entscheidende Satz, den mir der amerikanische Kinderpsychiater damals mit auf den Weg gab: **»Das harmonische Umfeld ist wichtig.«**

Ich weiß, das aber ist der Haken bei der Sache! Auf Kommando läßt sich die Harmonie nicht herbeizaubern, die äußeren Umstände sind oft gegen uns. Wer selbst unglücklich ist, kann keine Harmonie weitergeben. Lassen Sie sich deshalb von Fachleuten helfen, wenn's denn gar zu schwer wird, und vergessen Sie trotzdem diesen Satz vom »harmonischen Umfeld« nie! Vieles, sehr vieles liegt bei Ihnen und dem Vertrauen in Ihre vorhandene Kraft, auch das Schicksal Ihres Kindes zu meistern. Niemand ist für Ihr Kind so wichtig wie Sie! Und keine Aufgabe könnte schöner, lohnender und zufriedenstellender sein!

Sie müssen aber, so sagte einst ein Pastor zu meinem Mann, auch »mit der Gnade mitwirken«. Zusehen, abwarten, auf das Wunder hoffen, das funktioniert garantiert nicht! Ihr Einsatz ist schon gefordert! **Also: wirken sie mit der Gnade mit, dann können aus Sorgenkindern Glückskinder werden.** Ich wünsche es Ihnen!

Wie man diesen sprachentwicklungsverzögerten Kindern helfen kann, erfahren Sie im zweiten Teil des Buches.

Anmerkung: Es ist mir klar, daß ich mit diesem Kapitel nur *eine* der vielen Ursachen für Sprachentwicklungsstörungen ansprechen konnte. Ein näheres Eingehen auf die verschiedenen Aspekte würde aber den Rahmen dieses Buches sprengen. Zudem sind Eltern mit solchermaßen betroffenen Kindern im allgemeinen heutzutage in fachlich qualifizierten Händen in pädaudiologischen Kliniken, bei Logopäden, Sprachheilpädagogen und -therapeuten.

Eins aber erhalten die Eltern meistens **nicht:** konkrete Hilfen, wie denn nun in der **Familie** mit dem Kind und seinem Handicap umgegangen werden könnte und sollte. Und genau dies, die Akzeptanz und Berücksichtigung dieser Schwäche innerhalb der Familie, genau dies ist aber für das Gelingen jeglicher Therapie entscheidend und gilt wohl für alle Kinder, ob sie ihre Probleme nun ererbt oder erworben haben.

So habe ich mich mit diesem Kapitel auf die möglichen emotionalen und familiären Hilfen und Interaktionen beschränkt, auf das, was meist von Fachleuten nicht vermittelt werden kann. Elternmitarbeit wird leider noch viel zu wenig angeboten. So sind fast alle Eltern mit ihren Unsicherheiten alleingelassen. Für diesen Leerraum zwischen fachlicher Beratung und notwendiger außerfamiliärer Therapie, und um zeitraubende Um- und Irrwege zu vermeiden, dafür ist dieses Kapitel geschrieben worden.

Teil II: Praxis

11. Wie erkläre ich dem Kind die Legasthenie?
Ein Kapitel für Eltern und Pädagogen

Unabhängig davon, in welchem Alter bei Ihrem Kind die Legasthenie entdeckt wurde, müssen Sie mit ihm darüber sprechen. Sie werden merken, daß Ihr Kind ungeheuer erleichtert ist, wenn es erfährt, daß seine Lese-Rechtschreib-Schwäche nichts mit Faulheit oder gar Dummheit zu tun hat. Der Hinweis darauf, daß Ihr Kind ja keine Schuld an den schulischen Schwierigkeiten hat, bewirkt oft Wunder. Alles ist nicht mehr so trostlos! Ihr Kind hat wieder Mut zum Weitermachen.

Eine Legasthenie kindgemäß zu erklären, ist gar nicht so schwer, denn ganz genau wollen die Kinder es meist sowieso nicht wissen. Erklären Sie so einfach wie nur möglich. Das könnte etwa so aussehen:

»Wir wissen ja nun durch die Tests, daß du eine Lese-Rechtschreib-Schwäche hast. Warum ausgerechnet du das hast, das weiß niemand. Aber wir wissen nun genau, daß keiner schuld daran hat und daß es auch keine Faulheit von dir ist. Und wir wissen auch ganz genau, daß du nicht dumm bist. Es kann alles wieder gut werden, wenn wir uns jetzt zusammentun und gemeinsam an den Schwierigkeiten arbeiten. Wir müssen alle etwas Geduld haben, aber wenn wir zusammen mutig an die Arbeit gehen, werden wir es ganz sicher schaffen.

Du mußt dir vorstellen, das mit der Legasthenie ist ebenso, als wenn man sich ein Bein gebrochen hat. Dann hat man es lange Zeit schwer, weil man nicht alles tun kann, was die anderen Kinder können. Wenn du dann einen Gehgips hast, dann kannst du zwar gehen, aber nur sehr, sehr mühsam und längst nicht so schnell wie deine Klassenkameraden. Die Treppen sind besonders schwierig mit einem Gehgips. Anfangs hast du Angst davor. Das mühsame Treppensteigen ist dann dasselbe, als wenn du mit deiner Legasthenie versuchst, eine ebenso gute Klassenarbeit zu schreiben wie deine Freunde. Das geht eben noch nicht. Und wenn der Gips dann weg ist, dann muß dein Bein von einer Krankengymnastin erst wieder trainiert werden. Durch die lange Zeit mit dem Gips hast du das richtige Laufen ein wenig verlernt. Aber das wird wieder gut, wenn du fleißig übst. Dann kannst du wieder so schnell laufen wie alle anderen Kinder auch.

Und ganz genau so ist es mit der Legasthenie. Anfangs kann man mit den Klassenkameraden noch nicht mithalten, man braucht Hilfe und Schonung, dann braucht man ein richtiges Training, und dann wird man eines Tages alles so können wie andere auch. Es können natürlich auch Zeiten kommen, in denen es dir wieder schlechter geht. Das ist dann so, als hättest du dein gebrochenes Bein überanstrengt. Dann muß man geduldig üben, bis es wieder geht. Das Bein wird wieder besser und die Legasthenie auch!

Und wenn du zwischendurch einmal einen schlechten Tag hast, dann denke an die Hochleistungssportler. Die trainieren täglich, und doch haben sie manchmal ein Tief, einen schlechten Tag. Dann können sie nicht das leisten, was sie sonst immer konnten. So ist das auch mit deiner Lese-Rechtschreib-Schwäche. Ein Tief kann jeder mal haben, es geht vorüber, und da wir immer fleißig trainieren werden wie ein Sportler, kann uns gar nichts passieren. Es wird alles wieder gut werden.«

So etwa können Sie es Ihrem Kind erklären.

Der Deutschlehrer unseres jüngsten Sohnes erklärte der Klasse die Legasthenie mit einer »überstandenen schweren Grippe«. Ein solches Kind hat viel nachzuholen und muß auch noch geschont werden, damit es keinen Rückfall gibt. Auch auf diese Weise kann man der Klasse recht gut erläutern, warum beim Legastheniker die Rechtschreibfehler nicht bewertet werden. Und mit einer Grippe ist man auch weder dumm noch faul gewesen! **Diese Erklärungen vor einer Klasse sind meistens sehr notwendig, um Neid gar nicht erst aufkommen zu lassen und um den Makel von Dummheit und Faulheit zu beseitigen.**

Wahrscheinlich müssen Sie als Eltern dem Lehrer erst einmal erklären, wie er das machen soll, und auch, daß er es unbedingt sagen sollte. Er kann dabei sehr gut die Hilfsbereitschaft der Klasse mobilisieren. Einem Kind mit Gips oder einem geschwächten Kind nach schwerer Grippe muß geholfen werden, das kann jeder begreifen. So muß man auch dem Legastheniker beim Abschreiben von der Tafel helfen, bei der Vervollständigung eines diktierten Textes, beim Notieren von Hausaufgaben, beim Lesen. Wenn ein Kind mit Gipsbein stolpert, wird man nicht lachen, sondern ihm helfen, damit es nicht fällt. Wenn ein Legastheniker beim Lesen »stolpert«, wird man ihm genauso beistehen wie dem Gehgips-Kind.

Nun gibt es auch Kinder, die wollen nicht, daß die Klasse etwas von ihrer Legasthenie erfährt. Diese Kinder haben noch nicht gelernt, mit ihrer Legasthenie zu leben. Sie schämen sich noch. Darauf muß man Rücksicht nehmen und sie langsam davon überzeugen, wie wichtig es ist, daß die Klasse richtig »aufgeklärt« wird und keiner mehr etwas Falsches denken oder sagen kann. Ihr Kind kämpft ja nicht nur mit seinen Fehlern, sondern auch um die Achtung seiner

❑ Umwelt. **Unsere Söhne litten wesentlich stärker unter der Verachtung und Herabsetzung durch Lehrer und Klassenkameraden als unter ihren Fehlern.**

Ältere Kinder werden fragen: »Warum habe gerade ich das, wie kommt es dazu?« Dann lesen Sie bitte das Kapitel 2. So werden Sie die richtige Antwort finden.

Zu diesem Thema muß noch etwas gesagt werden. Es ist mir unerklärlich, wie es zu der weit verbreiteten Annahme kommen konnte, daß Legastheniker sich »keine Mühe mehr geben würden«, wenn sie erführen, daß ihre Rechtschreibfehler zunächst nicht bewertet würden.

Ein legasthenes Kind ist primär immer arbeitswillig und kann um so unbelasteter an die schulische Arbeit gehen, je klarer ihm ist, daß es nicht auf Rechtschreibfehler, sondern auf gute Mitarbeit ankommt.

▶ Diejenigen Legastheniker, die durch die Nicht-Betonung ihrer Rechtschreibfehler glauben, sich nun ausruhen zu können, bei denen ist schon lange alles verkehrt gelaufen! Diese Kinder haben sich bereits aufgegeben, glauben nicht mehr an ein erfolgreiches Arbeiten und daran, daß es mit ihnen jemals besser werden könnte. Bei solchen Kindern sind in den meisten Fällen die Eltern überfordert. Sie brauchen die Unterstützung eines Kinder- und Jugendpsychiaters oder eines Psychologen, je nachdem wie schwerwiegend die Störung ist. Im Kapitel 14 lesen Sie mehr darüber.

12. Wie wird Legasthenie festgestellt?
Wie kann es weitergehen?

1. Die Testung

Wenn der Verdacht auf eine Legasthenie besteht, muß sie durch einen guten Test einwandfrei festgestellt werden. Am geeignetsten sind dafür die Diplompsychologen, aber nicht alle kennen sich aus mit der Legasthenie. Deshalb vorher gut informieren!

▶ Ein guter Psychologe wird stets u. a. einen oder mehrere Intelligenztests, einen Lesetest und einen Rechtschreibtest durchführen. Alle Tests sind notwendig, um andere mögliche Ursachen der Schulschwierigkeiten auszuschließen (siehe Kapitel 2).

Der Schulpsychologe macht die Testung unentgeltlich. Dafür müssen Eltern aber oft lange Wartezeiten in Kauf nehmen. Ein frei praktizierender Psychologe muß bezahlt werden. Es gibt aber inzwischen auch Kinderärzte mit Zusatzausbildung zum Testen, oder sie haben eine Psychologin angestellt. Dann wird die Testung über den Krankenschein abgerechnet. An manchen Schulen sind auch Lehrer für die Testung ausgebildet. Sie können allerdings nicht alle Tests ausführen. Manche stehen nur dem Psychologen zur Verfügung, wie z. B. der ausführliche »Hamburg-Wechsler-Intelligenztest für Kinder« (HAWIK), mit dem die verschiedenen Teilbereiche der Intelligenz und nicht nur die erworbenen Kenntnisse gemessen werden können. Das ist sehr wichtig für eine genaue Diagnose. Und ganz besonders wichtig auch bei den Kindern, die sich in ihrem Verhalten schon auffällig verändert haben.

Da Lehrer für die genaue Testung oft nur unzureichend ausgebildet sind und sie eben auch nicht alle Tests durchführen dürfen, kann

❏ eine Diagnose durch Pädagogen selten ganz exakt sein.

Ganz leichte Legasthenien fallen nicht auf, oder sehr schwere werden oftmals falsch gedeutet. Es wird Begabungsmangel angenommen, weil der schulische Intelligenztest Leistungen mißt, die gerade Legastheniker nicht erbringen können. So entsteht ein falsches

Bild. Außerdem fallen schulische Testergebnisse manchmal auch zu schlecht aus, weil der Legastheniker in der Schule bereits aufgegeben hat zu arbeiten. Es ist auch nicht gut, wenn ein solches Kind den Test in der Schule und vielleicht sogar beim Klassenlehrer schreiben muß, denn dann erinnert ihn alles an sein schulisches Versagen. So kann ein schlechteres Testergebnis entstehen, als wenn in einer ruhigen, entspannten Situation getestet worden wäre.

Aufgrund meiner langjährigen Erfahrungen möchte ich Ihnen deshalb raten, sich nach Möglichkeit an einen legasthenieerfahrenen Psychologen zu wenden, denn zu viel hängt für den Legastheniker davon ab, wie genau die Diagnose ermittelt wird.

In schweren Fällen müssen mehrere Intelligenzbestimmungen und weitere interdisziplinäre Untersuchungen zur Abklärung der verschiedenen Wahrnehmungsstörungen und zum Ausschluß einer Schwachbegabung vorgenommen werden (s. Kap. 5 und 14).

P. S.: Inzwischen gibt es einen grobdiagnostischen Test für den verbosensomotorischen Bereich nach Breuer/Weuffen (s. Literaturverzeichnis), den auch Lehrer in der 1. und 2. Klasse durchführen können. Er dauert nur ca. 20 Minuten, ist leicht zu lernen und gibt Informationen, in welchen Bereichen gefördert werden muß. Er ist allerdings **kein** Legasthenietest.

2. An wen sich Eltern wenden können, wenn sie Rat brauchen

Die Legasthenie ist getestet. Die Diagnose ist gesichert. Alle sind erleichtert, daß man nun weiß, was mit dem Kind los ist. Aber in den meisten Fällen werden die Beteiligten mit der Diagnose alleingelassen und erhalten gar keine oder nur wenige Ratschläge. **Leider kann niemand Empfehlungen geben, die generell für alle Kinder anwendbar wären.**

Die Legasthenien haben unterschiedliche Schweregrade, das Alter der Kinder zum Zeitpunkt der Entdeckung differiert stark, und jedes Kind reagiert anders auf seine Legasthenie.

▶ Wenn Sie also hilflos und unschlüssig sind, was Sie tun sollten oder könnten, dann wenden Sie sich erst einmal mit der Fotokopie des Testergebnisses an die Beratungsstellen des Bundesverbandes Legasthenie. Fast jedes Bundesland hat einen Landesverband Legasthenie und häufig auch Kreis- und Ortsverbände. Es ist aber nicht immer leicht zu erfahren, wo die nächste Kontaktstelle ist. Häufig wechseln auch die Anschriften, so daß es wenig sinnvoll wäre, sie hier alle in dieses Buch aufzunehmen. Beim Bundesverband Legasthenie können Sie erfahren, wo für Sie die nächste Anlaufstelle ist. Die Beratungsstellen sind ehrenamtlich besetzt und beraten Sie umsonst. Sie sollten allerdings Mitglied im Bundesverband werden. Das ist nicht teuer, und Sie erhalten dann laufend Informationshefte, aus denen Sie alle wichtigen Dinge entnehmen können, die die Legasthenie betreffen.

Und außerdem können Sie Kontakt mit Schicksalsgefährten aufnehmen, was viele Eltern unendlich tröstet. Die Adresse ist:

Bundesverband Legasthenie e.V.
Königstr. 32
30175 Hannover
Telefon (0511) 31 87 38
Telefax (0511) 31 87 39

3. Wie kann es nach der Testung weitergehen?

a) Klassenwiederholungen

Bevor die Eltern sich für eine bestimmte Therapieform entscheiden, wird oft überlegt: Wäre eine Klassenwiederholung nicht besser für das Kind?
Haben Sie in der Schule einen erfahrenen Legasthenielehrer, der Ihr Kind kennt, können Sie diese Angelegenheit gut mit ihm besprechen. Weniger legasthenieerfahrene Lehrer und Eltern erhoffen sich häufig von einer Klassenwiederholung sehr viel. In den meisten Fällen bringt diese Klassenwiederholung aber nichts. Die Belastungen sind dieselben, denn die Legasthenie hat sich ja so schnell noch nicht gebessert. Ihr Kind empfindet sich möglicherweise als Versager, zumal dann, wenn es nur in Deutsch und eventuell in der Fremdsprache schlecht ist. Viele geben dann ihre Mitarbeit, auch in anderen Fächern, ganz auf. Keiner kann das übelnehmen, haben die

Kinder doch erfahren müssen, daß alle Mühe zwecklos war und nur mit »Sitzenbleiben« bestraft wurde. **Eine Klassenwiederholung ist nur dann sinnvoll, wenn das Kind noch sehr unreif und verspielt erscheint und im Wiederholungsjahr eine gezielte Förderung einsetzen kann oder wenn der Legastheniker in allen Fächern schlecht geworden ist.** Man sollte die Möglichkeit einer Klassenwiederholung immer mit dem Kind besprechen. Zwar wird das jüngere Kind keine Entscheidung treffen können, aber es fühlt sich wenigstens nicht übergangen. Das ältere Kind in der weiterführenden Schule wird häufig schon mitbeurteilen können, was wohl besser wäre.

Wir persönlich haben mit einem ganz anderen Weg sehr gute Erfahrungen gemacht.

Schon nach vier Monaten im 1. Schuljahr war unser jüngster Sohn so verzweifelt, so mutlos geworden, daß er seinen Kopf tief auf die Bank senkte und am Unterricht nicht mehr teilnahm. Der Kinder- und Jugendpsychiater Professor Dr. med. Specht in Göttingen riet uns damals, unseren Sohn sofort aus der Schule zu nehmen und zu Hause weiter zu unterrichten. Für diesen Rat sind wir ihm noch heute dankbar. Das Kultusministerium erteilte aufgrund des kinderpsychiatrischen Gutachtens schnell die Genehmigung. Da ich mir zunächst die Betreuung dieses so extrem schweren Falles nicht allein zutraute, kam jeden Tag eine junge angehende Sonderschulpädagogin. Neben dem täglichen Legasthenieförderprogramm versuchten wir, dem Jungen noch das Nötigste aus dem schulischen Unterricht zu vermitteln. Nach einem halben Jahr wurde er langsam, zunächst nur in den Nebenfächern, an die Schule »zurückgewöhnt«, und zwar in der folgenden zweiten Klasse, also ohne Wiederholung. Da wir inzwischen umgezogen waren, handelte es sich um eine andere Schule und um andere Lehrer. Das war natürlich günstig, und die Wiedereinschulung verlief ganz problemlos.

Im 4. Schuljahr starteten wir das ganze Unternehmen noch einmal, wiederum auf Anraten von Herrn Prof. Specht. Diesmal hatte unser Sohn jedoch vier Monate wegen mehrerer komplizierter Augenoperationen mit der Schule aussetzen müssen. Dadurch bestand natürlich gar keine Hoffnung mehr, daß er noch irgendwie mitkommen würde.

Nach dem Krankenhausaufenthalt zum Ende des 4. Schuljahres ließen wir ihn deshalb erst gar nicht wieder zur Schule gehen. Das

Kultusministerium – durch den Umzug ein anderes als beim ersten Mal – machte uns allerdings Schwierigkeiten und eine schnelle Entscheidung unmöglich. Ein Schulrat, der die Probleme der Legastheniker kannte, ebnete uns dann den Weg. Seine einzige Bedingung war, daß ein- bis zweimal wöchentlich ein Deutschlehrer unserem Sohn eine Stunde Unterricht gab. Die übrige Zeit benutzte ich zu einem intensiven Legasthenietraining. Ohne schulische Belastung konnten wir entspannt und gezielt arbeiten. In diesem halben Jahr besserte sich die Legasthenie in weit stärkerem Maße, als wir jemals zu hoffen gewagt hatten. Danach schulten wir ihn im Nachbarort (um Frustrationen an der alten Schule vorzubeugen) für das 2. Halbjahr der 4. Klasse wieder ein. Auch das verlief ganz ohne Komplikationen. Er hatte eine liebevolle, mütterliche Lehrerin und ging wieder gern zur Schule!

Ich habe diesen entscheidenden Lebensabschnitt unseres Sohnes deshalb so ausführlich geschildert, weil dieser Weg manchmal bei sehr schwerer Legasthenie die einzige Möglichkeit sein kann, um dem Kind Kraft und Mut zum Weitermachen zu geben.

▶ Denken Sie also in scheinbar ausweglosen Situationen an die Möglichkeit, den Legastheniker für einige Zeit aus der Schule zu nehmen.

b) Kurkliniken

Es gibt inzwischen auch Kurkliniken mit Lese-Rechtschreibunterricht für die mutlosen Kinder und Kliniken für psychisch Verzweifelte. Dort können die Legastheniker auch zur Schule gehen. (Auskunft beim Bundesverband Legasthenie oder Ihrem Landesverband.)

Ein Nachtrag noch aus der Sicht von 1989: Daß es damals gelang, unseren Sohn auch beim zweiten Mal von der Schule zu befreien, war – wie der Schulrat heute sagt – eine reine »Wildwestaktion«! Er handelte damals im Vertrauen auf die Eltern, in Absprache mit der Schule und mit dem vorliegenden Lehrplan. Weder Regierungspräsidium noch Kultusministerium hatten diesem mutigen Schulrat Rückendeckung gegeben.

Inzwischen habe ich zumindest für Hessen erreichen können, daß nach sorgfältiger Diagnoseerhebung und Absprache mit einem interdisziplinär besetzten Gremium schulischer und außerschulischer Fachleute ein Therapieplan erarbeitet wird, der dem Kultusministerium zur Begutachtung vorgelegt wird. Bei sorgfältiger Abwägung aller Vor- und Nachteile für das Kind ist dann eine zeitweilige Befreiung vom Unterricht in der Schule bei gleichzeitiger intensiver häuslicher Therapie durchaus möglich.

In Bundesländern, in denen man noch nicht zu dieser großzügigen und menschlichen Regelung bereit ist, bleibt Ihnen nur die Möglichkeit über die »Krankschreibung« Ihres Kindes – ein sicher legaler und zu vertretender Weg, wenn man an die hohe seelische und auch körperlich krankmachende Belastung des Legasthenikers denkt.

c) Welche weiterführende Schulform sollte gewählt werden?

Diese lebenswichtige Entscheidung darf nicht übereilt gefällt werden und bedarf **immer einer interdisziplinären Beratung.** Alle Lehrer Ihres Kindes, der Hausarzt, der oder die Lerntherapeuten und behandelnden Fachkräfte, die Eltern und nicht zuletzt der Legastheniker müssen befragt und in die Entscheidung mit einbezogen werden.

Sollte eine gymnasiale Laufbahn gewünscht werden, gelten für mich folgende Maßstäbe:

1. Das betroffene Kind muß körperlich und seelisch noch »können«, muß bereit sein, erhöhte Anstrengungen über viele Jahre auf sich zu nehmen.
2. Die Eltern, meistens ja die Mutter, müssen auch noch Kräfte in Reserve und die Zuversicht haben, den kommenden Belastungen gewachsen zu sein.
3. Die Begabungen des Kindes müssen – besonders bei stark ausgeprägter Legasthenie – gut ausreichend sein.
4. Weitere langfristige therapeutische Unterstützungen müssen gewährleistet sein.

Dann können nach meinen Erfahrungen auch schwer betroffene Legastheniker das Abitur bestehen. Sicher werden es nur selten Traumnoten sein. Aber wenn es sich nicht gerade um ein Studienfach mit Zulassungsbeschränkung handelt, fragt später niemand mehr danach, mit welcher Note das Abitur oder ein anderer Abschluß erreicht wurde.

Wirklich wichtig bei Stellenbewerbungen sind heute zunehmend ganz andere Kriterien wie soziales Engagement, Führungsqualitäten, Einfühlungsvermögen, gutes Benehmen, Zuverlässigkeit und Durchhaltevermögen. Ein Legastheniker, der sich in seiner Schulzeit tapfer durch alle anstehenden Schwierigkeiten durchkämpfen mußte, hat im Erwerbsleben sicher mehr Chancen als ein Überflieger mit Traumnoten, der das Arbeiten nie gelernt hat, weil ihm alles zuflog.

13. Die Bewältigung des täglichen Lebens mit dem legasthenen Kind – ein Familienproblem! oder Es geht nicht ohne die Eltern

Jedes Kind ist anders, keine Legasthenie verläuft wie die andere, jede Familie reagiert unterschiedlich auf diese Tatsache. **Patentrezepte, die für alle passend wären, gibt es nicht.** In vielen Familien ist die Legasthenie erst spät entdeckt worden. Dann können Kummer und Verzweiflung das Eltern-Kind-Verhältnis schon nachhaltig gestört haben. Fast immer werden es für alle betroffenen Familien schwere Jahre werden.

Auch wir haben das alles erlebt, die Verzweiflung, die Hoffnungslosigkeit, die Ängste und Sorgen um die Zukunft unserer Kinder. Wir haben aber letztlich erfahren, daß **Legasthenie kein Schicksal ist, das hingenommen werden muß.** Wir haben gelernt, daß Eltern es in der Hand haben, aus den schweren Jahren auch gute Jahre werden zu lassen. Dazu soll Ihnen dieses Kapitel, das verschiedene Problemkreise aus dem Leben mit Legasthenikern anspricht, ein wenig helfen.

1. Ihr Kind muß lernen, mit der Legasthenie zu leben!

Dies ist die wichtigste Aufgabe der Eltern und steht über allen Bemühungen, die Fehlerzahl zu verringern! **Sie und Ihr Kind müssen**
❏ **die Behinderung, die durch die Legasthenie verursacht wird, akzeptieren lernen.** Ihr Kind darf sich nicht mehr schämen, wenn es eingestehen muß, daß es nicht fehlerfrei schreiben und lesen kann. Das ist ein langer und schwerer Weg. Ich will versuchen, Ihnen Hilfen für dieses Ziel zu geben.
❏ Wenn Eltern ihr Kind mit allen Fehlern, also auch den Rechtschreibfehlern, akzeptieren können, dann wird es dem Kind in der Schule auch leichter fallen, nicht immer nur an das richtig zu schreibende Wort zu denken. Denn erst dann, wenn es nicht mehr überlegen muß, wie man »richtig« schreibt, erst dann kann es seine volle schulische

115

Leistung erbringen. Dann wird es durch die Rechtschreibung nicht mehr abgelenkt von dem, was es gelernt hat. Sicherlich müssen wir jahrelang daran arbeiten, die Fehlerzahl abzubauen, aber wir wissen auch, daß viele Legastheniker nie ganz fehlerfrei schreiben können. Für diese Kinder ist es dann wichtig zu erfahren, daß es auf die Dauer erfolgreicher sein wird, alle erlernten Kenntnisse in eine ❏ Klassenarbeit einzubringen, anstatt vor lauter Überlegungen, wie man etwas schreibt, nur die Hälfte ihres Wissens.

In den Bundesländern, in denen die Rechtschreibung auch in höheren Klassen nicht gewertet wird, fällt es natürlich leichter, mit seinen Fehlern zu leben. Diese Kinder haben unbestreitbar einen großen Vorteil.

Es wird Zeit, daß die Kultusminister aller Länder endlich erkennen, wie wichtig es ist, daß ein legasthenes Kind ohne Angst um mögliche Rechtschreibfehler alles aufschreiben kann, was es gelernt hat. Auch das Abitur sollte ein begabter Legastheniker ablegen können, indem ❏ **man ihm spezielle Hilfsmittel als Nachteilsausgleich erlaubt wie anderen Behinderten auch (s. Anhang: Empfehlungen der Industrie- und Handelskammern).**

2. Wie kann das Selbstbewußtsein gestärkt werden?

Verständnisvolle Eltern werden erkennen, daß wichtiger als alle ❏ gezielten pädagogischen Maßnahmen die **Wiedererlangung und die Erhaltung des seelischen Gleichgewichts ihres Kindes ist.** Die entmutigten Kinder brauchen zunächst einmal dringend Erfolgserleb- ❏ nisse. Deshalb sollte man sie anfangs im schulischen Bereich unterstützen und entlasten. Wie man das macht, steht im Kapitel 20. Dann fallen viele bedrückende Erlebnisse des Versagens fort. Das ist der erste Schritt.

❏ Der zweite Schritt sollte sein, daß Sie für das legasthene Kind viele außerschulische Erfolgserlebnisse herbeiführen. Wenn der Legastheniker auf diese Weise dann etwas selbstsicherer geworden ist, sich schon mehr zutraut und auch mal eine schlechte Note besser verkraftet, erst dann können wirksame Übungen zum Abbau der ▶ Legasthenie eingesetzt werden. So wird auch später bei jeder Legastenietherapie über viele Jahre hinweg der Aufbau des stark geschwächten Selbstbewußtseins der wichtigste Teil der elterlichen Hilfe bleiben müssen.

Praktische Beispiele:

❏ Durch Unterstützung bei den Hausaufgaben (Kapitel 20) erreichen wir mehr freie Zeit. Diese gewonnene Zeit brauchen die Kinder dringend für ihre Hobbys, um wenigstens einmal am Tag ganz vergessen zu können, was sie bedrückt. Es müssen deshalb Hobbys und Beschäftigungen sein, bei denen der Legastheniker eine Hauptrolle spielt. Er soll Erfolg haben, beachtet und bewundert werden. So hilft es ihm nichts, als »ein Kind unter vielen« im Kirchenchor zu singen. Aber als Torwart beim Fußball, da ist er wichtig!

❏ Einer unserer Söhne tanzte in einer kleinen Volkstanzgruppe mit. Es gab dort nur wenige Jungen, deshalb wurde er sehr gebraucht.

❏ Er durfte auch Jagdhorn spielen lernen. In dieser Gruppe von Erwachsenen waren nur zwei Kinder, die man mit Nachsicht behandelte und verwöhnte. Im Musikunterricht der Schule durfte er vorspielen. Keiner aus der Klasse spielte dieses Instrument. Das brachte Achtung ein.

❏ Beide Kinder waren lange Zeit in einer kleinen Gruppe, in der sie malen und basteln durften. Ihre Werke wurden ausgestellt und bewundert, auch wenn es keine »Wunderwerke« waren.

❏ Einer der Söhne ging gern in eine Spielgruppe, in der die Kinder ihre Erlebnisse, ihre Sorgen und Ängste darstellen konnten. Ab und zu durften sie, wenn sie wollten, den Eltern und Geschwistern vorspielen. Das half ihm sehr, auch in der Schule wieder Mut zum Sprechen zu bekommen.

❏ **Gerade die Ausstellung ihrer Werke oder die Vorführung ihrer Künste vor einem größeren Publikum, von dem sie Anerkennung und Bewunderung erfahren, läßt sie lernen, ihre Angst zu meistern, wenn sie vor der Klasse ihr Wissen zeigen müssen.** Die Angst, sich zu blamieren, ist bei Legasthenikern durch ihre schlechten Erfahrungen immer riesengroß. Deshalb müssen wir mit ihnen üben, wie sie mit

❏ einer solchen Situation fertig werden. Falls sie ein Instrument spielen, eignen sich kleine Konzerte auch sehr gut dazu. Unsere Kinder spielten mit ihrem kleinen Flötenchor immer vor alten und behinderten Menschen. Diese waren ein dankbares Publikum: Die Kinder waren immer erfolgreich, auch wenn sie falsch spielten!

❏ Als sie älter wurden, wanderten oder radelten sie in gut geleiteten

Jugendgruppen mit. Hier spielten Kameradschaftlichkeit und Hilfsbereitschaft eine Rolle und nicht die Note in Deutsch. Der Legastheniker ist in solchen Gruppen genauso gut wie alle anderen auch!

Diese Jugendgruppen, ob nun Pfadfinder, kirchliche Gruppen oder ähnliches, mit regelmäßigen wöchentlichen Treffen, sind überhaupt sehr wichtig, damit der Legastheniker wieder lernt, sich in einer Gruppe Gleichaltriger unbefangen zu bewegen. Hier weiß keiner von den täglichen Demütigungen und Mißerfolgen in der Schule. Einer unserer Söhne leitete selbst eine solche Jugendgruppe. Er lernte das in Wochenend- und Ferienseminaren, in denen Verantwortungsbereitschaft, Zuverlässigkeit und Führungsqualitäten eine Rolle spielten und nicht die Rechtschreibfähigkeiten.

❏ Warnen möchte ich vor all den Beschäftigungen, die mit Erfolgs- und Leistungszwang verbunden sind. Ein Fußballklub, der die Kinder als zukünftige Bundesligaspieler sieht und mehrmals in der Woche hart trainiert, ist nicht zu empfehlen. Auch den Fechtklub strichen wir wieder von unserer Liste, denn hartes Training und viele auswärtige Turniere an den Wochenenden hätten die Kinder überfordert. Ebenso fehl am Platz war die Voltigiergruppe, in der die Kinder nur auf fehlerfreie Vorführleistungen trainiert wurden. Unser Sohn war zuvor in einer anderen Stadt in einer Voltigiergruppe gewesen, in der die Freude an der Bewegung auf dem Pferd im Vordergrund stand.

❏ **Informieren Sie sich also bitte vorher sehr genau über Ziele und Vorgehen in einer Gruppe, damit Sie Ihrem Kind weitere Mißerfolge ersparen.**

3. Wie erhalte ich meinem Kind die Freude an der Arbeit?

❏ **Ein Legastheniker, der sich aufgegeben hat, hat keine Freude mehr an der Arbeit.**
Soweit dürfen wir es unter keinen Umständen erst kommen lassen! Aber wie schafft man es, daß nicht nur die Hausaufgaben ohne Streß erledigt werden, sondern daß auch noch willig in der Legasthenieförderung mitgearbeitet wird? Das ist gar nicht so schwer, wie die meisten Eltern denken. Sie müssen nur auf drei wichtige Dinge achten:

a) Hilfe und Entlastung bei den Schularbeiten. Wie man das macht, steht im Kapitel 20.

b) Unlust bei den Hausaufgaben oder dem LRS-Training **nie** bestrafen, auch nicht mit Fernsehverbot oder Streichung der Hobbys drohen!

c) Belohnung!

❏ Die **Belohnung** ist eine der ganz wichtigen Säulen in der Behandlung der legasthenen Kinder und wird leider viel zu oft vergessen. In meinen Elterngesprächen erfahre ich das immer wieder. Die Eltern sind verunsichert, denn sehr häufig heißt es in der Schule, daß Kinder nicht belohnt werden sollen. Ein Legastheniker, der ein Mehrfaches an Mühe und Arbeitsaufwand hat als seine Geschwister oder Freunde, der sollte auch belohnt werden, nicht nur mit Worten.

❏ **Eins ist dabei ausgesprochen wichtig: Eltern sollten nie das Ergebnis einer Arbeit belohnen, denn gute Arbeiten sind ja so selten. Aber sie sollten immer die Mühe und die Anstrengung anerkennen, die ein Kind aufbringen muß, um überhaupt zu irgendeinem Ergebnis zu kommen!**

Wenn ich also mit meinen Kindern täglich zusätzlich für eine Klassenarbeit gearbeitet habe, muß diese **zusätzliche Arbeit** belohnt werden. So wird das Kind nicht schon mutlos an die Arbeit gehen mit dem Gedanken: »Es hat ja keinen Sinn, sich anzustrengen, denn ich bekomme ja doch keine gute Note, also auch keine Anerkennung meiner Leistung!«

Belohnungen für besonders intensive Bemühungen **vor** einer Klassenarbeit sollten schon beim Heimkommen nach der Prüfungsarbeit das Kind überraschen. Das braucht nur ein Zettel auf dem Mittagstisch zu sein: »Heute gehen wir ins Kino« oder: »Wir machen am Sonntag alle eine kleine Radtour« oder: »Am Wochenende machen wir ein Lagerfeuer mit deinen Freunden« (sehr wichtig für das Kind!). Oder wie im Märchen: »Du hast einen Wunsch frei.« Der Phantasie sind keine Grenzen gesetzt. Es ist (fast!) alles erlaubt, was dem Kind Freude macht.

Für regelmäßig erledigte **Hausaufgaben und zusätzliche Legasthenieübungen** dürfen die Kinder ein oder mehrere Kreuze in einem gut sichtbaren Wandkalender machen. Für Kinder im Grundschulalter sollte dann nach jeder Woche die Belohnung erfolgen: z. B. ein gemeinsamer Café- oder Zoobesuch, ein kleines Auto für die Sammlung, ein gemeinsamer Stadtbummel. So vieles bringt dem Kind Freude und zeigt ihm, daß Mühe und Arbeit sich gelohnt haben.

❑ Anstelle von Kreuzchen im Kalender können Sie Ihrem Kind auch Chips »auszahlen«: für jede mühevoll erstellte Hausarbeit eine bestimmte Anzahl, für eine trotz intensiven Übens mißlungene Klassenarbeit ein bißchen mehr! Wenn Ihr Kind traurig ist, weil es wieder einmal ausgeschlossen wurde von der Klassengemeinschaft, weil sie gelacht haben, als es vorlas oder an der Tafel stand, dafür gibt's dann besonders viele »Trostchips«.

Die sichtbar anschwellende Chipsmenge wird Ihr Kind vielleicht besser trösten als Kreuze im Kalender. Und mit den Chips kann es bei Ihnen eine Kleinigkeit »kaufen«, von allerhand nützlichen Kleinigkeiten aus der »Grabbelkiste«, vom verlängerten Vorlesen am Abend über ein Kartenspiel mit dem Vater bis zu ausnahmsweise erlaubtem zusätzlichen Fernsehkonsum (Belohnung für »Nicht-Fernsehen« s. S. 123).

Bei älteren Kindern ist die Belohnung noch genauso wichtig. Nur können jetzt die zeitlichen Abstände größer sein. Es muß ja auch

❑ nichts Großartiges sein. **Aber ganz ohne Anerkennung wird sich ein Legastheniker auch nicht mehr anstrengen mögen.** Bis sich die Mühe in sichtbar besseren Noten niederschlägt, ist der Weg noch weit und mühsam. Und bis dahin braucht der Legastheniker sehr viel mehr Lob und Unterstützung als andere Kinder.

Meine vielfältigen Erfahrungen in der Elterngruppenarbeit seit dem Erscheinen der ersten Ausgabe dieses Buches haben mir leider immer wieder gezeigt, daß Mütter zwar stets darüber brüten, wie sie die Arbeitsfreude ihres Sprößlings steigern könnten, sich aber außerordentlich zögernd verhalten, wenn es konkret um Belohnungen geht. Großzügig wird angenommen, daß es auch ohne gehen müßte. Dies ist ein Trugschluß und rächt sich später, dann nämlich, wenn die Kinder sich selbst für Belohnung nicht mehr anstrengen mögen! Sie haben erlebt, daß auch ein Super-Arbeitseinsatz nicht gebührend beachtet wird, wozu also das ganze Theater? Es bringt doch nichts!

Denken Sie bitte daran: Kein Kanalarbeiter wird seine Arbeit ohne besondere Schmutzzulage verrichten, und für Legastheniker sind die Schularbeiten »Kanalarbeiten«. Es muß auch bei Kindern ein »sichtbares« Lob, eine »Schmutzzulage zum Anfassen« sein. Wenn sie älter werden, kommt ganz von selbst die Zeit, in der sie zusätzliche Arbeiten für selbstverständlich halten und keine Belohnungen mehr erwarten. Hören Sie trotzdem nicht auf, den hohen Arbeitsaufwand Ihres Kindes positiv zu bemerken und anzuerkennen. **Nicht vergessen: Belohnung muß sein!**

Ein Nachtrag noch aus späterer Sicht und zwanzigjähriger Erfahrung in der Elternberatung: Ganz offensichtlich ist es mir leider in all den Jahren in viel zu vielen Fällen bisher nicht gelungen, Eltern von der tatsächlichen Notwendigkeit der Belohnungen zu überzeugen. Ich möchte es deshalb noch einmal mit einem weiteren Beispiel versuchen, in der Hoffnung, daß ich Sie vielleicht doch noch überzeugen kann, wie viel leichter die Zusammenarbeit mit Belohnungen gelingt und wie viele Frustrationen Sie sich und dem Legastheniker ersparen könnten. Ich habe ein Beispiel aus dem Leben der Hausfrau gewählt, weil es zumeist doch den Müttern überlassen bleibt, sich mit »Lob« und »Belohnungen« zu beschäftigen. Stellen Sie sich vor, Sie hätten sich als Gastgeberin enorme Mühe gegeben, ein festliches und besonders raffiniertes Essen zu servieren. Ihre Gäste aber kritisieren die mit viel Zeitaufwand und Liebe bereitete Mahlzeit und beachten den schön gedeckten Tisch überhaupt nicht. Hätten Sie große Lust, sich noch einmal so anzustrengen?

Niemand, der dies nicht selbst erlebt hat, kann sich vorstellen, wie unglaublich frustrierend eine Heftseite mit lauter roten Strichen und wie lähmend die Tatsache ist, daß alles mühsame Üben zwecklos war. Das legasthene Kind rennt gegen eine Mauer, immer und immer wieder! Sie aber könnten ihm das Bezwingen dieser Mauer mit Lob und Belohnungen erleichtern. Sie haben es in der Hand, Ihrem Kind das dunkle Loch »Schule« ein wenig zu erhellen! Versuchen Sie es doch – Sie werden vom Erfolg überrascht sein! Glauben Sie mir!

Um aber Geschwisterrivalitäten zu vermeiden, ist es sicher besser, auch Ihre nicht-legasthenen Kinder für besondere Anstrengungen zu belohnen. Bei Schülern, die sich um gute Noten nicht sonderlich bemühen müssen, könnten die Belohnungen auf anderen Gebieten erfolgen, wie z. B. bei außergewöhnlichem Einsatz im Haushalt,

Auto- und Fahrradwäsche, Einkäufe für die Mutter etc. Solche nicht alltäglichen Arbeiten können auch für die noch nicht schulpflichtigen Kinder organisiert und belohnt werden. So läßt sich mit etwas Nachdenken Neid in der Familie sicher vermeiden.

Noch ein Wort zur **Arbeitsunlust**. Oftmals heißt es: »Ach, das Kind ist ja nur faul.« Dabei wird immer übersehen, daß Faulsein nur ein Anzeichen für irgendeine Störung ist, deren Ursache man suchen muß. Bei den Legasthenikern ist die Ursache eben ihre Lese-Rechtschreib-Schwäche. Für diese Kinder gilt das Wort: »Faulheit ist immer noch ehrenhafter als Dummheit!« Wie unendlich oft wird das legasthene Kind als dumm bezeichnet! Und weil es das ja nun wirklich nicht ist und weil man mit Dummheit niemandem imponieren kann, legt der Legastheniker schließlich Wert darauf, lieber faul genannt zu werden. Damit kann man sich bei den Klassenkameraden wenigstens noch eine gewisse Anerkennung sichern. **Sogenannte**
❏ **faule Kinder brauchen unsere ganz besondere Hilfe, denn sie haben schon einen langen Leidensweg hinter sich. Und sicher wurden sie nie belohnt (siehe oben)!**

Zunächst ist jedes Kind bemüht, sein Versagen in der Schule mit größerem Einsatz auszugleichen. Bleibt der Einsatz ohne Erfolg, dann verzagt es und wird faul. Natürlich reagieren nicht alle Kinder
▶ mit Faulheit. Es ist aber unerhört schwierig, ein einmal mutlos gewordenes Kind wieder zur Mitarbeit zu gewinnen. Bei zu spät erkannter Legasthenie können es die Eltern trotz großer Mühe
❏ manchmal nicht allein schaffen. Dann wird man die Unterstützung durch einen Psychologen oder Kinder- und Jugendpsychiater brauchen (s. Kapitel 14)!

4. Der Tagesablauf mit dem legasthenen Kind

Unsere persönlichen Erfahrungen haben gezeigt, daß die Kinder einen geregelten, störungsfreien Tagesablauf brauchten. Viel Besuch, größere Unternehmungen am Wochenende, zu späte Nachtruhe und zuviel Fernsehen erbrachten mit schöner Regelmäßigkeit einen Leistungsrückschlag bei den Kindern. Sie wurden unkonzentriert und unruhiger. Wenn man weiß, wie unendlich viel durch falsche Behandlung für die Kinder auf dem Spiel steht, fällt es einem sicher nicht schwer, einige Zeit hindurch konsequent auf eine ausgeglichene Familienatmosphäre zu achten. Man erleichtert sich und dem Kind diese schwierige Zeit. Das müssen auch Verwandte und Freunde einsehen. Ich jedenfalls habe wie ein Zerberus über der Familienruhe gewacht und bin heute noch überzeugt, daß diese ungeheuer wichtig für das Wohlergehen der Kinder war.

Noch ein Wort zum Fernsehen. Es kostet Sie sicher viel Kraft und erfordert sehr konsequentes Verhalten, wenn Sie die tägliche Fernsehzeit Ihres Sprößlings beschränken müssen. Sie sollten es dennoch versuchen!

Am Wochenende schauten wir uns gemeinsam die Fernsehzeitschrift an und legten fest, was unbedingt gesehen werden sollte. Mußte ich nun bei Filmen Streichungen vornehmen, die von fast allen Klassenkameraden gesehen wurden, so habe ich sie mir kurz angeschaut und den Kindern Bericht erstattet, damit sie »mitreden« konnten.

❏ Sie können auch eine Belohnung für »Nicht-Fernsehen« einführen. Für all die Sendungen, auf die verzichtet wurde, zahlen Sie Ihrem Kind Chips in eine »Nicht-Fernsehkasse«. Dafür erfolgt dann am Wochen- oder Monatsende die Belohnung, die natürlich attraktiv sein muß, weil das Durchhalten dieses Abkommens sonst zu schwer wird.

5. Die Ferien

So wichtig wie ein ruhiger, gleichmäßiger Tagesablauf, so wichtig sind auch erholsame Ferien für die Kinder.

❏ **Lernen Sie nie mit Ihrem Legastheniker in den Ferien!**

Diese Kinder brauchen eine vollkommen unbelastete Zeit, um ihren Kummer zu vergessen. Sonst können sie sich nicht erholen. Und vermeiden Sie zu anstrengende, zu erlebnisreiche Ferien. Es lohnt sich wirklich, ein paar Jahre lang die Bedürfnisse des legasthenen Kindes in den Vordergrund zu stellen. Es müssen ja deshalb keine langweiligen Ferien werden. Wir fuhren jahrelang an denselben Ort, den wir alle liebten. Unsere Kinder lebten schon lange in der Vorfreude, brauchten sich nicht einzugewöhnen, konnten aus dem Auto steigen und beim Nachbarn im Stall »nach dem Rechten sehen«. Noch viele Jahre später ist die Erinnerung an das Sportfest lebendig, bei dem unser durch die Schule verzweifelter Sohn »2. Sieger« wurde, einen Vierfarbenstift bekam und mit einer blauen Schleife geehrt wude, die er noch heute besitzt. So hoch dekoriert marschierte er stolz an der Spitze des Festzuges durchs Dorf. Welch glückliche Erinnerung, auch für uns Eltern, trotz der schweren Jahre.

Oder wandern Sie einmal mit Ihren Kindern so richtig mit Rucksack von Jugendherberge zu Jugendherberge. Es gibt Familienzimmer. So bleiben Sie Tag und Nacht als Familie zusammen.

Oder machen Sie, wie wir es noch in herrlichster Erinnerung haben, einen Urlaub irgendwo »am Ende der Welt«, ganz ohne Telefon, Zeitung, Fernsehen oder Lifte. In dieser Einsamkeit sind Sie als Familie ganz aufeinander angewiesen. Da ist nichts mehr, was an Legasthenie erinnert. Unsere Erlebnisse waren spannend und füllten uns vollkommen aus. Keiner vermißte die Zeitung und keiner das Fernsehen.

Wenn Sie nicht mit Ihren Kindern fortfahren können, dann sollten Sie doch versuchen, den Legastheniker zu Verwandten, zu Freunden oder mit einer Jugendgruppe verreisen zu lassen.

Ihr Kind braucht hin und wieder eine Zeit und einen Ort, wo es nicht an die Schule und seinen Kummer erinnert wird.

Und noch etwas: Sicher wird Ihr Legastheniker nach den Ferien vieles vergessen haben und längst überwunden geglaubte Fehler wieder präsentieren! Bitte verzweifeln Sie nicht! Ein ausgeruhtes, von Übungen in den Ferien nicht geplagtes Kind holt schneller alles wieder auf, als wenn es in den Ferien hat lernen und üben müssen und deshalb nicht genügend Abstand und Erholung von seinen Problemen erhielt! Dies sollten Sie mir glauben, denn es sind nicht nur meine eigenen Erfahrungen! Sie befinden sich übrigens in guter Gesellschaft: Es fällt fast allen Müttern sehr schwer, in den Ferien überhaupt nicht mit dem Kind zu üben!

6. Was tun, wenn den Eltern etwas passiert?

Haben Sie das auch kennengelernt, diese unheimliche, nicht eingestandene Angst, es könne einem selber etwas passieren, oder schlimmer noch, es könne beiden Elternteilen etwas geschehen? Das Gefühl, wir könnten irgendwann nicht mehr in der Lage sein, unsere Kinder so lange zu begleiten, bis sie uns nicht mehr so bitter nötig brauchten, dieses Gefühl der Angst steigerte sich jedesmal, wenn mein Mann und ich ohne Kinder eine längere Autofahrt machen mußten. Ich weiß, daß es vielen Eltern ebenso geht wie uns, aber man spricht nicht darüber, denn wer denkt schon gerne an den Tod? Da ich für uns schließlich einen Ausweg fand, will ich ihn schildern:
Mit meiner Schwester und meinem Schwager vereinbarten wir gegenseitige Hilfe, wenn wirklich eine solche Situation eintreten sollte. Wir wußten, daß meine Schwester alles in unserem Sinn weiterführen würde. Das war damals eine ungeheure Beruhigung für uns.
Wenn man sichergehen will, daß dieser Wunsch auch wirklich respektiert wird, sollte man ihn testamentarisch festlegen, d. h. handschriftlich niederschreiben. Beide Elternteile müssen unterschreiben, damit das Dokument auch Gültigkeit hat.

7. Der Legastheniker und seine Familie

Wie alle Kinder, die in irgendeiner Weise krank oder behindert sind, so braucht auch der Legastheniker die Geborgenheit in der Familie in weit stärkerem Maße und über einen sehr viel längeren Zeitraum als ein seelisch und körperlich vollkommen gesundes Kind. **Das Verständnis der Eltern ist schon die größte Hilfe, die Sie ihm geben können.** Während der mühsamen und entmutigenden Schulstunden muß ein solches Kind daran denken können, daß es zu Hause keine Ängste und Sorgen gibt, daß die Familie weiß, es ist trotz schulischer Probleme kein Versager. Es muß sicher sein, daß es in der Familie über jeden Kummer sprechen kann und getröstet wird.
Versuchen Sie, möglichst immer zu Hause zu sein, wenn der Leg-

astheniker von der Schule kommt. Er muß gleich alle belastenden Erlebnisse loswerden können. Lassen sie ihn von allem erzählen

☐ und trösten Sie ihn, **aber lassen Sie sich selber Ihre Sorgen und Ihre Verzweiflung und vielleicht auch Ihre Enttäuschung über schlechte Noten nicht anmerken!** Ich glaube, das ist vor allen Dingen sehr wichtig, denn sonst könnte das Kind noch mehr belastet werden. Ganz leicht ist dies sicher nicht. Ich weiß noch sehr gut, wie tief betroffen ich jeden Tag war, wenn die Kinder so traurig morgens das Haus verließen und so kummerbeladen von der Schule zurückkamen. Wenn sie schwere, entscheidende Arbeiten schrieben, war ich selbst in diesen Stunden so unruhig, daß ich kaum zu einer Arbeit fähig war. Die Abende und halben Nächte am Bett der Kinder, wenn sie weinten, haben auch mich völlig fertiggemacht. Trotzdem habe ich verhindern können, daß sie meine Sorgen bemerkten.

☐ Schlechte Nachrichten aus der Schule habe ich ihnen, ebenso wie meine vielen Gespräche mit den Lehrern, verschwiegen. Ich ließ nachts unsere Schlafzimmertüren offen, wenn die Kinder sich fürchteten, hielt ihnen tagsüber aufregende Filme, Bücher und Hefte fern, ich beschützte und behütete sie, kurz: ich tat alles, was die moderne Psychologie als »Überbehütung« (Overprotecting) verdammen würde und was in diesem Ausmaß für »gesunde« Kinder auch sicherlich nicht angebracht ist. Unseren legasthenen Kindern ist das alles aber offensichtlich nicht schlecht bekommen! So sollten auch Sie sich nicht irritieren lassen, wenn andere der Meinung sind, daß Sie Ihr Kind zu sehr an sich binden, zu sehr verwöhnen, nicht selbständig werden lassen, und was es da sonst noch an Aussagen mehr gibt. Ich habe mir vieles anhören müssen und habe darunter sehr gelitten, aber heute bin ich froh, damals doch das getan zu haben, was ich für richtig hielt (s. Kapitel 19: »Wenn Mütter helfen«).

Wenn der Legastheniker mit Hilfe der Eltern alle Schwierigkeiten bewältigt hat, wenn sein seelisches Gleichgewicht wiederhergestellt ist, dann ist die Gemeinschaft zwischen Eltern und Kind so stark geworden, daß auch eventuelle spätere Probleme gemeistert werden können. Das Kind wird, weil es Geborgenheit und Vertrauen in der Familie erlebt hat, eines Tages mit mehr Selbstvertrauen und Sicherheit als seine Altersgenossen auch unbekannte Schwierigkeiten bewältigen können.

Es hat mehr Kummer und Leid erfahren müssen als alle anderen, es hat auch härter arbeiten müssen, um sein Ziel zu erreichen. Es hat aber auch erfahren, daß Anstrengungen und Mühen sich gelohnt haben. Dieses Kind ist durch Leid stark geworden.

Auch Ihr Kind kann so werden. Es ist kein leichter Weg, aber auch nicht so unerreichbar, wie es Ihnen jetzt noch vorkommen mag.

Ein Nachtrag noch aus späterer Sicht: Gehen Sie auf Ihr Kind ein. In diesem Buch stehen zwar viele Beispiele, wie man es machen könnte, aber alles richtet sich nach den Möglichkeiten, die Ihr Kind

▶ hat. Es gibt keine Patentrezepte, die für jedes Kind richtig sind. Lassen Sie sich von Fachleuten beraten. Bei dem verständlichen Wunsch nach besseren Leistungen: Überfordern Sie Ihr Kind nicht! Warten Sie in Geduld! Für fast jedes Kind gilt, irgendwann wird der Sprung getan (meist nach der Pubertät), der zu mehr Selbstbewußtsein führt und dann auch bessere Leistungen zur Folge hat. Bei unseren Kindern kam dieser »Knackpunkt« so ab Klasse 10 – gewiß eine lange Zeit des geduldigen Wartens auf bessere Zeiten. Bei manchem mag dieser Zeitpunkt früher kommen, bei einigen noch später.

❑ Dietrich Bonhoeffer hat gesagt: »Alles kommt zu dem, der warten kann.« Dieser Ausspruch sollte für Sie zum Leitmotiv werden!

8. Mein Kind hat keine Freunde

Das kann jedem passieren, beim Legastheniker erleben wir allerdings recht häufig, daß er abgelehnt wird. In den Augen der Klassenkameraden ist es eben immer irgendwie verdächtig, wenn einer »aus der Reihe tanzt«, anders ist. Wenn er dazu noch den »starken Maxe« spielt und leicht abgehoben oder aggressiv reagiert, ziehen sich die Kameraden zurück. Und auch die »Stillen im Lande« haben es schwer. Sie können sich nicht wehren, wenn der Spott sie trifft. Und zu lachen gibt's über einen Legastheniker immer etwas: Rechtschreibprobleme an der Tafel – Phantasiewörter beim Vorlesen – rotes Schlachtfeld bei der Klassenarbeit...

Diese Situation zu ändern ist nicht leicht, manchmal wird es im Rahmen der Schulzeit auch gar nicht gelingen, denn stets ist der Legastheniker ein bißchen Außenseiter: Er braucht länger für die

Schularbeiten, kann weder die Uhr lesen noch die Schuhbänder binden, muß zusätzlich üben, wenn die anderen bereits draußen spielen, ist meist auch häufiger krank. So kann der Anschluß verpaßt werden.

Was können Sie tun?

– Hoffnung übermitteln, daß sich dies später wieder ändern wird.
– Arbeiten Sie gemeinsam einen Plan aus, wen man für ein Fest oder andere Aktivitäten einladen könnte.
– Fragen Sie auch den Lehrer, wer als Freund für Ihr Kind in Frage kommen könnte.
– Sprechen Sie in Ruhe mit den Eltern der Kinder, die Sie einladen wollen, um mögliche Mißverständnisse über die Legasthenie auszuräumen.
– Laden Sie zum Wochenende andere Kinder zum Übernachten oder zum Mittagessen ein.
– Planen Sie öfters: Lagerfeuer, Schatzsuche, Fahrradtouren, Faschings-, Frühlings-, Sommer- und Herbstfeste, ein Osterfeuer mit Kindern und Eltern, Bastel- und Spielnachmittage, Wanderungen usw. Sie sollten ein »offenes Haus« haben, auch wenn mehr Schmutz, Unordnung und Lärm entstehen. Alles ist ja nur für einige Zeit! Wenn Ihr Kind in der Schule nicht »mithalten« kann, so muß es wenigstens im häuslichen Rahmen zeigen dürfen, daß es trotzdem ein interessanter Freund sein kann.
– Schenken Sie Ihrem Kind als Trost für fehlende Freunde einmal etwas besonders Tolles!

❑ *Ganz wichtig:* Vermitteln Sie Hobbys und Jugendgruppen außerhalb der Schule, damit Ihr Kind einen Freundeskreis bekommt, der mit Schule nichts zu tun hat.

Lange hat es gedauert, bis D. Freunde hatte. Die meisten kamen aus dem Umkreis seiner Hobbys. Heute hat er damit keine Probleme mehr. Und immer findet er viele, die ihm helfen, die Verständnis

❑ haben. **D. allerdings bekennt sich zu seinem Handicap, verschweigt nicht seine Schwierigkeiten.** Das muß Ihr Kind vielleicht erst noch lernen. Es muß begreifen, daß es zum Ausgleich für schlechte schulische Leistungen nicht unbedingt »supertoll« sein muß. Es muß nur frei und offen über seine Legasthenie sprechen können, dann findet es auch die richtigen Freunde!

14. Interdisziplinäre Hilfe für den Legastheniker

1. Hilfe im schulischen Bereich

a) Förderkurse an den Schulen

Eigentlich sollten an allen Schulen Förderkurse für Legastheniker stattfinden. Die Erlasse sehen das vor. Doch steht diese Forderung
► in den meisten Fällen nur auf dem Papier. Bei einer leichten Legasthenie genügen diese Förderkurse, und Eltern haben das Recht, auf ihrer Einrichtung zu bestehen. Hartnäckigen Eltern mit kämpferischem Geist mag dies auch gelingen. Nicht alle Eltern aber schaffen das, und nicht immer sind solche Kurse zu empfehlen (z. B. bei einer schweren Legasthenie). Wenn jedoch Förderkurse eingerichtet sind, haben sie leider oft viel zu große Gruppen, finden zu selten statt und fallen auch noch häufig für längere Zeit aus, wenn die Legasthenie-Lehrkraft anderswo gebraucht wird. Außerdem sind solche Therapieeinrichtungen oft ein »Sammelbecken für alle lernrückständigen Kinder«, wie Tamm schon 1970 beschrieben hat. Diese schulischen Förderkurse finden auch häufig erst statt, wenn das Kind bereits müde ist. Deshalb sind solche Stunden in den meisten Fällen wirklich nur für die leichten Legasthenieformen zu empfehlen.
❑ Um bessere schulische Hilfe zu erhalten, sollten wir Eltern auf einer Differenzierung zwischen Legasthenikern und anderen lese-rechtschreibschwachen Kindern bestehen, weil die Therapie für Legastheniker anders aussehen muß, aufwendiger, zeitintensiver und auch kostspieliger ist als für die Kinder, die andere Lerndefizite haben und oft nur Lücken aufarbeiten müssen. **Es kann eben nicht für alle Schwächen dieselbe Therapie gelten!**
Auch die sogenannte »innere Differenzierung« kann dem Legastheniker ebenfalls nicht gerecht werden, denn **Förderung für Legastheniker umfaßt mehr als die üblichen Lese-Rechtschreibübungen.**

❑ Ein gutes Trainingsprogramm enthält unter anderem Konzentra-
tions- und psychomotorische Übungen ebenso wie akustische Differenzierung und Lautanalyse, Lautgebärden und graphomotorisches
Training, Entspannungsübungen und Aufbau des geknickten
Selbstbewußtseins, um nur einiges zu nennen. Selbst der Turn-, Mu-
sik- und Kunstunterricht könnte für die wahrnehmungsgestörten
Kinder in die Legasthenietherapie mit einbezogen werden.
Die wenigsten Schulen bieten eine so umfangreiche Therapie an.
Die größten Schwierigkeiten für eine gezielte schulische Förderung
aber liegen schon bei der Diagnoseerhebung. Schulische Diagnose
kann nur eine »Grobdiagnose« sein. Immer wieder passiert es, daß
leichte Fälle von Legasthenie bei begabten Kindern durch das schulische Diagnosenetz fallen. Aber gerade diese Schüler, die zwar mit
Fleiß und Begabung eine Weile die Defizite ausgleichen, können
eines Tages – meist in der Vorpubertät – nicht mehr alles bewältigen
und fallen erst dann als legasthen auf. In manchen Fällen passiert
das sogar erst in der 7.–9. Klasse.
Die Kinder mit schwerer Legasthenie rutschen ebenfalls durch das
schulische Grobdiagnoseraster, weil ihre vorhandene Begabung wegen der Unzulänglichkeit schulischer Tests nicht entdeckt wird – sie
kommen in die Sonderschule. **Deshalb brauchen wir neben der schulischen Diagnose auch die Feinabklärung durch außerschulische
Fachleute.** Erst dann kann entschieden werden, ob der von der
Schule angebotene Förderkurs ausreicht.

b) Hilfe durch die Lehrer Ihres Kindes

Zwar können die Lehrer, die Ihr Kind unterrichten, im allgemeinen
die Legastheniebehandlung nicht übernehmen, dennoch können
gerade sie unendlich viel für Ihr Kind tun. Der Spruch:»Bei 40 Kindern in einer Klasse kann man keine Ausnahme machen« ist fast
immer eine Ausrede (s. Kap. 17).
Ich habe in vielen Fällen das Gegenteil erlebt. Von einigen will ich
hier berichten.
In der 4. Klasse hatte unser jüngster Sohn eine Klassenlehrerin, die
nicht nur vorbildlich Rücksicht auf die Kinder mit zum Teil sehr
schweren Legasthenien nahm, sondern es auch noch fertigbrachte,
während des Unterrichtes diejenigen Kinder besonders zu fördern,

die für ein Gymnasium geeignet waren, und ebenso die Schüler, die eine Realschule besuchen sollten. Unter den Diktaten, die unser Sohn damals noch mitschreiben mußte, standen immer aufmunternde und lobende Worte, ebenso unter den Aufsätzen.

Der Lehrer, bei dem er Leseunterricht hatte, erfüllte meine Bitte und nahm ihn stets am Anfang der Stunde dran, wenn er sich noch konzentrieren konnte, und ließ ihn auch nur die Zeilen lesen, die ich mit ihm einwandfrei hatte üben können. Und nie vergaß dieser Lehrer ein abschließendes Lob.

Ich kenne auch eine Studienrätin für Englisch, die die Legastheniker ihrer Klasse zusammenfaßt und ihnen während des Unterrichts die Grammatik noch einmal anhand von selbst ausgearbeiteten Tabellen erklärt. Die Nicht-Legastheniker müssen sich in dieser Zeit still mit anderen Aufgaben beschäftigen.

Man sieht, daß es möglich ist, Rücksicht auf Legastheniker zu nehmen.

❑ Wenn man bedenkt, wie ungeheuer wichtig für die gesamte schulische Laufbahn eines Legasthenikers die Behandlung durch die Pädagogen ist, kann man nur immer wieder alle Lehrer auf das schwere und unverschuldete Schicksal der Legastheniker hinweisen.

»Chancengleichheit« wird in den Gesprächen den Eltern immer wieder vorgehalten, und damit begründet man, daß für Legastheniker keine Ausnahmen gemacht werden können.

»Ein Unterricht, der für alle Schüler gleich ist, ist keinesfalls für jedes Kind recht«, so schreibt Professor Kowarik schon 1973.

Und »Chancengleichheit« heißt ja nicht, daß alle Kinder gleich behandelt werden, sondern daß alle Kinder die gleiche Chance bekommen sollen. Es würde doch auch niemand auf den Gedanken verfallen, bei einem Lesewettbewerb den Brillenträgern die Brille fortzunehmen, nur weil alle Kinder gleich behandelt werden müssen und Ausnahmen nicht zulässig sind.

So sind leider auch beim Abitur alle Legastheniker stark benachteiligt, denn spätestens ab Klase 11 werden die Rechtschreibfehler gezählt und führen zu teilweise erheblichen Notenabzügen. Dies kann sich im Falle schwerer Legasthenien dann so summieren, daß ein Abitur nicht möglich ist. Sie als Eltern sollten deshalb die Initiative ergreifen und die Kultusminister aller Länder auf dieses Problem

aufmerksam machen. Ihrem Kinde werden – im Zeitalter der
❏ Gleichberechtigung – die Bildungschancen verweigert!

Bleiben Sie nicht tatenlos – unternehmen Sie etwas, fordern Sie als **Nachteilsausgleich Hilfsmittel** ein für alle Prüfungen! Wie diese Unterstützungen aussehen können, lesen Sie im Anhang bei den »Empfehlungen der Arbeitsgemeinschaft hessischer Industrie- und Handelskammern«, die in Zusammenarbeit mit dem Landesverband Legasthenie Hessen erarbeitet wurden. Jeder Behinderte kann Hilfsmittel beantragen. Zwar hört niemand gerne, daß Legastheniker zu den Behinderten gehören, aber in vielen Fällen ist es leider so. Die Vogel-Strauß-Politik hilft unseren Kindern nicht weiter. Das muß endlich akzeptiert werden!

Behinderte und benachteiligte Kinder muß man so fördern, daß sie letztlich dieselben Chancen zur schulischen Bildung erhalten wie gesunde Kinder auch. Der Ausspruch: »Dieses Kind gehört eben nicht in eine solche Schule« ist unerträglich und wird doch immer wieder geäußert. Ein Legastheniker ist nicht dumm und kann deshalb genau wie andere Kinder auch die Schulart besuchen, die seiner Begabung entspricht! Es ist einfach ungerecht, einen Legastheniker, der 14 Tage lang mit allen verfügbaren Kräften für eine Englischarbeit geübt hat, mit derselben schlechten Note zu bestrafen wie den Mitschüler, der für die Englischarbeit nichts geübt hatte und deshalb schlecht war. Diese ungerechte Behandlung hat einem unserer Söhne für viele Jahre die Lust am Englischunterricht nachhaltig verdorben. Und es hat sehr lange gedauert – auch wieder Jahre –, bis sein späterer Englischlehrer mit viel Geduld seine Angst besiegte und seine Freude an der Sprache wieder wecken konnte. Lassen Sie deshalb nicht nach in Ihren Bemühungen, mit den Lehrern Ihres Kindes immer wieder ins Gespräch zu kommen.

Ich weiß aus bitterster eigener Erfahrung nur zu gut, wie schwer das
❏ ist, wie demütigend und tief deprimierend solche Gespräche sein können. Jahrelang bin ich mir vorgekommen wie eine Mutter, die nur eines im Sinn hat: ihre total unbegabten Kinder mit besten Noten durch die Schule zu schleusen.

Sie werden das alles kennen. Aber geben Sie deshalb nicht auf. Sie werden auch immer wieder Lehrer finden, die Verständnis haben und Ihrem Kind dann helfen werden.

Ein Legastheniker reagiert wie ein Barometer auf die leisesten Veränderungen und Belastungen und zeigt oft sehr starke Schwankungen in seinen Leistungen. Deshalb ist es auch so wichtig, daß die Lehrer Ihres Kindes durch häufige Gespräche genau wissen, was alles mit der Legasthenie zusammenhängen kann.

Und vergessen Sie nicht, sich beim Pädagogen Ihres Kindes zu bedanken, wenn er Verständnis hat und Entgegenkommen zeigt. Auch Lehrer brauchen ab und zu ein Lob! So kann sich eine gute Zusammenarbeit entwickeln (s. Kap. 18).

c) Internate für Legastheniker

Immer wieder wird es Situationen geben, in denen sich Eltern entschließen müssen, ihr Kind in ein Internat zu schicken. Der Entschluß wird niemandem leichtfallen, denn ein legasthenes Kind braucht die Sicherheit und Geborgenheit des Familienlebens mehr als andere Kinder. Wenn Eltern nun diesen Schritt tun, sollten sie sich zuvor an den Bundesverband Legasthenie wenden (Adresse s. S. 110). Es gibt einige gute Internate, in denen Legastheniker eine spezielle Betreuung erhalten. Schauen Sie sich diese Schulen an, sprechen Sie mit Lehrern und Heimleitern, und nehmen Sie vor allem Ihr Kind mit. Es muß sich wohl fühlen dort, sonst kann sich die Legasthenie nicht bessern. Über die Möglichkeit, finanzielle Unterstützung für die Internatsunterbringung zu erhalten, erfahren Sie ebenfalls weiteres beim Bundesverband.

2. Hilfe, Förderung und Therapie im außerschulischen Bereich

a) durch die Eltern

Da außerschulische Förderkurse durch Psychologen oder Pädagogen sehr teuer sind, entschließen sich manche Eltern, die Förderung ihrer Legastheniker selber zu übernehmen. Eine Anleitung dazu finden Sie im Kapitel 24.

b) durch Pädagogen oder Lerntherapeuten

Hat man die Legasthenie rechtzeitig bemerkt und ist der Legastheniker noch nicht so kummerbeladen und arbeitsunlustig und die Legasthenie nicht allzu schwer, dann ist es richtig, wenn die Eltern sich an einen Lerntherapeuten (Pädagogen, Sonderschullehrer, Sozial- oder Diplompädagogen u. a.) wenden. **Alle Therapeuten sollten**
❑ **in jedem Fall in der Legastheniearbeit erfahren sein, denn Legasthenieunterricht muß ganz anders gestaltet werden als ein einfacher Nachhilfeunterricht.**
Der Unterricht kann je nach Schweregrad der Legasthenie in kleinen Gruppen mit 3 bis 4 Kindern erfolgen. Bei schwererer Legasthe-
❑ nie sollte zunächst für mindestens ein halbes Jahr der Einzelunterricht bevorzugt werden. Je intensiver der Therapeut auf die ganz persönlichen Schwächen des Legasthenikers eingehen kann, um so schneller wird man auch mit einer Besserung rechnen können.
▶ Denken Sie daran, daß Ihr Kind den Lehrer oder die Lehrerin mögen muß. Die Zuneigung und das Vertrauen des Kindes sind fast wichtiger als die fachlichen Qualitäten des Lehrers. Wenn Ihr Kind schon am Abend Angst hat vor dem Legasthenieunterricht am nächsten Tag, wenn es lustlos und ungern hingeht, dann nützen der ganze Legasthenieunterricht und die beste Lehrkraft überhaupt nichts! Die Angst blockiert das Kind total. Ein guter Legastheniepädagoge kann diesen Unterricht interessant und abwechslungsreich gestalten, so daß das Kind auch gerne hingeht. Was Sie noch dazu beitragen können in Form von Belohnungen, das lesen Sie im Kapitel 13.

c) durch Psychologen

Wenn die Legasthenie spät erkannt wurde und Ihr Kind sich nun schon als Versager sieht, wenn es in der Schule nicht mehr mitarbeiten mag, die Schularbeiten zum täglichen Kampf ausarten, dann sollte zunächst ein guter Psychologe die Behandlung bei Ihrem Kind übernehmen. Ob eine Gruppentherapie oder eine Einzelbehandlung notwendig ist, wird der Psychologe entscheiden.
▶ Auch hier gilt wieder: Ihr Kind muß Zutrauen haben und den Psychologen oder die Psychologin mögen.

d) durch Erziehungsberatungsstellen

In manchen Orten sind auch die Erziehungsberatungsstellen darauf eingerichtet, Legastheniker zu behandeln. Das ist kostenlos. Allerdings verfügt man nicht überall über die notwendige Erfahrung. Eltern sollten sich vorher genau erkundigen. Die Behandlung erfolgt zumeist durch Psychologen. Eine pädagogische Betreuung gibt es dort also nicht. Deshalb eignen sich die Erziehungsberatungsstellen für Kinder, die schon Verhaltensauffälligkeiten haben und die Betreuung durch einen Psychologen brauchen.

e) durch Ergotherapeuten, Krankengymnasten, Logopäden, Motologen und Motopäden

Wie Sie aus dem Kapitel mit den Wahrnehmungsstörungen wissen, brauchen manche Kinder noch eine ganz spezielle Therapie durch die oben genannten Fachleute.

f) durch Kinderärzte

Legastheniker sind gesundheitlich meistens recht anfällig. Das ist kein Wunder, denn sie müssen fast immer bis an den Rand ihrer Kräfte arbeiten. Dazu kommen die seelischen Belastungen, die wir unseren Kindern kaum jemals ersparen, höchstens erleichtern können.
So erlebe ich immer wieder, daß zum Ende der Grundschulzeit oder in der 5./6. Klasse der Legastheniker »zusammenbricht«. Er kann nicht mehr. Meist sind es Kreislaufstörungen, viele Grippen, schwere Erkältungen, oft als Folge von Verkrampfungen überall Schmerzen. Die Körperhaltung mit nach vorne oder nach oben gezogenen Schultern zeigt, daß dies Kind ständig auf neue »Schläge« wartet. Es kriecht in sich zusammen: »Je weniger ich gesehen werden kann, je weniger stark können mich auch die Demütigungen treffen!«
Sie sollten – bevor Ihr Kind ganz krank ist – einen Kinderarzt aufsuchen. Er muß allerdings etwas von Legasthenie verstehen, um den ernsthaften Hintergrund der Beschwerden Ihres Kindes ermessen zu können. Der Arzt kann die Kreislaufschwierigkeiten behandeln.

Er kann auch entscheiden, ob man Medikamente einsetzen sollte, um Ihr Kind ein wenig von seinen Verkrampfungen zu befreien. Er wird auch überlegen, ob noch weitere Untersuchungen, etwa bei einem Kinderneurologen oder bei einem Kinder- und Jugendpsychiater, notwendig sind.

❏ An einen Rat meines erfahrenen Kinderarztes muß ich noch heute oft denken:»Schicken Sie Ihr Kind nach einer Krankheit nie zu früh wieder in die Schule!« Sie werden diesen Konflikt sicher kennen. Ihr Kind ist häufig krank, versäumt sehr viel mehr Schule als alle anderen und könnte sich dies mit seiner Legasthenie doch gar nicht »leisten«. Man hat Angst vor dem vielen Stoff, der nachgeholt werden muß, läßt sich jeden Tag die Schularbeiten geben und versucht, sobald wie möglich wenigstens dies mit dem Kind zu arbeiten. **Aber so kann Ihr Kind nie gesund werden!** Sie können sich die Hausaufgaben geben lassen, aber arbeiten Sie nicht mit dem Kind, auch wenn es ihm schon bessergehen sollte oder es ja gar nicht »so krank aussieht«. Ihr Kind ist dennoch krank und muß geschont werden. Ist es dann offensichtlich ganz gesund, behalten Sie es noch 2 bis 3 Tage zu Hause. In dieser Zeit können Sie spielend alles Versäumte aufholen, und Ihr Kind geht dann ohne Lücken und gekräftigt wieder zur Schule. Oft sind es die Kinder selber, die zu früh in die Schule drängen – aus Angst, zuviel zu verpassen. Erklären Sie ihm, wie verkehrt das ist!

❏ Und wenn Sie sich nach Ablauf eines Jahres fragen, was Ihr Kind wohl Entscheidendes versäumt hat, weil Sie es jeweils ein paar Tage länger zu Hause gelassen haben, dann merken Sie schnell, daß es gar nichts versäumt hat, was wichtiger als die Gesundheit gewesen wäre!

g) durch Kinder- und Jugendpsychiater

Die übergroßen seelischen Belastungen durch die Legasthenie können das Verhalten Ihres Kindes auffällig verändern. Sie brauchen dann die Hilfe eines Fachmannes, des Kinder- und Jugendpsychiaters. Leider gibt es in Deutschland noch nicht sehr viele von diesen Fachärzten. Die Wartezeiten sind daher lang. Zögern Sie deshalb nicht mit der Anmeldung, wenn Ihnen, den Lehrern oder dem Kinderarzt das Verhalten Ihres Kindes Sorgen bereitet.

❏ Nicht immer sind nur Kinder mit schweren Legasthenien davon betroffen. Oft sind es sogar die mit ganz leichten Lese-Rechtschreib-Schwächen, die jahrelang nicht erkannt worden sind. Stets hat Ihr Kind gegen unerklärliche Mißerfolge und Demütigungen kämpfen müssen. Eines Tages ist dann trotz nur leichter Legasthenie die seelische Kraft Ihres Kindes erschöpft.

Es gibt zwei Möglichkeiten, mit denen der Legastheniker seine Schwäche auszugleichen sucht:

Die erste Möglichkeit: Manche Legastheniker werden zum Klassenkasper, verbreiten ständig Unruhe, ärgern die Klassenkameraden und werden auch oft »aggressiv«, angriffslustig und unkontrolliert in ihrem Verhalten. Weil sie sich mit guten Noten keine Anerkennung erwerben können, versuchen sie auf diese Weise, Beachtung zu erlangen.

▶ Da die aggressiven Kinder stets auffallen, haben die Eltern die Möglichkeit, rechtzeitig einen Arzt aufzusuchen. Nehmen Sie diese Verhaltensweisen nicht auf die leichte Schulter – es könnte sonst Schlimmeres daraus werden.

Zu oft habe ich das bei meinen Elternberatungen erfahren müssen. Anfangs sind es nur kleine Diebstähle, mit denen sich die Kinder Achtung zu verschaffen suchen. Später werden es größere. Legastheniker sind ja nicht dumm, und so werden sie leicht zum Führer einer Clique oder einer Bande jugendlicher Täter. Der nächste Schritt sind Alkohol und Rauschgifte. Und dann wird es oft zu spät sein.

❏ Deshalb achten Sie auf die ersten Anzeichen und unternehmen Sie alles, um Ihr Kind vor einem solchen Schicksal zu bewahren!

Die zweite Möglichkeit: Manche Kinder neigen dazu, sich ganz und gar zurückzuziehen. Diese Verhaltensform fällt erst spät auf, manchmal zu spät. Die Lehrer sind froh, unter den vielen wilden ein ruhiges Kind in der Klasse zu haben. Zu Hause sind die Kinder meistens entlastet von den größten Schulsorgen und fallen dort deshalb zuletzt auf.

❏ **Ständiger Kontakt zwischen Elternhaus und Schule ist notwendig, um die manchmal schnell fortschreitende Bedrückung des Kindes rechtzeitig aufzudecken. Mancher Legastheniker ist depressiv und hat sogar Selbstmordgedanken, ohne daß die Umgebung auch nur das leiseste ahnt.**

Mit diesen »stillen« Kindern sind ständige Gespräche notwendig. Solange sie über ihren Kummer sprechen und auch noch weinen ► können, ist es noch nicht zu spät. Gehen Sie bald zu einem Kinderpsychiater. Nur er kann Ihrem Kinde wirkungsvoll helfen, aus diesem Tief wieder herauszufinden. Gleichzeitig wird manche andere Maßnahme notwendig werden, z. B. ein Lehrer- oder sogar ein Schulwechsel. Der Arzt wird Ihnen bei dieser Entscheidung helfen.

h) durch weitere Fachärzte

Prüfen sie beim Augenarzt, ob Ihr Kind auch wirklich gut sehen kann. Nicht jeder Augenarzt kennt sich allerdings mit Legasthenie aus (s. Kap. 16). Und lassen Sie in einer pädaudiologischen Abteilung einer HNO-Klinik (Auskunft Bundes- oder Landesverband Legasthenie) seine Innenohr-Hörfähigkeit durch einen dichotischen Hörtest (Feldmann-Test) feststellen. Manches unaufmerksame, unkonzentrierte Kind ist nicht etwa schwerhörig, wie fast alle Eltern zunächst annehmen, sondern die besonderen akustischen Schwächen des Legasthenikers lassen es oft außerordentlich leiden, wenn es Geräusche nicht eindeutig unterscheiden kann. Besonders quälend ist die Differenzierung zwischen der Stimme des Lehrers ❑ und dem Geräuschpegel der Klasse. Deshalb die Bitte an die Pädagogen: Legastheniker nach Möglichkeit so nach vorn und schräg zur Wand setzen, daß weder der Lärm von vorn noch von hinten das Kind irritieren kann! Allerdings, zu sehr unter die Augen des Lehrers gerückt, fühlen sich manche Legastheniker verunsichert. Zur Lösung dieses Problems gehören deshalb gemeinsame Überlegungen von Pädagogen, Eltern und Schülern!

i) Weitere fachliche Hilfe und Therapiekostenübernahme

Viel zu wenig wird darüber nachgedacht, daß dem Legastheniker mit einseitiger Hilfe nicht geholfen werden kann! Die Verantwortung für den einzelnen ist zu groß! In den allermeisten Fällen wird es daher notwendig sein, in gemeinsamen Überlegungen von Schule, Elternhaus, Fachärzten, Therapeuten und dem betroffenen Kind eine Entscheidung zu treffen. Nicht jeder Kinderarzt, Psychologe, Lehrer oder Schulrat verfügt für sich allein über so viel Erfahrung

und Sachkenntnis, um in schwierigen Fällen ausreichend helfen zu
❏ können. Auch die Kultusminister aller Länder sollten wissen, daß
einsame und einseitige Entscheidungen gefährlich sein können!
Deshalb sollte das Gespräch mit allen in Frage kommenden Fach-
❏ leuten, einschließlich der Eltern, zwingend vor jede größere Entscheidung gestellt werden.

Eine einmalige grundlegende und breit gefächerte Untersuchung
und Beratung zu Beginn der Schwierigkeiten erspart viele Umwege,
Verzweiflung und Mutlosigkeiten. Spezialisten jeglicher Art (Psychologen, Ärzte, Sprachheilpädagogen, Sonderschullehrer z. B.)
finden Sie beim Bundesverband Legasthenie. Zudem sind diese
Fachleute auch fast alle selbst betroffene Väter oder Mütter. Nirgends werden Sie mehr Verständnis finden als bei denen, die alles
selber erlebt haben.

Extra-Tip zur Therapiekostenübernahme: Ergotherapeuten, Motologen, Motopäden und ebenso Krankengymnastinnen, die im Sinne
der Sensorischen Integration ausgebildet wurden, sind unverzicht-
bar für die Therapie der schwerer wahrnehmungsgestörten Kinder.
Die Krankenkassen tragen die Kosten in solchen Fällen, ebenso wie
für eine notwendige logopädische Therapie.

Therapiekosten für eine Legasthenieförderung, die Eltern nicht be-
zahlen können, werden u. U. auch vom Kinder- und Jugendhilfege-
setz übernommen. Eltern müssen dann einen Antrag beim Jugendamt stellen. Noch sind die Regelungen hierzu in den Bundesländern
sehr unterschiedlich. Lassen Sie sich deshalb vom Jugendamt beraten.

15. Wie können Eltern erkennen, ob es sich um eine gute Therapie handelt?

Dies ist ein sehr schwieriges Kapitel, denn leider sind in letzter Zeit vermehrt unseriöse Therapeuten und Gesellschaften mit bestimmten Weltanschauungen aufgetreten, die viele Behandlungsmethoden anbieten und große Versprechungen machen. Es kann sich ❏ dabei sowohl um Einzelpersonen als auch um Therapiepraxen handeln, die häufig recht teuer sind und zudem noch unsolide Verträge mit den Eltern abschließen.

Eltern werden zumeist nicht in der Lage sein, eine gute Therapie von unseriösen Angeboten zu unterscheiden. Lesen Sie die nachfolgenden Ratschläge, erkundigen Sie sich aber zusätzlich bei den Landesverbänden Legasthenie oder bei Kinder- und Jugendpsychiatern, denn der Begriff »Legasthenietherapeut« ist leider nicht klar definiert und ungeschützt. Jeder kann sich so nennen.

Tips für Eltern: Ein guter Therapeut kann aus verschiedenen Berufsgruppen kommen. Er kann Psychologe oder Lehrer, Sozialpädagoge, Diplompädagoge oder auch Sprachheilpädagoge bzw. ▶ Sprachheiltherapeut sein. Wichtig ist eine **spezielle Ausbildung.**
Der Therapeut sollte dem jeweiligen Landesverband bekannt sein bzw. mit ihm zusammenarbeiten.

– Er wird z. B. die Tagungen und Kongresse des Bundesverbandes Legasthenie und/oder eines Landesverbandes Legasthenie besuchen und ebenso Fortbildungen seines Berufsstandes.

– Er muß die entsprechende Literatur zum Thema Legasthenie gelesen haben. Fragen Sie also, ob er sich auseinandergesetzt hat mit den Autoren Schenk-Danzinger, Ayres, Breuer, Galaburda, Milz, Graichen u. a., und ob er auch danach arbeitet.

– Ein guter Therapeut wird keine jobbenden Studenten beschäftigen, denn:
Legasthenietherapie ist keine Hausaufgabenunterstützung oder einfache Nachhilfe, Legasthenietherapie erfordert spezielle Kenntnisse!

- Eine Legasthenietherapie wird meist 1–2 Jahre dauern, sichtbare Erfolge stellen sich oft erst nach einem halben Jahr ein.
- Ein guter Therapeut wird zunächst einmal gründlich testen (oder testen lassen) und diesen Test mit den eigenen Beobachtungen ergänzen.
- Er wird auf keinen Fall dieselben festen Förderprogramme für alle Kinder einsetzen, sondern jedem Kind ein spezielles Förderkonzept zusammenstellen.
  Merke: Nicht jede Methode hilft jedem Kind!
- ❏ Ein guter Therapeut wird Wert auf Entspannung und psychomotorische Übungen legen, auf das Lernen mit dem ganzen Körper und allen Sinnen.
- Er wird die Lautgebärden einsetzen, wenn erforderlich.
- Er kann PC-Programme zur Unterstützung und Abwechslung einsetzen.
- Er muß für schwerer betroffene Kinder über langjährige Erfahrungen verfügen.
- Ein guter Therapeut wird nicht nur mit den Eltern, sondern auch mit den Lehrern des Kindes Kontakt aufnehmen und sich regelmäßig mit allen beraten.
  Und: Werden Sie mißtrauisch, wenn es heißt, daß eine bestimmte Therapie oder Methode, die ganz einfach klingt, aber meist viel Geld kostet, die Legasthenie »heilen« würde. **Diese Wunderwaffe**
- ❏ **gibt's leider noch nicht!**
- **Ein guter Therapeut schließlich macht kein Geheimnis aus seiner Therapie!**
  Er wird Eltern ausführlich über seine Förderung unterrichten und sie in sein Konzept mit einbeziehen, wenn sie es wünschen. Und dazu möchte ich allen Eltern dringend raten! Das Kind beim Therapeuten abzuliefern nach dem Motto: »Bloß nichts mehr hören und sehen von dem Problem – der macht das schon!«, ist zwar ungeheuer entlastend, denn man delegiert die Verantwortung an andere. Wenn's schiefgeht, trifft einen wenigstens selbst keine Schuld! Ich kann das gut verstehen – aber auf diese Weise verlieren Sie schnell den Zugang zum Kind und seinem Leidensweg. So einfach kann es meistens deshalb nicht laufen.
- **Halten Sie also engen Kontakt zum Therapeuten – das ist auch der beste Weg, um Einblicke in die Qualität seiner Arbeit zu bekommen.**

16. Wie können Eltern und Lehrer Kindern mit Wahrnehmungsstörungen helfen?

Tips auch für Förderstunden

Die meisten schwerer betroffener Kinder werden ohne fachliche Hilfe (von Ergotherapeuten, Motologen oder auch Krankengymnastinnen) zunächst nicht auskommen, aber Sie als Eltern und Lehrer können und sollten unterstützend mitwirken. (Lesen Sie dazu auch die Kapitel »Wenn Mütter helfen« und »Ein Kapitel speziell für Lehrer«.)

Seien Sie sich zuerst aber darüber im klaren, daß Förderung, die auf der Ebene von Lesen und Schreiben ansetzt, wie es in den Schulen leider oft noch der Fall ist, bei den meisten Kindern nichts bewirken kann. Wie Sie aus dem Kapitel 5 erfahren haben, müssen gewisse Grundvoraussetzungen, also die **möglichst gute Zusammenarbeit der Wahrnehmungsbereiche** gegeben sein, wenn ein Kind in die Schule kommt. Prof. Breuer nennt dies »**die Vorläuferfunktionen müssen erfüllt sein**«. Wenn also auch zunächst einmal fachliche Hilfe erforderlich sein sollte, können Sie doch sehr vieles selber noch dazu beitragen.

Am wichtigsten erscheint mir bei diesen Hilfseinsätzen, daß Eltern und Kind entspannt an die »Arbeit« gehen. Deswegen möchte ich Sie interessieren für:

1. Entspannungsübungen

Entspannung kann auf unterschiedlichsten Wegen erreicht werden. Es gibt viele Möglichkeiten, und es ist nicht ganz leicht, eine Methode zu finden, die einem selbst und dem betroffenen Kind liegt, die Spaß macht und auch noch hilft. Einige Kinder erfahren Entspannung eher über die Bewegung, andere über die vollkommene Ruhe.

Als für D. und mich die Zeit am schwersten war, suchten wir uns eine Kindervolkstanzgruppe. Dort erwartete man keine künstlerisch reife Leistung, dort hüpfte jeder, so gut er konnte, und ich mittendrin, weil's so lustig war. Daran schloß sich ein autogenes Training für Kinder an, das D. auch später noch bei Klassenarbeiten sehr half. Und schließlich sangen wir zum Schluß noch fröhliche Wanderlieder zur Ziehharmonika.

Heute erst weiß ich, wie wichtig gerade diese Kombination aus Entspannung, Rhythmik und Bewegung für D. war. Sie half ihm, seinen Körper besser kennenzulernen.

Nun wird nicht jedes Kind von solch einem Vergnügen angesprochen werden, auch fehlen häufig Zeit und Gelegenheit für größere Entspannungsprogramme wie autogenes Training, Muskelrelaxion nach Jacobsen, Yoga, Eutonie, Feldenkrais o. ä. Aber immer noch wird nicht erkannt, wie wichtig gerade die **kleinen Entspannungspausen** sind, wenn Sie Ihr Kind mal schnell in den Arm nehmen und knuddeln oder die Planung für ein schönes Wochenende besprechen. Außerdem gibt es vielfältige Kurzprogramme, um sich während der Schularbeiten und zum Einschlafen zu entspannen.

Eine sehr aktive Entspannungshilfe, die sicher besonders den unruhigen Kindern gefällt, hat die Pädagogin H. Aufrecht mit Atemübungen, Muskelentspannung und Wärmeübung zusammengestellt. Ich beschränke mich hier auf die von Frau Aufrecht angewandte Kurzfassung, die sicher gerade für die überaktiven Kinder recht geeignet ist.

Die Übung besteht darin, den ganzen Körper auf einmal anzuspannen und dann wieder zu lösen. Man bleibt auf dem Stuhl sitzen oder legt sich auf den Boden und versucht, alle Muskeln bewußt zusammenzuziehen, indem man damit beginnt, die Beine etwas anzuheben, die Fersen nach unten zu drücken, Gesäß und Bauchmuskeln anzuspannen, die Schultern hochzuziehen, die Hände zu ballen und die Gesichtsmuskeln zusammenzukneifen. Diese Spannung hält man einen Moment fest, läßt dann los und spürt bewußt die Entspannung. Die Übung wiederholt man dreimal, wobei die Phase der Entspannung am Ende von einer halben Minute bis auf drei oder auch fünf Minuten gesteigert wird.

Machen Sie sich außerdem vertraut mit sogenannter »meditativer Musik«, wie zum Beispiel dem »Air« von Bach (D-dur, BWV 1068) oder dem »Kanon D-dur« von Pachelbel. Solche Musik eignet sich hervorragend, um Entspannung und Ruhe zu übermitteln, während

Sie Märchen- und Phantasiereisen oder meditative Gedichte vorlesen (siehe Literaturhinweise) oder auch Hausaufgaben zu bewältigen haben. Mit einfachen Schrittfolgen kann man sich zur Entspannung nach dieser Musik auch bewegen.

Wenn Ihr Kind gerne tanzt, könnten Sie sich nach Beratung durch Tanzpädagogen und Hortnerinnen einfache fröhliche Tänze aneignen. Mit Klatsch- und Stampfbewegungen – anfangs im Sitzen – nehmen Sie rhythmusgestörten Kindern die Angst vor der Bewegung.

Aus D.s Volkstanzstunde damals wurde später ein richtiger Tanzsport, und dies, obwohl D. große Schwierigkeiten mit Takt und Rhythmus hatte und teilweise noch hat. Wenn die Begeisterung vorhanden ist, dann lassen sich viele Fähigkeiten antrainieren, wie man bei D. sehen kann.

Für eine längere Übung – bis zu 20/25 Minuten – eignen sich die Entspannungskassetten der Superlearningprogramme. Aber nicht jede Stimme auf diesen Kassetten wird jeden ansprechen – probieren Sie es aus.

Um solche Übungen durchzuführen, müssen Sie selbst davon überzeugt sein, sonst macht Ihr Sprößling garantiert nicht mit! Und der Kummer muß bedrückend sein – dann lohnt sich der Versuch!

Literatur (s. auch Literaturverzeichnis S. 263 ff.):

EBERLEIN, G.: Autogenes Training mit Kindern (mit Märchen)

MÜLLER, E.: Du spürst unter deinen Füßen das Gras. Autogenes Training in Phantasie- und Märchenreisen

MÜLLER, E.: Träumen auf der Mondschaukel

OTT, E.: Fit durch Entspannung. 3-Minuten-Programm für Mütter

RÜCKER-VOGLER, O.: Bewegen und Entspannen (bis 9 Jahre, Yogaübungen)

RÜCKER-VOGLER, O.: Kinder können entspannt lernen (Yogaübungen für Ältere und Schule)

2. Lernspiele

Neben der Entspannung sind Lernspiele für Eltern der einfachste Weg, etwas zur Förderung beizutragen.

Wichtiger Tip: Diese Spiele müssen von vornherein als »Lernspiele« ausgewiesen werden. Sie dürfen **nicht** als »Belohnung« eingesetzt werden! Lernspiele sind keine harmlose Entspannung, sondern echte Arbeit für die Kinder. Sie würden es schnell merken und entsprechend »sauer« reagieren, wenn man sie ihnen als Vergnügen »verkaufen« wollte. Deshalb die Bezeichnung »Lernspiele«.

Der Markt dieser Lernspiele verändert sich von Jahr zu Jahr stark. Ich habe mich deshalb entschieden, auf eine Spieleliste zu verzichten. In guten Spielwarenläden, von manchen Landesverbänden Legasthenie oder auch von Therapeuten können Sie Empfehlungen erhalten, welche geeigneten Spiele es gerade gibt.

3. Psychomotorische Übungen

Diese Übungen eignen sich für alle Kinder, die Probleme mit Rhythmik, Koordination, Gleichgewicht und der Motorik haben (s. Kap. 5). Schwere Fälle gehören, wie schon öfters betont, in fachliche Hände, dennoch können Sie selbst viel unterstützend helfen.

Literatur und Übungsbücher:

Für *Eltern* sehr geeignet sind die folgenden Bücher, wenn sie *Rhythmik, Körperwahrnehmung, Koordination* und *Konzentration* üben wollen:

STÖCKLIN-MEIER, S.: Eins zwei drei ritsche ratsche rei (nur für leichte Störungen)

KIPHARD, E.J.: Unser Kind ist ungeschickt. Hilfen für das bewegungsauffällige Kind (dieses Buch ist für Eltern gut verständlich geschrieben mit ausreichenden Übungen bis zum 10. Lebensjahr bei nicht zu schwer psychomotorisch gestörten Kindern)

HERING, W.: Bewegungslieder für Kinder

Die beiden folgenden Bücher enthalten umfassende Hilfen für *stärker wahrnehmungsgestörte* Kinder. Auch sie sind für Eltern sehr geeignet:

HÜNNEKENS, H./KIPHARD, E.J.: Bewegung heilt
VITALE, B.M.: Lernen kann phantastisch sein. Kinderleichtes Lernen durch optimalen Einsatz beider Gehirnhälften
Die nachstehenden Werke kann ich besonders empfehlen, weil alle Spiele bzw. Materialien praktisch nichts kosten. Beide Bücher bieten die notwendigen Übungen als Spiele an, und trotzdem können alle gestörten Bereiche trainiert werden:
HOFMANN u.a.: Spiel mit uns
MEIER, CH./RICHLE, J.: Sinn-voll und alltäglich
Für *Lehrer* geeignet ist das folgende, sehr umfangreiche Trainingsmaterial:
EGGERT, D.: Psychomotorisches Training
BRAND, I./BREITENBACH, E./MAISEL, V.: Integrationsstörungen, Diagnose und Therapie im Erstunterricht
Für alle, die sich ohne Vorbildung intensiver mit den neurophysiologischen Grundlagen, der Diagnostik und Therapie Sensorischer Integrationsstörungen befassen möchten, kann ich das für Laien gut verständliche und ausführliche 1993 erschienene Buch KESPER, G./HOTTINGER, C.: Mototherapie bei Sensorischen Integrationsstörungen sehr empfehlen.
Für *Kindergärten, Eltern* und *Lehrer* zu empfehlen ist das Buch:
PAUSEWANG, E.: Die Unzertrennlichen, Neue Fingerspiele Band 3.
Es enthält leicht zu lernende und spielerische Übungen für die *Körperwahrnehmung*, die *Koordination, Bewegungs-, Rhythmik-* und *Raumlageübungen* (oben, unten, rechts, links).
Je nach Schweregrad der Beeinträchtigungen Ihres Kindes üben Sie täglich 5–10 Minuten oder nur ein- bis zweimal wöchentlich ca. 10 Minuten. Sie werden es selber am besten merken, was nützlich und nötig ist. **Und Ihr Kind muß Spaß daran haben!**

4. Diverse weitere Hilfen im Rahmen der Psychomotorik

Von den Therapeuten wird empfohlen, eine **Hängematte** ins Zimmer (Balkon oder Garten) zu hängen. Sie ist nebenbei auch zur Entspannung und sogar zum Schlafen sehr geeignet. Manche Kinder lernen sogar besser und lieber, wenn sie dabei leicht in der Hängematte schaukeln können. Auch eine normale Schaukel (gibt's auch für das Zimmer) ist empfehlenswert. *Achtung:* Kindern mit starken Gleichgewichtsstörungen wird u. U. schlecht beim Schaukeln. In einem solchen Fall muß vorher der Fachmann gefragt werden, ob diese Anschaffung sinnvoll ist.

Sitzbälle (keine Hüpfbälle) gibt es in verschiedenen Größen. Sie eignen sich besonders für Kinder mit Körperwahrnehmungsstörungen und für manche Zappelphilippe. An einigen Schulen werden sogar schon Sitzbälle anstelle von Stühlen für einzelne Stunden benutzt. Man stellte bei Schulversuchen fest, daß besonders hyperaktive Kinder davon profitieren, daß die Zahl der Schulunfälle abnimmt und ebenso die Aggressivität in den Pausen.

Trampolin: Körperwahrnehmungsgestörte Kinder fühlen sich glücklich, wenn sie Trampolin springen dürfen – aber Vorsicht, alle Kinder, die unregelmäßige Blicksprünge oder ein wechselndes Führungsauge haben (s. Kap. 3), sind gefährdet. Sie treten leicht daneben und können sich verletzen. Daran sollten besonders Sportlehrer denken!

Außerdem sind ganz »normale« Bewegungsspiele zu empfehlen wie:

Rollern	Reifenspiele
Kästchenhüpfen	Kreisspiele
Rollbrett	Ballspiele
Skateboard	Seilchenspringen
Fahrradfahren	Schwimmen.

5. Fein- und graphomotorische Übungen

Unser Sohn W. klagte nach der Einschulung lange Jahre über Schmerzen in Arm und Hand beim Schreiben. Den Stift hielt er ungeschickt und verkrampft. Malen gelang ihm nur wie einem Kleinkind, das Zusammenfügen von Puzzle- und Legoteilen war mühsam. Er fing dann später an, statt Schreib- nur Druckbuchstaben zu verwenden, was leichter für ihn war. Leider stand ich damals ganz hilflos diesen Problemen gegenüber. Außer ein paar Lockerungsübungen fiel mir nichts ein. Um so begeisterter bin ich jetzt, seit mir die Diplom-Sozialpädagogin Rike Jaeger zeigte, wie man bei solchen Störungen üben kann. Rike Jaeger hatte diese Fördermöglichkeiten bei einer Fortbildungsveranstaltung des Bundesverbandes Legasthenie kennengelernt und sie in eigener Praxis erprobt. Sie hat viele Übungen zusammengestellt, von denen ich hier einige für Sie notiert habe.

Allgemeine Hilfen und Hinweise – besonders wichtig für Pädagogen!

Sehr zu empfehlen ist, daß kein runder Stift benutzt wird, sondern z. B. einer mit Griffmulde oder ein Dreiecksbleistift. Versuchen ► Sie, einen pencil-grip zu bekommen, der bei runden Stiften den Fingern Halt gibt (Bezugsquelle s. Anhang). Auch ball-pens sind empfehlenswert für Kinder, die noch kein Gefühl für den von der Hand auszuübenden richtigen Druck besitzen.

Schreiben sollte in großlinierten Heften geschehen.

Vereinfachte Ausgangsschrift wird empfohlen.

Evtl. Druckschrift erlauben.

Schreibübungen ganz ohne Linien auf großer Papierfläche.

Malen nach Musik.

Nur in schweren Fällen ist der Einsatz von Schreibschablonen zu empfehlen.

Wichtige Übungen mit dem »Pinzettengriff«:

Der sog. Pinzettengriff (Daumen–Zeigefinger–Mittelfinger) und die Lockerung des Handgelenkes sind die notwendigsten Übungen bei graphomotorischen Störungen, z. B.:

alle Übungen mit Steckern und Steckbrettern

Perlen, Knöpfe auffädeln, Flechtübungen

Weben – Häkeln – Stricken

Spiele mit Wäscheklammern von großen zu ganz kleinen (wie viele lassen sich in bestimmter Zeit an der eigenen Kleidung festklammern oder beim Partner klauen!)

Kreiselspiele

Mikado – anfangs mit dicken Stäben

Büroklammern verhaken und wieder auflösen

mit 2 Streichhölzern ein drittes aufheben (sehr schwer)

Fingerhut von einem Finger auf den nächsten setzen, erst mit einer Hand, dann gleichzeitig mit beiden Händen (sehr schwere Übung, aber auch als Training für die Körperkoordination und -wahrnehmung geeignet).

Übungen zur Lockerung des Handgelenks:
Frisbee-Scheibe – Ringe über Stäbe werfen
Tischtennis
Häkeln – Stricken – Weben – Flechten – Tonen
Gummitwist – Gummischießen

Fingerübungen, wie hier beschrieben und in den nachfolgend empfohlenen Büchern nachzulesen, sind, wie man heute weiß, besonders wichtig, wenn Kinder auch Sprachprobleme haben. Leider sind die vielen lustigen Fingerbewegungsspiele, die unsere Mütter noch kannten, fast verlorengegangen. Aber erfahrene Lehrer, nicht nur Sonderschulpädagogen, setzen sie heute wieder vermehrt auch im Anfangsunterricht ein.
Empfehlungen für Übungsbücher (genaue Angaben zu den Titeln finden Sie im Literaturverzeichnis S. 263 ff.):
Im 2. Teil des Buches: von STÖCKLIN-MEIER, S.: Eins zwei drei ritsche ratsche rei sind auch graphomotorische Übungen enthalten (Fadenspiele, Schwungübungen u. a.).
MAHLSTEDT, D.: Schreibschritte, vereinfachte Ausgangsschrift.
Im 1. bis 2. Schuljahr kann auch das Buch von PAUSEWANG, E.: Die Unzertrennlichen. Neue Fingerspiele, Band 3, eingesetzt werden.

6. Taktile Übungen

Eltern können eine solche Förderung unterstützen durch das (leider sehr teure) Buch von JENSEN / WOODBURG HALLER: Was ist das? Sie können sich aber auch viele Materialien mit unterschiedlichen Oberflächen (Krepp, Sandpapier, Tapeten mit Strukturmustern o. ä.) zum Fühlenlernen selbst beschaffen und die Kinder mit geschlossenen Augen spüren lassen. Und was Sie sonst noch für den gesamten taktilen Bereich tun können, finden Sie am einfachsten in den schon erwähnten Büchern »Sinn-voll und alltäglich« und »Spiel mit«.
Noch ein kurzer Hinweis für einige berührungsempfindliche Kinder: Sie mögen es – sehr zum Leidwesen der Eltern – oft gar nicht, wenn sie sanft gestreichelt werden. Besser vertragen sie es, wenn man sie etwas kräftiger anfaßt. Daneben gibt es aber auch Kinder,

die man u. U. nur mit einer Feder berühren darf. Das müssen Sie selbst herausfinden.

7. Lautgebärden

Wenn Ihr Kind besondere Schwierigkeiten hat, die Buchstaben zu lernen, Buchstaben zu Silben zusammenzuziehen, oder auch bestimmte Buchstaben immer wieder verwechselt, so könnten Sie die Lautgebärden zur Hilfe nehmen. Sie bringen den Kindern viel Spaß, weil sie ihren ganzen Körper zum Lesen mit einsetzen können. Die wichtige und tiefere Bedeutung dieser Lautgebärden liegt darin, daß das Kind mit allen seinen Sinnen (Motorik, Sprechen, Hören, Sehen) üben kann. Solche »ganzheitlichen« Übungen bringen die besten Erfolge. Sie sind bis ins 5. und 6. Schuljahr möglich.

Am besten lernen Sie Lautgebärden von einem Legastheniefachmann oder von Sonderschulpädagogen. Auch einige Grundschullehrer wenden sie schon im Erstleseunterricht an. Wenn Sie sich bei einer umfangreichen Therapie den Kieler Leseaufbau von Dummer/Hackethal anschaffen, finden Sie auch dort die Lautgebärden, ebenso teilweise in der preiswerteren und für ungeübte Eltern sehr geeigneten Fibel von Krenn/Kowarik: Horchen, Zeigen, Lesen oder in dem Buch von Dummer-Smoch: Mit Phantasie und Fehlerpflaster.

8. Therapeutisches Reiten

Für viele Kinder, besonders die schwerer Betroffenen, ist das Therapeutische Reiten sehr zu empfehlen. Ich kenne Kinder, die zu nichts mehr zu bewegen waren, die alles abblockten an Therapie, nachdem sie aber zu reiten begonnen hatten, stehen sie auch am Wochenende morgens pünktlich auf »der Matte«, um »ihr« Pferd zu pflegen und um sich von der Wärme und den rhythmischen Bewegungen des Tieres einfangen zu lassen. Therapie und Entspannung werden hier ideal vereint.

9. Hilfen für stark auditiv gestörte Kinder

PC-Programme für die auditiv gestörten legasthenen Kinder sind noch nicht entwickelt. In den USA aber hat Frau Prof. Tallal mit solchen Computer-Programmen, die die Sprache stark verlangsamt haben, gute Erfahrungen bei sprachgestörten Kindern gemacht. Nach dem, was Sie im 3. Kapitel gelesen haben, kann man sich gut vorstellen, daß das klangliche Unterscheiden der verschiedenen Buchstaben wirklich leichter fällt, wenn sie langsamer angeboten werden. Auch mit den Lautgebärden kann dieser Effekt übrigens erreicht werden. Und in den nachfolgenden Kapiteln erfahren Sie noch einiges an Hilfen für auditiv und sprachentwicklungsverzögerte Kinder.

10. Weitere Therapieangebote, die sich zur Zeit noch in der wissenschaftlichen Überprüfung befinden

Inzwischen werden immer mehr neue Therapieformen angeboten. Manches ist gar nicht einmal so neu, denn es basiert auf Altbekanntem wie Yoga, Entspannung, Akupunktur und Krankengymnastik (wie z. B. auch das »brain-gym«, s. u.). Manches ist – leider – sensationell aufgemacht mit großartigen Versprechungen. Dennoch ist es nicht gerechtfertigt, alles Neue in den Bereich der Esoterik zu verweisen. **Informieren Sie sich gründlich und tun Sie nichts gegen Ihre Überzeugung** (s. auch Kap. 15).
Es gibt außer den unten genannten neuen Therapieformen noch vieles mehr wie z. B. das »Neurolinguistische Programmieren« (NLP – Literatur s. Literaturverzeichnis) und Akupunktur (logopädische Erfahrung aus der Schweiz), doch habe ich mich damit noch nicht beschäftigt. Ich möchte hier nur das weitergeben, über das ich mich auch genau informiert habe.
Zu diesen neuen Hilfen gehören u. a. auch

a) Hörtraining
Da gibt es die Methoden nach VOLF UND TOMATIS. Wissenschaftlich abgesicherte Erfahrungen dazu liegen z. Zt. noch nicht vor. Ich kann deshalb nur das wiedergeben, was ich von Therapeuten erfah-

ren habe: Es gibt Kinder, bei denen diese Methoden zwar **sicher nicht** die Legasthenie wegzaubern, die ihnen aber doch das Unterscheiden der verschiedenen Laute und Geräusche erleichtern. Sie werden in der Folge konzentrierter und ausgeglichener, das Lesen fällt leichter, das Arbeitstempo kann gesteigert werden.

Leider kann man bisher nicht vorhersagen, welchem Kind das Hörtraining hilft und welchem nicht. Um sich unnötige Ausgaben zu ersparen, sollten Eltern sich eher für die preisgünstigere Methode von Volf entscheiden. Bei manchen Kindern, bei denen die Volf-Methode versagte, hat man jedoch Erfolge gesehen durch den Einsatz der Hochfrequenztontherapie nach Tomatis. Vertrauen Sie sich also nur versierten Therapeuten an.

Achtung: Bei dieser Behandlung der zentralen Fehlhörigkeit und der Störungen der Hörleitgeschwindigkeit, von einigen auch »Ordnungsschwelle« genannt, gibt es leider auch unseriöse Anbieter, die versprechen, mit Hilfe ihrer teuren Apparate würde die Legasthenie verschwinden. Dafür aber haben wir bisher noch keinerlei Beweis! Und im übrigen werden, wie schon erwähnt, diese Methoden z. Zt. alle gerade klinisch geprüft.

b) Prismen- und Bifokalbrillen

Manchen Kindern mit sog. »verstecktem« Außenschielen helfen auch Prismenbrillen, beim Lesen nicht so schnell zu ermüden und entspannter zu lesen. Solche Brillen werden nur dann verordnet, wenn ein gutes beidäugiges Sehen besteht und wenn es sich nur um minimale Schielkorrekturen handelt. **Keinesfalls »heilen« sie die Legasthenie, wie so oft behauptet wird.** Eine Verschlechterung der bisherigen Schielstellung ist auch nicht zu befürchten, wenn regelmäßige augenärztliche Kontrollen erfolgen.

Manche Augenärzte, wie Prof. Schäfer von der Universitätsklinik Würzburg (Mitglied des Wissenschaftlichen Beirates des Bundesverbandes Legasthenie), geben dem Legastheniker auch Bifokalbrillen, also geteilte Brillen, oben für die Ferne und unten mit einem Nahteil bis höchstens 2,5 Dioptrien, denn vielen Legasthenikern fällt das Unterscheiden der Buchstaben einfach leichter, wenn sie sie größer sehen. Sie verschwimmen dann nicht so schnell miteinander, die Kinder sind entspannter.

Gute Augenärzte zu finden, die spezielle Legastheniekenntnisse haben, ist allerdings sehr schwer. Ihr Landesverband wird Ihnen entsprechende Adressen vermitteln können.

c) Farbige Folien

Gerade auf dem Gebiet des Lesens kommen aus den USA neue Erkenntnisse für eine bessere Steuerung der Blickbewegungen und der Fixation mit Hilfe von farbigen Folien. Man versucht, die sehr komplizierten Vorgänge im Gehirn beim Lesen zu verbessern, aber noch wissen wir zu wenig darüber.

Ganz wichtig erscheinen mir im Rahmen der elterlichen Hilfen die sog.

d) »brain-gym«-Übungen

Dies sind einfach zu lernende Bewegungen aus der Kinesiologie, die dem Bereich der Krankengymnastik, dem Yoga und der Akupressur entnommen wurden. Sie tragen zur Zusammenarbeit der beiden Hirnhälften bei. Die Übungen sollten ganz regelmäßig angewandt werden und helfen meist besonders dann, wenn sonst »gar nichts mehr geht«, wenn die berühmte Lernblockade eingesetzt hat. Versuchen Sie es dann z. B. mit der »liegenden Acht« (s. S. 47), über die Sie in den nachfolgend aufgeführten Büchern nachlesen können.

Viele gute Therapeuten, sehr viele Lehrer, ja sogar Logopäden, haben diese Übungen inzwischen übernommen. Ich selbst habe »brain-gym« zunächst für schlichten Hokuspokus gehalten und konnte an keine Wirkung glauben. Erst die vielen Pädagogen, die diese Methode erfolgreich im Unterricht anwandten, haben mich überzeugt.

Es gibt speziell ausgebildete Kinesiologen, bei denen Eltern und Kinder die »brain-gym«-Übungen lernen oder schwerer betroffene Kinder auch behandelt werden können. Aber auch hier gilt meine Warnung: erkundigen Sie sich sehr genau, wie seriös diese Therapieeinrichtung ist. An einem Wochenende kann man Kinesiologie mit Sicherheit nicht lernen und schon gar nicht die sog. »Muskeltestungen«, die ja auch noch etwas umstritten sind. Die meisten Eltern werden aber auch ohne therapeutische Unterstützung die wichtigsten Übungen aus den angegebenen Büchern lernen können.

Literatur (nur eine kleine Auswahl aus dem großen Angebot):
BALLINGER, E.: Lerngymnastik
DENNISON, P./DENNISON, G.: Braingym 1+2 als Kassette u. Lehrerhandbuch

e) Suggestopädie

Suggestopädie ist vertrauter unter dem Begriff: »Superlearning«. Zu den mir bekannten Entspannungskassetten des Superlearnings gehören aber auch Lehr- und Lernmethoden, wie z. B. das Lernen, während man Musik von Mozart, Haydn oder Beethoven hört und das Wiederholen des Gelernten bei langsamen Sätzen von Bach, Corelli, Albinoni und Vivaldi. Probieren Sie's einfach mal aus – schaden kann es nicht! (s. Kap. 21).

11. Psychomotorische Materialien

Wer psychomotorisches Fördermaterial, Spiele und Bücher sucht, kann sich auch direkt an die entsprechenden Adressen (s. Anhang) wenden. Dort hat man den Überblick über alles, was bewährt oder auf dem Markt neu ist. Das erspart mühsames Suchen bei den verschiedenen Verlagen und Geschäften.

Anmerkung: Weitere therapeutische Hilfen, wie z. B. auch durch PC-Programme, finden Sie im Kap. 24.

❏ *Anmerkung zum Schluß:* Für alle Hilfen in diesem Kapitel gilt: Ihr Kind und auch Sie müssen an diesen Übungen Spaß haben. Sie dürfen Ihr Kind zeit- und auch kräftemäßig nicht überfordern. Haben Sie kein schlechtes Gewissen, wenn es nicht klappt. Ich gebe Ihnen hier nur Anregungen, weil ich aus meiner Elternarbeit weiß, daß immer wieder nach solchen Hilfen und Übungen gefragt wird. Ich denke auch, daß Lehrer diese Trainingsmöglichkeiten in den Förderstunden sehr viel mehr einsetzen sollten.

Abschließender Rat:
Wenn Sie nun vor lauter Bäumen den Wald nicht mehr sehen, nicht wissen, was denn nun das Richtige für Ihr Kind ist, dann lassen Sie

sich von Legastheniefachleuten (evtl. auch Ihrem Landesverband) beraten.

Je mehr Sie sich aber selbst kundig machen, sich einen fundierten Überblick verschaffen, desto weniger besteht die Gefahr, auf falsche Ratschläge hereinzufallen oder Wichtiges zu versäumen.

17. Förderung und Hilfen während des normalen Unterrichtes

Ein Kapitel speziell für Pädagogen

Eines vorweg: **Allein Ihr Verständnis für die besonderen Lernbedingungen des Legasthenikers ist schon die größte Hilfe, die Sie geben können!** Die Situation für das Kind ist damit entspannter und erträglicher. Und alle anderen Hilfen ergeben sich nach und nach mehr oder weniger von selbst, je nachdem, wie intensiv Sie sich mit dieser Thematik befassen können.

Etwas aber möchte ich Ihnen besonders ans Herz legen: Suchen Sie den interdisziplinären Kontakt, um sich gemeinsam mit Eltern, Therapeuten und Ärzten über das teilleistungsgestörte Kind zu informieren, besonders dann, wenn Schullaufbahnentscheidungen anstehen. Zudem könnten in einem solchen Gespräch auch von Ihrer Seite wichtige Hilfen und Erleichterungen gegeben werden.

Wie dies während des Unterrichts und für die Hausaufgaben aussehen könnte, habe ich nachfolgend zusammengestellt. Erfahrenen Lehrern fällt sicher noch sehr viel mehr ein.

1. Hinweise zur Hilfestellung

Legastheniker sind nicht pflegeleicht

Das wissen wir. So können sich das Arbeits- und Sozialverhalten ganz schnell negativ verändern. Deshalb sind häufige Rücksprachen mit den Eltern notwendig.

In höheren Klassen kann sich die ursächliche Legasthenie so weit gebessert haben, daß Sie eigentlich nichts mehr davon bemerken. Trotzdem können die jahrelang erlittenen Frustrationen das Kind so geprägt haben, daß es bei jeder Klassenarbeit extremen Streß durchleidet und sich unerklärliche Leistungsblockaden einstellen. Möglicherweise ist dieser Schüler auch nur noch insofern verhaltensauffällig, indem er jeder geforderten Leistung ausweicht mit der

Begründung, er sei ja Legastheniker und könne das sowieso nicht. Manche beteiligen sich auch kaum noch am Unterricht, haben resigniert. Da fällt Ihnen, den Pädagogen, die sehr schwierige Aufgabe zu, dieses Kind wieder in die Normalität zurückzuführen, es den Umständen entsprechend zu fordern, ihm das Vertrauen in seine Fähigkeiten wiederzugeben. Ich weiß aus Erfahrungen, daß Lehrer das können!

Die ideale Sitzposition des Legasthenikers

Ein Kind mit zentraler Fehlhörigkeit (s. Kap. 3) sollte vorn in der ersten Reihe sitzen, und zwar am Rand mit dem Rücken schräg zur Wand. Dann trifft es der Geräuschpegel der Klasse nicht so direkt, und es gelingt ihm eher, die Stimme des Lehrers herauszufiltern. (Bitte nicht an die Fensterseite setzen, denn dort lauern wieder andere Geräuschquellen, die den Legastheniker ablenken!)

Legastheniker nicht an die Tafel

Legastheniker möglichst nicht an die Tafel holen, denn auch die liebste Lehrerin wird nicht verhindern können, daß die Klasse lacht, wenn der Legastheniker »Pläztchen« in »Pleztchen« verbessert. Diese Blamagen können verhindert werden. Es kommt erschwerend hinzu, daß den Legastheniker fast immer eine totale Denkblockade erfaßt, sobald andere auf das schauen, was er schreiben soll. Das geht auch erwachsenen Legasthenikern noch so.

Laut vorlesen

Legastheniker nur dann laut vorlesen lassen, wenn sie es selbst möchten, wenn der Übungsstoff gut abgestimmt ist mit den übenden Eltern und man sicher sein kann, daß niemand lacht oder sich lustig macht über die Lesefehler.

Fragen vorlesen

Bei Klassenarbeiten dem Legastheniker leise die Fragen vorlesen, damit er sie auch wirklich versteht, besonders wichtig für Textaufgaben.

Aufsätze

Legastheniker sollten Aufsätze o. ä. in einer Ecke des Klassenzimmers auf Tonband sprechen können.

PC

Eventuell die Verwendung eines Laptops zulassen, insbesondere für die Hausaufgaben.

Klassenarbeiten

Vorlagen für die Klassenarbeiten nach Möglichkeit **nicht** handschriftlich und nicht mit zu schwachem Druck anfertigen (s. Kap. 3). Man könnte sie auf DIN A 3 vergrößern, dann aber halbieren, damit das Kind mit dem zu großen Blatt nicht in Konflikt gerät. Oder einfacher: Über PC die Vorlage mit großer Druckschrift erstellen. Dann verschmieren die Buchstaben für den Legastheniker nicht so leicht.

Visuelle Probleme

Denken Sie an den »Blickbewegungsdschungel« (Kap. 3) und die sich daraus ergebenen Probleme auch mit Halten und Wiederfinden der Zeile! Mit Lesepfeil oder Lineal geht es besser. Und mit größerem Zeilenabstand ist es noch leichter für Legastheniker

Zeitverlängerung

Wenn es sich irgendwie organisieren läßt: geben Sie den betroffenen Kindern Zeitverlängerung, denn sie brauchen zu allem einfach länger, ob für's Lesen oder beim Schreiben.

Entspannungsübungen

► **Es würde keinem Kind schaden und dem Legastheniker sehr helfen, wenn Sie vor der Klassenarbeit eine kurze Entspannung oder »braingym«-Übungen (s. Kap. 16) durchführen würden.**

Allgemeine Hinweise

Ermunternde Bemerkungen unter die Arbeit! – Nicht die Fehler zählen, sondern die richtig geschriebenen Wörter unterstreichen und zählen – Freiwillige mündliche Zusatzaufgaben zulassen als Notenausgleich! – Im Klassenspiegel die Legastheniker nicht unter »Note 6« aufführen – Hausaufgaben auf einem Zettel mitgeben – Hausaufgabenerleichterung s. Kap. 20 – Eltern an Bundes- bzw. Landesverband Legasthenie verweisen – Entscheidungen in schweren Fällen nur in interdisziplinärer Abstimmung treffen! – Und ganz wichtig: Eltern nicht von vornherein die Fähigkeit absprechen, daß sie ihrem Kinde helfen können (s. Kapitel 19).

Und zum Schluß noch das **Wichtigste**: Fehler bitte keinesfalls rot anstreichen, denn so prägen sie sich erst recht ein. Zudem ist das leuchtende Schlachtfeld unglaublich deprimierend. Der Legastheniker öffnet sein Heft meist dann gar nicht mehr, weil er diese ständigen Niederlagen nicht ertragen kann und dem Nachbarn das viele Rot natürlich auch nicht verborgen bleibt, und schon weiß es die ganze Klasse!

Deshalb die Fehler bitte besser mit einem grünen Stift korrigieren oder in schweren Fällen zur oben genannten Alternative greifen und nur die richtig geschriebenen Wörter unterstreichen und zählen. Diese positive Bilanz spornt an. Mit der vorgeführten Fehlersumme dagegen läßt sich dies sicher nicht erreichen, denn an der Anstrengungsbereitschaft fehlt es bei noch nicht entmutigten Legasthenikern zunächst einmal sicher nicht.

2. Förderung während des Unterrichts

Während des normalen Unterrichts können Sie eine ganze Menge an Förderung unterbringen. Nachfolgend gebe ich Ihnen eine Aufstellung, die sicher von kundigen Lehrern noch ergänzt werden kann.

Deutschunterricht: Lautgebärden anwenden – Buchstaben- und Silbenübungen rhythmisch mit Bewegung und Klatschen üben – Grammatik tabellarisch anbieten – beim Lesen gleich zu Beginn der Stunde den Legastheniker drannehmen, falls der Text zu Hause gut geübt werden konnte (weitere Tips im Kap. »Hausaufgaben«) – Pencilgrip für die graphomotorisch gestörten Kinder.

Musikunterricht: Malen nach Musik, um das Hören auf »lang« und »kurz« (Doppelung – Dehnung) und auf »tief« oder »hoch« (Vokalunterscheidung) zu trainieren. »Peter und der Wolf« eignet sich dafür recht gut. Das Malen muß mit breiten Stiften auf großem Papier erfolgen. Rhythmikübungen – melodische Übungen.

Zeichenunterricht: Großflächiges Malen für die gestörte Graphomotorik – vorgegebene Muster übertragen lassen – gerade Striche von Punkt zu Punkt über das Blatt ziehen lassen (Überkreuzen der Körpermittellinie) – vorgegebene *abstrakte* Muster übertragen lassen (ist sehr schwer!).

Sport: Trampolinspringen (aber Vorsicht: gefährlich bei Legasthenikern mit unregelmäßigen Blicksprüngen, fehlendem räumlichen Sehen oder wechselndem Führungsauge) – Seilspringen – Balancieren – Hampelmann – Einbeinstand bzw. Einbeinhüpfen – gerade auf eine Matte legen – gerade durch einen

Raum laufen – alle Ballspiele, besonders auch mit mehreren Bällen (übt u. a. die Hand-Auge-Koordination) – alle rhythmischen Bewegungen nach Musik – Schaukeln (Achtung: Kindern mit gestörtem Gleichgewicht wird u. U. schlecht) – Krabbeln (Koordinationsübung zur Integration der Hirnhälften).

Achtung: Alle genannten Übungsmöglichkeiten fallen Legasthenikern meistens sehr schwer, deshalb entsprechend vorsichtig anwenden, um die Kinder vor dem Spott der Klassenkameraden zu schützen und um nicht Abwehr und Unlust zu provozieren. Bitte lesen Sie hierzu besonders die Kapitel 5 und 16.

3. Besondere Unterrichtsformen

Falls Sie sich mit NLP (Neurolinguistischem Programmieren) oder Suggestopädie (Superlearning) für den Unterricht beschäftigen wollen, finden Sie im Literaturverzeichnis entsprechende Bücher, ebenso, um Lernbehinderungen in der Schule zu erkennen und zu begegnen.

Nachfolgend möchte ich Ihnen einen Auszug aus dem Vortrag einer Pädagogin wiedergeben. Sie hat die Herausforderung durch einen schwer wahrnehmungsgestörten legasthenen Schüler angenommen und versucht, das Beste daraus zu machen.

4. Heidi Rupp: Erfahrungsbericht einer Lehrerin

1992 bekam ich nach den Sommerferien einen neuen Schüler in mein viertes Schuljahr. Dieser Schüler kam aus einer Sprachheilschule zu uns und war nach seiner Akte Legastheniker.
Du meine Güte, dachte ich, was kommt da auf dich zu? Ich wußte: Legastheniker machen furchtbar viele Rechtschreibfehler, schreiben nicht lautgetreu, vertauschen Buchstaben und Zahlen, lassen Buchstaben weg oder fügen welche hinzu, die nicht dazugehören. Eben das landläufige »Wissen« über Legasthenie.
Diesen neuen Schüler in der Klasse zu haben, war nicht einfach. Felix brauchte ständig mein Augenmerk, meine Hilfe, meine Zu-

wendung. Zum Beispiel, wenn es um die Ordnung auf seinem Tisch ging. Dort herrschte das Chaos: Hefte, Bücher, Stifte, Radiergummi, Schere, Brotdose, alles lag durcheinander, bedeckte den ganzen Tisch und ließ ihm kaum Platz zum Arbeiten. Sicher den meisten Lehrern ein vertrauter Anblick, wenn sie in eine Klasse kommen. Einer ist immer dabei, bei dem es so aussieht.

Dyspraktisch nennt man diese Kinder, weil sie nicht in der Lage sind, ihre motorische Tätigkeiten zu planen. Dyspraktische Kinder brauchen eine Anleitung, die geforderte Ordnung herzustellen.

Anfänglich habe ich natürlich gesagt: »Nun räum doch endlich mal auf! Beeil dich! Mach voran!« Und damit setzte ich ihn unter einen Druck, unter dem er gar nichts zustande brachte. Erst als ich in Jean Ayres' Buch: »Bausteine der kindlichen Entwicklung« das Kapitel über entwicklungsbedingte Dyspraxie gelesen hatte, wurde mir klar, daß Felix ein Problem mit seiner Bewegungsplanung hatte und das Aufräumen für ihn mit Schwierigkeiten verbunden war, die ihn daran hinderten, rechtzeitig seine Aufmerksamkeit auf den beginnenden Unterricht zu lenken. Auch sein langsames Um- und Anziehen beim Sportunterricht hing damit zusammen.

Dadurch, daß Felix seine Bewegungen nicht genau planen konnte, warf er beim Arbeiten auch häufig Stifte oder Hefte vom Tisch, ohne es zu wollen.

Beim Abschreiben von der Tafel tat sich Felix sehr schwer. Wenn die anderen Kinder schon fast fertig waren, hatte er den ersten Satz kaum angefangen. Zuerst hinderte ihn seine Dyspraxie daran, einen geeigneten Stift und einen Arbeitsanfang zu finden, dann kämpfte er damit, das Wort, das er von der Tafel abschreiben sollte, wiederzufinden, wenn er den ersten Buchstaben ins Heft übertragen hatte. Felix konnte sich eine Wortgestalt nicht als Ganzes merken und in einem Zug aufschreiben, er tat das Buchstabe für Buchstabe, suchte jedesmal wieder die richtige Zeile an der Tafel, das richtige Wort und dort seinen zuletzt geschriebenen Buchstaben. Man braucht nicht viel Phantasie, um sich vorzustellen, welch ein mühsames Geschäft das Abschreiben von der Tafel für ihn war. Hier lag sein Problem wahrscheinlich im Bereich der visuellen Verarbeitung, und somit war auch die visuomotorische Koordination gestört.

Ich ging dazu über, ihm eine Kopie des Abzuschreibenden neben sein Heft zu legen, was ihm die Schreibarbeit sehr erleichterte.

Wenn der Text erst in der Stunde entstand, schrieb Felix so lange, bis alle fertig waren, und ich schrieb ihm den fehlenden Rest ab. Oder ich kopierte in der Pause den Text eines Mitschülers und klebte ihn Felix ins Heft.

Um ihn bei der Schreibarbeit generell zu entlasten, ließ ich ihn immer weniger schreiben als die anderen. Ich reduzierte den Umfang von Übungssätzen oder Wortsammlungen für ihn und selbstverständlich die Menge der schriftlichen Hausaufgaben. Ich bat auch die Eltern, selbständig schriftliche Arbeiten zu kürzen, wenn sie merken sollten, daß er an diesem Tag damit überfordert war.

Eine verblüffende Steigerung seiner Schreibfähigkeit, was Schnelligkeit und auch Qualität des Schriftbildes anbelangte, erreichte er durch geturnte Überkreuzbewegungen aus der Edu-Kinestetik, die ich an den Anfang meines täglichen Unterrichts stellte. Offensichtlich sind diese Übungen sehr wirksam, auch ohne daß man an sie glaubt.

Beim Diktatschreiben hatte Felix zusätzliche Schwierigkeiten. Er konnte nur schwer aus dem Klangbild eines Wortes die Phoneme isolieren, sie mit den Normallauten assoziieren und dann in Schriftzeichen übertragen.

Ich bereitete für ihn Lückentexte aus dem zu schreibenden Diktat und ließ ihn nur eine übersichtliche Auswahl der Lernwörter einsetzen. Das gab ihm genug Zeit für das einzelne Wort, er konnte sie sich in Ruhe vorsprechen, die Laute abhören und aufschreiben.

Große Schwierigkeiten hatte Felix mit Konsonantenhäufungen und Zischlauten – be – br – gl – gr – schr – schl usw., denn diese Laute konnte er auch mit seinen Lautbildungsorganen Zunge – Lippen – Zähnen nicht exakt modulieren. Hier liegen wahrscheinlich Defizite im taktil-kinästhetischen Wahrnehmungsbereich vor, die speziell den Mundbereich mit den Sprechwerkzeugen betreffen. Zunge und Lippen werden beim Sprechen nicht richtig gespürt und nicht ausreichend und schnell genug bewegt. Solche Kinder fallen einem auf, weil sie beim Sprechen und Singen den Mund kaum bewegen. Sie merken nicht, wenn sie ihren Mund offenstehen lassen oder ob ihnen die Nase läuft. Meist bevorzugen sie auch weiche Speisen, was man manchmal an den Pausenbroten beobachten kann.

In Mathematik war Felix ein guter Rechner, jedoch brauchte er auch hier mehr Arbeitszeit als seine Mitschüler. Einmaleinsreihungen zu lernen und abrufbereit zu halten, war schwer für ihn, weil er Probleme in der Wahrnehmung zeitlicher Abfolgen hatte.

Dieses Problem behinderte ihn auch beim Lesen. Er vertauschte die Reihenfolge der Laute und verstand oft nicht den Sinn des Gelesenen.

Genaues Lesen mit exakter Sinnentnahme ist aber im Mathematikunterricht sehr wichtig – zum Beispiel bei Textaufgaben. Sollte Felix sie alleine erlesen, konnte er meistens die Aufgabenstellung nicht herausfinden. Er las, ohne den Inhalt zu verstehen. Las ich ihm den Text vor, erkannte er, was er rechnen mußte, und konnte mit der eigentlichen Arbeit beginnen. Ausreichende Arbeitszeit, oft über die Stunde hinaus, gab ihm die nötige Ruhe, eine Mathematikarbeit mit sicheren Ergebnissen abzugeben.

Eine andere Möglichkeit, eine schriftliche Mathematikarbeit zu entschärfen und dem Kind die Gelegenheit zu geben, seine Rechenfähigkeit und -fertigkeit zu beweisen, ist, einfach die Rechnungen für dieses Kind radikal zu kürzen. Fünf richtig gelöste Aufgaben zeigen auch, daß der Rechenweg verstanden ist. Nicht wahrnehmungsgestörte Kinder können durchaus in der gleichen Zeit den normalen Umfang einer Arbeit von vielleicht 30 Aufgaben rechnen.

Meine Kollegin Ursula Molitor und ich, die wir gemeinsam diesen Bericht ausgearbeitet haben, verdanken meinem Schüler Felix sehr viel. Er hat uns die Augen geöffnet für andere Problemkinder und unser Interesse geweckt, uns weiter zu informieren und Wissen anzueignen. Allerdings müssen wir nun auch mit dem Gefühl leben, daß uns früher sicher manches lese-rechtschreibschwache Kind mit seinen Wahrnehmungsstörungen sozusagen »durch die Lappen ging«. Wir haben es nicht adäquat gefördert, weil wir überhaupt nicht wußten, warum dieses Kind so schwer lernt, wo es doch sonst so aufgeweckt und interessiert war.

Wir haben in unserer Schule nun damit begonnen, schon die neu einzuschulenden Kinder auf ihre Wahrnehmungsfähigkeit hin zu beobachten und in unseren Unterricht Übungen einzubauen, die die Wahrnehmung trainieren oder die verschiedenen Wahrnehmungsbereiche koordinieren helfen.

Wir schauen uns die einzuschulenden Kinder zum Beispiel daraufhin an, ob sie die fünf sogenannten Vorläuferfunktionen nach Breuer-Weuffen beherrschen. Danach sind Schulanfänger dann gut auf das Lesen- und Schreibenlernen vorbereitet, wenn die sprachbezogene Wahrnehmungsleistung des Kindes – Verbosensomotorik genannt – gut entwickelt ist. Sie entscheidet nach Breuer-Weuffen darüber, wie schnell und gut ein Kind die Lautsprache – das Lesen – und die Schriftsprache – das Schreiben – erlernt.

In dieser etwa fünf Minuten dauernden Überprüfung wird auf folgende Kriterien geachtet:

- **Optische** Differenzierungsfähigkeit
- **Phonematische** Differenzierungsfähigkeit
- **Kinästhetische** Differenzierungsfähigkeit
- **Melodische** Differenzierungsfähigkeit
- **Rhythmische** Differenzierungsfähigkeit

Fallen uns bei der Überprüfung grobe Fehlleistungen auf, können wir den Eltern Hinweise geben, wie sie die noch verbleibende Zeit bis zur Einschulung nutzen können, um spielerisch an der Beseitigung der Differenzierungsschwächen arbeiten zu können.

Bei der Arbeit im ersten Schuljahr achten wir dann verstärkt darauf, daß beim Lernen möglichst alle Sinne des Kindes angesprochen werden.

Beim Lesen- und Schreibenlernen bieten wir einen neuen Buchstaben – zum Beispiel das O – über alle Sinne und besonders über die Bewegung an. Das Kind soll ihn mit seinem ganzen Körper und allen Sinnen erfassen und aufnehmen.

Im Mathematikunterricht werden die Zahlen in Schritten oder Hüpfern dargestellt, Zahlenreihen vorwärts und rückwärts abgegangen oder abgehüpft.

Zwischendurch machen wir motorische Koordinations- und rhythmische Klatschübungen, bei denen mit und ohne Musik Arme und Beine bewegt werden oder gesprochen und gesungen und dabei geklatscht wird.

Rhythmikübungen helfen Kindern beim Abzählen mit dem Finger. Viele Schulanfänger können nicht eindeutig mit dem Finger auf Elemente zeigen und sie abzählen, ohne zu einem falschen Zählergebnis zu kommen. Abzählverse zu sprechen und einem Kind dabei auf die Brust zu tippen, gelingt nur mit richtiger Rhythmisierung. Beim Silbentrennen muß man ein Wort richtig in seine Silben klatschen können oder die Silben in Schritten zur Seite gehen. Man muß wieder rhythmisieren.

Auch alte Fingerspiele »Himpelchen und Pimpelchen steigen auf einen Berg« oder »Das ist der Daumen, der schüttelt die Pflaumen« usw. kommen wieder zu Ehren.

Nachgewiesenermaßen helfen häufige Fingerübungen, besser zu sprechen, zu lesen und natürlich auch zu schreiben. Sammeln Sie selbst Erfahrungen damit, indem Sie vor Leseübungen verstärkt Fingerbeweglichkeitsübungen anbieten. Ich war auch überrascht von der Steigerung der Lesefähigkeit bei meinen schwachen Lesern im ersten Schuljahr.

Beim Lesenlernen und beim Lesenüben lasse ich immer mit dem Finger den Buchstaben und Wörtern folgen. Dem Kind fällt es nämlich leichter, mit seinen Augen dem sich bewegenden Finger zu folgen, als den Blick auf die unbeweglichen Buchstaben zu richten.

Im Sportunterricht sind wir davon abgekommen, große Geräteturnerei zu betreiben. Geräte werden natürlich angeboten und kennengelernt. Aber der Schwerpunkt der Arbeit in der Sporthalle liegt nun im Erlernen von Bewegungen, die miteinander verbunden werden zu komplexen Abläufen, die zeitlich nacheinander in einer bestimmten Reihenfolge ausgeführt werden.

Wir üben eine Bewegung – z. B. das Balancieren – zuerst auf den aufgemalten Linien in der Halle, dann auf ausgelegten Springseilen und Holzreifen, dann auf den Langbänken usw. Dann werden Balancierstrecken daraus aufgebaut, zwischen den Geräten wird gekrabbelt, gehüpft oder gelaufen. Dann werden beim Balancieren noch Gegenstände getragen, erst ein Ball, dann zwei, dann werden auf den Balancierstrecken noch Bälle überstiegen – man kann viel Phantasie entwickeln, das auszubauen und für die Kinder abwechslungsreich zu gestalten.

Auch Schaukelangebote kann man gut einbringen in den Sportunterricht. Nicht nur an Ringen und Tauen wird geschwungen und geschaukelt. Eine Turnmatte in zwei Holzreifen gesteckt, ergibt eine wunderbare Partnerschaukel. Außerdem gibt es natürlich auch viele Kleingeräte zu kaufen, wie die kleinen Halbkugeln, auf denen man das Gleichgewicht halten muß.

Jedesmal, wenn ich ein neues erstes Schuljahr übernehme, meine ich, daß immer mehr Schulanfänger schlecht vorbereitet sind auf die Schule, und zwar in dem Sinne, daß ihre Wahrnehmungsfähigkeiten nicht genug ausgebildet sind, die Integration ihrer Sinne nicht optimal ist und sie somit unweigerlich im schulischen Lernen Probleme bekommen werden. Es ist wohl noch viel Aufklärungsarbeit nötig, um die Wichtigkeit der täglichen Bewegung, des Lernens mit und durch Bewegung und des Lernens mit allen Sinnen wieder herauszustellen.

Etwas noch zum Schluß: Sie werden denken, daß Sie zwar viele der beschriebenen Hilfen geben können, daß Sie aber Schüler mit so schweren Wahrnehmungsstörungen, wie D. sie im nachfolgenden Brief beschrieben hat, nur selten in Ihrer Klasse haben. Das kann durchaus sein, denn wer so vollkommen versagt wie D., hat wenig Chancen in einer normalen Grundschule. Vielleicht aber können Sie doch – zusammen mit den Eltern – diesen Kindern helfen, sich in der für sie so feindlichen Welt Schule zurechtzufinden und zu »überleben«.

5. Dietrich Firnhaber: Offener Brief eines Legasthenikers an alle Pädagogen (1986)

Neulich habe ich in meinen alten Schulheften geblättert. Qualvolle Bilder stiegen vor meinen Augen auf. Nicht enden wollende Schulstunden, meine Unfähigkeit, überhaupt irgend etwas von dem verlangten Lese- und Schreibstoff zu verstehen, und die allgemeine Verzweiflung. Ich hatte überhaupt kein Gefühl für die einzelnen Unterrichtsstunden, begriff also gar nicht die Zeiteinteilung in meinem Stundenplan. Alles stellte sich als eine große diffuse Masse dar. So war ich also noch nicht einmal fähig, die einfachen Schwungübungen auszuführen oder dem Musikunterricht zu folgen.
Ich kann nicht sagen, ob ich mein schulisches Versagen im einzelnen bemerkte, allerdings empfand ich doch, daß ich zurückblieb und den Anschluß verpaßte. Daß diese meine erste Zeit bis hin zur 4. und 5. Klasse eine Welt ohne Buchstaben war, ist wohl nicht das Schlimmste gewesen, vielmehr, daß es eine Zeit der Diskriminierung schlechthin war und ich mich in einer Situation befand, die in jeder Hinsicht als ausweglos erschien.
Des Schreibens und Lesens nicht mächtig, besuchte ich die Schule. Es ist allerdings nicht nur die Erinnerung an die schreckliche Zeit,

die in mir aufkommt, sondern auch die Bewunderung denjenigen Lehrern gegenüber, die sich meiner angenommen haben, die versucht haben, aus meinen zerhackten Sätzen, den zerstückelten Wörtern und behindert durch meine Schrift, einen Sinn aus meinem Machwerk, das ich ihnen vorsetzte, zu entnehmen. Ich bin einigen unter meinen früheren Lehrern sehr dankbar, die, obwohl sie vielleicht nicht viel oder überhaupt nichts über Legasthenie wußten, doch Verständnis für mich hatten. Es ist nun einmal für einen Legastheniker fast unmöglich, bei einer solchen »Leistung« klarzumachen, daß er sich wirklich angestrengt hat und daß das Chaos nicht einer eingeschränkten Begabung entspringt. Gerade dies ist allerdings die Situation, die Schüler und Lehrer zur Verzweiflung treibt. Es erscheint leider häufig für alle, die mit dem Kind zu tun haben, daß es dumm und faul ist.

Leider bleibt diese Tatsache auch dem Legastheniker nicht verborgen und schon gar nicht den Klassen- und Spielkameraden. Ein neues Problem entsteht, eigentlich ein sekundäres, allerdings ein Problem, das in seiner Gewichtung die eigentliche Legasthenie übertreffen kann: die Verhaltensstörung und Depression.

Hätten damals meine Eltern und einige, wenn auch nicht genügend, Lehrer mich nicht unterstützt und meinen Glauben an mich selbst wieder aufgerichtet, so wäre ich mit Sicherheit in meiner Depression versunken.

Von einem Kind, dem gesagt wird, es sei dumm, das sogar von den Eltern seiner Spielkameraden mit seiner Behinderung gehänselt wird, von dem kann man nicht erwarten, daß es freudig arbeitet und daß es in der Lage ist, von allein die Fehler abzustellen.

In vielen leidvollen Gesprächen mit Kindern, die eigentlich fröhlich sein sollten, habe ich erfahren, daß Verständnis durch Lehrer, Eltern, Mitschüler und Umwelt eine der »Gehhilfen« für den Legastheniker zum Lesen, Schreiben und Rechnen ist.

Dankbar denke ich beim Blättern in meinen alten Heften an vier Deutschlehrer in der Schule, an einen Englischlehrer und die Lehrer, die sich mit mir große Mühe gegeben haben, mein Selbstvertrauen zu stärken und die Fähigkeiten eines resignierten Schülers zu wecken. Leider habe ich erfahren müssen, daß ein oder zwei verständnisvolle Lehrer allein nicht ausreichen, vielmehr kann einer, der ohne Verständnis ist, genügen, um das Kind zu zerstören.

Heute weiß ich, daß, um einem Legastheniker zu helfen, viel Mühe und Einsatz nötig sind und auch die Hilfe und Information von außen. Dies werde ich Ihnen gern, so gut ich kann, anbieten, weiß ich doch, wie viel von Ihnen und Ihren Kollegen abhängt.

18. Über den Umgang mit Lehrern.
Wie kann das Gespräch gelingen?

Ein Kapitel speziell für Eltern

Als Mutter von zwei Problemkindern verfüge ich über einen reichen Fundus an Erfahrungen zu diesem Thema: eine schlaflose Nacht vorweg, zum Frühstück nichts essen können, immer das belastende Gefühl, daß Mutter und Schüler dem Lehrer viel zusätzliche Arbeit verursachen, die Gewißheit, als besorgte Mutter dem Pädagogen auf den Wecker zu gehen, und auch der Gedanke, daß niemand so recht weiß, wie man mit diesen schwierigen Kindern eigentlich umgehen soll, mit Schülern, die durch jedes schulische Netz fallen.
In den Elterngesprächsgruppen Hessens üben wir deshalb dieses Gespräch, am besten im Rollenspiel. Mit Stichpunkten habe ich Ihnen übersichtlich zusammengestellt, was Sie bedenken und beachten sollten:
Verständnis zeigen für die schwierige Lage des Lehrers – Hilfe anbieten beim Entziffern von Klassenarbeiten – den eigenen Kummer und die Bedrückung eingestehen, dem Lehrer die Sorgen deutlich machen und ihn daran teilnehmen lassen – um Hilfe und um Unterstützung bitten – dann erst Information (keine Belehrung) über Legasthenie (evtl. Info-Material) – danken fürs Zuhören und für das Verständnis, falls das Gespräch gut lief.
Ganz wichtig: Auch Lehrer wollen gelobt werden! Tun Sie dies sofort, wenn Sie erfahren, daß der Lehrer Ihrem Kind eine Anerkennung oder eine Ermutigung ausgesprochen hat. Danken Sie ihm schriftlich oder mündlich und machen Sie im Gespräch klar, daß Sie ohne seine Unterstützung die Probleme nicht bewältigen können. **Es geht nur bei guter Zusammenarbeit von Schule und Elternhaus!**
Weiter ist wichtig: Gleich in den ersten Wochen nach der Einschulung zum Gespräch gehen – vorher Gesprächspunkte notieren – zu jedem Lehrer gehen, jeder hat andere Informationen über Ihr Kind – rechtzeitig gehen, nicht erst, wenn das Kind in den Brunnen gefallen ist und auch der beste Lehrer nichts mehr retten kann! Alle paar Wochen zum Kurzgespräch, evtl. auch nur telefonisch, um die oft

sehr schnell einsetzenden Verhaltensänderungen sofort aufzufangen! – Bei viel Unverständnis von pädagogischer Seite zunächst nach obigem Schema einen Brief schreiben und Informationen zum Thema Legasthenie beilegen. Erst dann um ein Gespräch bitten – berechtigte Beschwerden sachlich vorbringen. Es ist falsch, aus

❏ Angst vor Nachteilen für das Kind allen Ärger runterzuschlucken. Diese Nachteile treten weniger oft ein, als Sie annehmen. Für den Fall, daß alle Gespräche nichts nützen, bleibt Ihnen ein Beschwerdebrief und das Gespräch mit seinen Vorgesetzten bis hin zum Kultusministerium. Und schließlich auch eine Klage beim Verwaltungs-

▶ gericht. Alle diese Hinweise aber nur für den Notfall! Solche Schritte müssen sorgfältig überlegt und die Belastungen für das Kind abgewogen werden.

Manchmal allerdings, wenn die Fronten zu sehr verhärtet sind, hilft nur noch ein Schulwechsel. Es geht nicht darum, wer recht und wer unrecht hat – es geht um das Glück und oft genug auch um das Leben Ihres Kindes!

❏ Mit Nachdruck möchte ich nochmals auf den Punkt »Lob« hinweisen. Nach meinen Erfahrungen sehen Eltern beim Pädagogen schnell nur die für sie negativen Seiten. Es gelingt ihnen oft nicht, auch Positives beim Lehrer wahrzunehmen, es zu erwähnen und nicht als selbstverständlich hinzunehmen. So fühlt sich ein Pädagoge schnell in die Enge getrieben, weil er gewohnt ist, daß Eltern nur dann zum Gespräch kommen, wenn sie etwas auszusetzen haben. Das sollten Sie ändern!

Hinweis: Dies sind Vorschläge, wie Sie ein Gespräch führen können. Da jeder Mensch anders ist, lassen sich weder für Eltern noch für Pädagogen feste Regeln aufstellen. Nehmen Sie dies Kapitel als Anregung, wie man es machen könnte.

19. Wenn Mütter helfen.
Eine heilige Kuh wird geschlachtet
Ein Kapitel, das auch die Fachleute lesen sollten!

Dieses Thema »Mütter helfen ihren Kindern« ist außerordentlich konfliktbeladen. Müttern, die mit ihren Kindern arbeiten, werden folgende Aussprüche sehr vertraut vorkommen:
Die lieben Verwandten, Freunde, Nachbarn: »Nein, wie entsetzlich, du arbeitest jeden Tag mit deinem Sohn? Was kostet das für Nerven! Und das arme Kind, das muß ja ein Muttersöhnchen werden!«
Die Pädagogen: »Nein, entsetzlich, schon wieder eine überbesorgte Mutter. Das arme Kind, das kann ja nie selbständig werden, sie nimmt ihm ja alles ab!«
Die anderen Fachleute (Ärzte, Psychologen, nicht alle – aber immer noch zu viele): »Nein, diese starke Mutterbindung, die dabei entsteht, unverantwortlich. Das kann nicht gutgehen!«
Nicht wahr, das ist Ihnen alles vertraut! Und die meisten von uns hat es verunsichert, stark verunsichert und geärgert. Ein Muttersöhnchen wollen wir alle nicht haben! Aber das Kind ohne Hilfe lassen? Sie merken doch täglich, wie es verzweifelt versucht, mit dem Schulstoff fertig zu werden.
Und so sind wir in unserem Konflikt hin- und hergerissen: auf die Umwelt hören und nicht helfen oder Ohren auf Durchzug stellen und das tun, was man selber für wichtig und nötig erkannt hat.
Ich denke, wir müssen hier dringend einmal Klarheit schaffen, sozusagen eine »heilige Kuh« schlachten – es ist sogar höchste Zeit dafür, denn ich habe in meinen Elterngruppen immer wieder diese verunsicherten Mütter erlebt, die nicht den Mut hatten, etwas zu tun, was die Umwelt verdammte. Schließlich weiß ich aus eigener Erfahrung, wieviel Kraft es erfordert, sich gegen eine gängige Meinung durchzusetzen.
Deshalb sollten sich die Mütter, die Zeit, Geduld und Möglichkeiten haben, ihren Kindern intensiv zu helfen, einmal etwas klarmachen, worüber auch ich erst sehr spät nachgedacht habe. Erst als

kürzlich wieder eine Expertin (Kinderärztin und Psychotherapeutin) warnend von der zu starken Mutterbindung sprach, brachte dieser Ausspruch eine Lawine in mir ins Rollen. Er zwang mich nach so vielen Jahren der Diskriminierungen über ein Problem nachzudenken, das gar keins ist oder besser gesagt: gar keins sein sollte, denn das, was uns mit unseren hilfsbedürftigen Kindern verbindet, das ist doch nur eine Art **Notgemeinschaft**, ein **Zweckbündnis auf Zeit**, das entstanden ist, weil unser Kind uns und unsere Hilfe dringend braucht!

Diese Gemeinschaft, diese Bindung zwischen Mutter und Kind, hat aber doch überhaupt nichts zu tun mit der pathologischen überstarken Bindung einer neurotischen Mutter an ihr Kind. Diese Fälle, die die Fachleute meinen, wenn sie von »Muttersöhnchen« und »unselbständigen Kindern« sprechen, treten ein, wenn eine Mutter ihr Kind nicht loslassen kann, weil sie selber psychische Entwicklungsstörungen hat, weil sie krank ist.

Für uns Mütter von legasthenen Kindern aber sieht es doch ganz anders aus. Unsere »Notgemeinschaft« mit unserem Kind hat andere Wurzeln. Wir helfen unserem bedrohten Kind, das allein nicht zurechtkommen kann, das ohne unsere Hilfe verloren wäre. Wir tun intuitiv doch nur das, was jede Mutter im Tierreich tun würde, die ihrem in Not geratenen und bedrohten Kind hilft. Und schließlich wird doch auch einem Kind mit sichtbarer Behinderung (Rollstuhl, Seh- oder Hörstörung) so lange geholfen, bis es allein leben kann mit seinem Handicap. Für eine Legasthenie als eine nicht ohne weiteres sichtbare Behinderung müßte dies ebenso gelten!

Und ganz von selbst wird sich später dieses enge Verhältnis auch wieder lösen, dann nämlich, wenn unser Kind gelernt hat, mit seinem Handicap zu leben. Die Mütter, die ich kenne, die trotz Bedenken ihrer Umwelt ihren Kindern stark geholfen haben, sie behielten auch alle über die Pubertät hinweg eine vertrauensvolle und verstehende Beziehung zu ihrem Kind. Wir sind über Jahre hinweg im Gespräch miteinander geblieben, wir haben Schweres miteinander durchgestanden, wir können auch spätere Klippen ganz anders angehen und meistern.

Wenn dann unser Kind gelernt hat, ohne unsere Hilfe zu leben, werden wir froh sein, nun auch wieder frei zu sein für anderes, für neue Aufgaben, Hobbys oder was immer wir uns wünschen. Sicherlich kann dies nicht für alle Mütter gleichermaßen gelten. Es ist aber meine feste Überzeugung und auch Erfahrung aus der jahrelangen Elternarbeit, daß oftmals einfach nur der Mut und die Unterstützung fehlen, Ungewöhnliches zu tun, sich nicht durch die üblichen Vorurteile abhalten zu lassen. Der Erziehungswissenschaftler Michael Atzesberger hat ganz eindeutig klargestellt, daß es ein »Verstoß gegen die Lernhilfeverpflichtung des Lernhelfers sei, wenn man das Kind der eigenen Ratlosigkeit überlassen würde«.

❑ Ob allerdings die Mutter auch immer der richtige Lernhelfer ist, steht hier nicht zur Debatte. Darüber wird sich jede Mutter selbst klarwerden müssen – und die meisten Mütter können dieses Problem auch sehr gut einschätzen.

Dennoch gibt es da noch ein weiteres Hindernis, das helfende Mütter zu bewältigen haben. Ich meine die vielen Legasthenietherapeuten der überwiegend pädagogischen Fachrichtung, die meist aus ganz anderen Gründen als die Psychologen den Eltern abraten, dem Kind zu helfen, und sei es auch nur bei den Schularbeiten. Aus meiner Sicht gibt es für diese ablehnende Haltung der professionellen Helfer gegenüber den Müttern (und oft leider auch gegenüber den Lehrern) vor allem zwei Gründe:

Die professionelle Kontrolle darf nicht angetastet werden, denn die soziale Position der professionellen Helfer wird bedroht und gemindert, wenn Mütter deren Arbeit selbst übernehmen können. So kommt es vielfach zu einem Konkurrenzverhalten gegenüber helfenden Müttern, denn schließlich haben sie – die Therapeuten – eine Ausbildung und müssen ihre Brötchen damit verdienen.

❑ *Und das Wichtigste:* Viele Therapeuten sind sozusagen »betriebsblind«, denn sie sehen meist nur bestimmte Fälle. Die Erklärung dafür ist sehr einfach: Die Mütter, die ihnen die Therapie ihres Kindes überlassen, fühlen sich überfordert aus fachlichen, zeitlichen (Berufstätigkeit) oder gesundheitlichen Gründen. Mutter und Kind »haken« sich schon bei den Hausaufgaben, es gibt fast täglich Tränen und Wutausbrüche auf beiden Seiten. In solchen Fällen ist es sehr vernünftig, die Therapie einer Fachkraft zu überlassen. Der Therapeut nun aber sieht folglich immer nur die Mütter, die es allein nicht schaffen, und kommt ganz logischerweise zu der Erkenntnis: »Mütter können das eben nicht!« Leider lernt er ja die Mütter nicht kennen, die – der überwiegend vorherrschenden Lehrmeinung zum

Trotz – es tatsächlich schaffen, ihr Kind zu fördern, ihm zu helfen, ohne daß es zu dramatischen familiären Situationen und zu einem seelischen »Knacks« auf der einen oder anderen Seite kommt!

Und was die angebliche Unselbständigkeit betrifft: das können Sie selbst steuern! Geben Sie Ihrem Kind frühzeitig die Möglichkeit, sich selbständig einen Lebensbereich zu erobern, der mit Schule nichts zu tun hat.

So fing z. B. mein ältester Sohn mit 14 Jahren an, sich als ehrenamtlicher Jugendgruppenleiter bei der evangelischen Kirche ausbilden zu lassen. Ganz, ganz langsam wuchs er über Jahre in die Verantwortung hinein, erlebte, daß weder Lesen noch Schreiben wichtig sind, wohl aber kameradschaftliches Verhalten, Sorge, Verantwortung und Hilfe für die Schwächeren. Er lernte, selbständige Entscheidungen zu treffen, er wurde gebraucht und erfuhr, daß es schön sein kann, anderen zu helfen. Noch heute ist er dieser Aufgabe verbunden, half bei der Ausbildung neuer Gruppenleiter und war über viele Jahre hinweg im Vorstand dieses evangelischen Jugendhilfswerkes tätig.

Mein zweiter Sohn ging mit knapp 16 Jahren in die Jugendorganisation einer Partei, wurde Referent für Menschenrechte, übernahm die verschiedensten Aufgaben bis hin zum Chefredakteur, wobei allen klar war: D. kann zwar denken – aber schreiben kann er es nicht! Es galt zu organisieren und sich in die Arbeit einer Gruppe einzufügen, Verantwortung für bestimmte Bereiche und Abläufe zu übernehmen. Auch D. ist heute noch mit dieser Arbeit verbunden.

Mit diesen Beispielen möchte ich Ihnen einen Anstoß geben zum Nachdenken über Wege und Möglichkeiten, die auch Ihrem Kind helfen können, neben der zeitweise notwendigen Abhängigkeit von der Mutter ein eigenes Leben, eine eigene Selbständigkeit aufzubauen.

Ich hoffe, ich habe die »heilige Kuh« für Sie schlachten können!

Zur Ehrenrettung einiger Therapeuten (leider noch viel zu wenigen) möchte ich aus meinen Erfahrungen der letzten Jahre heraus aber betonen, daß immer mehr merken: Es geht ohne die Mithilfe der Eltern nicht! Auch die Therapeuten haben gemerkt, daß tägliche Übungen mit der Mutter, kontrolliert vom Fachmann, besser und wirkungsvoller sind, als wenn Mutter und Kind einmal wöchentlich zur Förderung hetzen und sonst die Zügel schleifen lassen. Sie leiten deshalb die Mütter an und kontrollieren alle paar Wochen das Erreichte.

Eine solchermaßen betreute Therapie ist aus meiner Sicht geradezu ideal!

20. Hilfe: Hausaufgaben!
Ein Kapitel für Eltern und Lehrer

Professor Michael Atzesberger hat gesagt: »Solange jemand Hilfe braucht, soll sie ihm gegeben werden.«

❏ **Und Legastheniker brauchen Hilfe! Sie müssen in erster Linie von zuviel Schreibarbeit entlastet werden, damit ihnen die Arbeitsfreude erhalten bleibt und damit sie die richtigen Arbeitstechniken lernen.**
Die Mithilfe der Eltern sollte sich **nie** nur auf die Frage beschränken, ob die Hausaufgaben auch gemacht wurden. Auch eine bloße Kontrolle der Schularbeiten wäre falsch. Beides hilft Ihrem Kind nicht, bringt Sie und den Legastheniker nur in unnötige Konfrontationen und wäre wenig förderlich für ein harmonisches Familienklima, das der Legastheniker so dringend braucht.

❏ Wenn Eltern sich also um die Hausaufgaben kümmern wollen, dann muß es durch echte Mithilfe sein.

1. Welche Eltern können helfen?

Grundsätzlich kann jeder helfen – aber:

❏ Das Verhältnis zum Kind muß noch ungestört sein!

❏ Eltern müssen Zeit haben! Wenn Sie beide voll berufstätig sind, wird eine Mithilfe nicht möglich sein.

❏ Eltern müssen Geduld haben. Die Arbeit mit dem Legastheniker ist mühsam.

❏ Eltern müssen Einsicht und Einfühlungsvermögen in die komplizierte Situation ihres Kindes besitzen und die Schwierigkeiten akzeptieren.

❏ Und lesen Sie das Vorwort noch einmal, **bevor** Sie beginnen.
Immer wieder aber wird man diesen Eltern sagen, sie dürften dem Kinde nicht helfen. Sie würden damit ihr Kind nur in eine verhängnisvolle Abhängigkeit bringen und nur noch leistungsfordernde El-

tern sein. Wer so denkt, hat die Hilfe für das legasthene Kind vollkommen falsch verstanden (s. Kap. 19).

❑ **Notwendige Hilfe sollte nicht versagt werden, wenn man sie geben könnte. Eltern fordern keine Leistung, sondern helfen ihrem Kind, die von der Schule geforderte Leistung zu erfüllen.**

Mir selbst blieb damals nur die Wahl zwischen der Sonderschule für meine Kinder oder meinem totalen Einsatz. Und ebenso, wie ich anfangs meinem Kind beim Schuheputzen helfe, damit es lernt, wie man es richtig macht, so helfe ich ihm auch bei den Hausaufgaben, bis es selbstsicher genug ist, sie alleine machen zu wollen. Dieser Zeitpunkt kommt bestimmt. Meine Söhne fingen beide in der 8. Klasse an, selbständig arbeiten zu wollen.

❑ **Versuchen Sie aber nie, diesen Zeitpunkt des Selbständigwerdens zu früh herbeiführen zu wollen.**

Mit dem Satz: »Nun versuch es doch einmal allein« stürzen Sie Ihr Kind nur wieder in die alten Ängste, es nicht schaffen zu können!

❑ Niemand darf Eltern verurteilen, die aus mancherlei guten Gründen ihrem Kind nicht helfen können. Auch sollte Ihr Kind entscheiden, mit wem es lieber arbeiten möchte, mit dem Vater oder der Mutter. Haben Sie sich aber entschlossen, dann ist noch eines sehr wichtig: **die innere Einstimmung!**

Kalkulieren Sie in Ihren Zeitplan von vornherein ein, daß Sie während der Hausaufgaben nichts anderes erledigen können und auch nicht gestört werden dürfen.

Ich gab meinen Kindern das Gefühl, in dieser Zeit ganz für sie dazusein. Ich las keine Zeitung dabei, machte keine Handarbeit, kümmerte mich nicht um Telefon- und Türklingel. So »eingestimmt« wird diese Zeit nicht als verloren betrachtet oder als zu große Belastung empfunden. Ich hatte mich ja darauf eingestellt und für diese Zeit nichts geplant. Störungen, die durch Geschwister und sonstige familienbedingte Gegebenheiten eintreten können, lassen sich mit gutem Willen und Organisation fast immer vermeiden. Es ist eben wirklich eine Frage der Einstellung: »Wer braucht zu diesem Zeit-
❑ punkt meine Hilfe am nötigsten?«

2. Was ist grundsätzlich bei allen Hausaufgaben zu beachten?

a) **Der Legastheniker wird nur in den seltensten Fällen genau wissen, was er an Hausaufgaben zu machen hat.** Dahinter steckt ganz gewiß keine böse Absicht. Die Hausaufgaben werden zumeist erst am Ende der Stunde angesagt. Die Klasse ist schon unruhig und laut, der Legastheniker erschöpft und erlöst, diese Stunde geschafft zu haben. Die Stimme des Lehrers dringt gar nicht mehr bis zu ihm durch. Also verkündet das Kind zu Hause mit gutem Gewissen, es habe wirklich gar nichts auf! Bedeutet das doch: eine Quälerei weniger!

Oder aber: Beim Notieren der Schulaufgaben ist der Legastheniker nicht fertig geworden. Er schämt sich, das eingestehen zu müssen.

Oder aber: Er hat von der Tafel falsche Seiten und Abschnitte abgeschrieben. Er macht die verkehrten Aufgaben, zu viele oder zu wenige.

Sicher versteht jeder, daß auch ein liebevoll eingerichtetes Aufgabenheft hier nicht die Lösung der Probleme sein kann.

Abhilfe: Erkundigen Sie sich nach den Hausaufgaben bei den Eltern eines Schulfreundes oder bei dem Freund bzw. der Freundin selbst, erklären Sie, warum Ihr Kind seine Hausaufgaben nicht aufschreiben kann (sehr wichtig!). Notfalls läßt sich auch mit den Lehrern die Abmachung treffen, daß sie einen Zettel mit den Hausaufgaben möglichst unauffällig mitgeben, denn jede mögliche Demütigung Ihres Kindes muß vermieden werden!

b) **Schreiben Sie Namen und Titel selber auf Hefte und Bücher.** Das legasthene Kind hat fast immer eine sehr schlechte Handschrift, schreibt auch seinen eigenen Namen oft noch verkehrt, ebenso die Fachbezeichnungen. Um ihm eine Rüge wegen unordentlicher Heftführung oder den Spott der Klassenkameraden zu ersparen (»Der kann ja noch nicht einmal seinen Namen richtig schreiben!«), nehmen Sie ihm diese Arbeit ab, allerdings nur dann, wenn Ihr Kind damit einverstanden ist!

❑ c) **Das Wichtigste: Nehmen Sie in jedem Fach Ihrem Kind soviel Schreibarbeit ab wie nur irgend möglich!** Sie verhindern so die

Überforderung des Kindes, erhalten die Arbeitsfreude, gewinnen Zeit für Hobbys und die leider notwendigen Übungen.

Natürlich müssen Sie den Lehrer darüber genau informieren. Er wird es dann auch einsehen, denn Legastheniker erfüllen ihr Soll an Schreibübungen im Legastheniekurs.

❏ **Ich setzte unter jede Hausarbeit der Kinder meine Unterschrift, das Datum und die benötigte Arbeitszeit. In einem Extraheft notierte ich, wie lange und mit welchen legasthenischen Übungen die Kinder jeden Tag beschäftigt waren.**

Dies bewies Lehrern und Mitschülern zur Genüge, daß die Kinder mehr und länger zu arbeiten hatten als alle anderen. Hausaufgaben sind für alle Beteiligten eine sehr belastende Angelegenheit. Es geht aber kein Weg daran vorbei. Und darum versuchte ich, das Übel so klein wie nur irgend möglich zu halten.

❏ d) **Pausen:** Fast ebenso wichtig wie die Entlastung von zuviel Schreibarbeit sind die Pausen. Wie viele man einlegen muß und wie lang sie sein sollten, das ist bei jedem Kind anders. Aber es ist besser, zwei Pausen zuviel zu machen als eine zuwenig. Bei meinen Kindern hat oft genügt, wenn ich sie zwischendurch mal in die Arme nahm und wir Pläne schmiedeten für die Zeit nach den Schularbeiten. Zum Thema Pausen finden Sie im Buch von W. Endres »So macht Lernen Spaß« noch wichtige und interessante Hinweise. Und wie man sich bei den Hausaufgaben außerdem ein bißchen entspannen kann, erfahren Sie aus dem Kap. 16.

e) **Computer:** Für die meisten älteren Schüler wäre die Erlaubnis der Schule, einen PC zu benutzen, eine sehr hilfreiche Sache. Schreiben geht sehr viel schneller, denn der Buchstabe muß nicht gemalt, sondern nur getippt werden, was besonders für die graphomotorisch gestörten Kinder sehr erleichternd ist. Das Schriftbild ist klarer, also werden Fehler besser gefunden. Die Korrektur entstandener Fehler ist schnell erledigt. Die Übersichtlichkeit der erstellten Arbeit gelingt leichter.

f) **Belohnungen:** Sie sind das Allerwichtigste! (s. Kap. 13)

3. Konkrete Hilfen für jedes Fach im Grundschulbereich

❑ **Aufsätze:** Die Aufsätze legasthener Kinder sind meist jahrelang kümmerliche Produkte. Sie benutzen nur kurze, einfache Wörter, damit sie Fehler vermeiden können und schneller fertig werden. Sie umgehen längere Sätze und erst recht die Nebensätze, weil sie den Überblick über ihr Geschriebenes gar nicht haben und das Komma fürchten.

▶ Es ist aber unerläßlich und für die ganze Schulzeit von großer Wichtigkeit, daß die Legastheniker lernen, gute Aufsätze zu schreiben. Es ist oftmals die einzige Möglichkeit, die Deutschnote zu verbessern. Deshalb verwandte ich sehr viel Zeit auf das Aufsatztraining und verstieß mit meinem Verhalten auch sicher gegen jede pädagogische Regel. Aber das bedrückte mich nicht – und der Erfolg hat mir recht gegeben.

Ich ließ mir zunächst von den Kindern den Gedankengang ihres Hausaufsatzes erzählen. Dann haben wir Satz für Satz »erarbeitet«. Ich ermunterte meine Kinder, für die monotonen »Daß-wenn-und-aber-ist-Sätze« bessere Formulierungen zu finden. Ich selbst schrieb dann das, was sie mir sagten, ins Heft oder tippte es mit der Ma-

❑ schine und klebte es ein. **Darunter kam stets der Vermerk: »Vom Kind diktiert«, die benötigte Zeit und meine Unterschrift.** So habe ich vermieden, daß aus Abneigung gegen die viele Schreibarbeit zu kurze und stilistisch schlechte Aufsätze geschrieben wurden. Ich vermied damit auch die verhaßten und zwecklosen Verbesserungen. Die Kinder lernten, auf vollständige Sätze zu achten (großes Problem!) und auf die genaue Durchführung ihres Gedankenganges. Alles machte sich in späteren Schuljahren bezahlt. Ich erreichte außerdem mit diesen Aufsatzübungen für alle Fächer eine bessere

▶ Formulierung und Ausführung ihrer Gedanken. Daß man den Kindern mit einem »Elternaufsatz« keinen Gefallen tut, braucht wohl nicht erwähnt zu werden.

Weniger gute Erfahrung machte ich mit »Kassettenaufsätzen«. Die Kinder benutzten ihre Umgangssprache, und meist gerieten die Texte zu lang. Sie mußten ja nichts selbst schreiben!

Manche Eltern schreiben auch alles vor und lassen dann die Kinder abschreiben. Ich halte diese Praxis, die leider sehr üblich und verbreitet ist, überhaupt nicht für empfehlenswert. Die Kinder werden nur unnötig ermüdet, einen Lerngewinn erreicht man mit sturem Abschreiben keineswegs, und außerdem könnte diese Zeit dringend für wichtige Übungen genutzt werden.

❏ Die **Verbesserung** in der Schule geschriebener Aufsätze ist eine Qual. Die vielen Rechtschreibfehler berichtigen zu lassen, oft auch noch jedes Wort dreimal, ist ganz und gar zwecklos! Es entstehen nur neue Fehler. Und Lerngewinn erzielt der Legastheniker mit der Fehlerberichtigung auch nicht, denn er haßt jedes fehlerhaft geschriebene Wort. So habe ich mich in manchen Fällen mit dem Deutschlehrer darauf geeinigt, daß mir die Kinder nur die unvollständigen und mißratenen Sätze in richtiger Form diktiert haben.

❏ **Lesen:** Genau und flüssig lesen zu können ist für alle Fächer ebenso wichtig wie die Aufsatzübungen. Fast nie aber wird ein Legastheniker in der Lage sein, den aufgegebenen Lesestoff zu bewältigen. Um die notwendigen Leseübungen trotzdem ausführen zu können, vereinbarte ich mit dem verständnisvollen Lehrer folgendes: Wir übten nur so viele Zeilen, wie ich erfahrungsgemäß in ungefähr einer Viertelstunde schaffen konnte. Diese Zeilen übten wir gründlich. Wenn es geht, sollte man die Fibel oder das Lesebuch selbst besitzen, um schwierige Wörter mit Silbenbögen versehen und mit Leuchtmarkern anmalen zu können. Den Lehrer bat ich, unser Kind gleich zu Beginn der Lesestunde und nur mit den geübten Zeilen lesen zu lassen. Das war sehr erfolgreich. Unser Sohn bekam Spaß am Lesen und übte freiwillig mehr als verlangt wurde.

❏ **Auswendiglernen von Gedichten:** Da unsere beiden Kinder eine wirklich schwere Lesestörung hatten, sprach ich ihnen die Texte so lange vor, bis sie mitsprechen und alles schließlich auswendig konnten. Natürlich wäre es weniger zeitaufwendig, das Gedicht auf Kassette zu sprechen und die Kinder abhören zu lassen. Ich hatte aber das Gefühl, die persönliche Übermittlung mit dabei ausgesprochenem Lob und mit Ermutigung ließ die Kinder schneller lernen, als wenn sie eine Kassette abhörten.

❏ **Diktate:** Diktate zu üben und zu verbessern kommt hoffentlich nicht häufig vor. In den Erlassen ist vorgesehen, daß lese-rechtschreibschwache Kinder nicht mitzuschreiben brauchen. Manchmal wollen

❏ Kinder aber mitschreiben und dafür üben. **Bei schweren Legasthenien muß unbedingt davon abgeraten werden!** Die Kinder sind weit hinter dem Leistungsstand der Klasse zurück und würden nur entmutigt, wenn sie Dinge übten, die sie noch nicht können. Ich mußte das damals leider tun, weil es den Erlaß noch nicht gab. Wir haben verzweiflungsvolle Stunden mit dem sinnlosen Üben verbracht. Und dann war das mühsam Geübte zumeist nach drei Tagen wieder vergessen, also in der Tat eine ganz und gar unnötige Anstrengung.

▶ Bei leichteren Legasthenien sollte man nur die Wörter üben, die dem Kind keine Schwierigkeiten bereiten. Bitten Sie den Lehrer, die richtig geschriebenen Wörter zu unterstreichen und keinesfalls die Fehler!

❏ Kinder wollen Erfolge sehen. Deshalb malte ich auf Millimeterpapier eine Kurve mit der Anzahl der richtig geschriebenen Wörter. Meist ergibt sich ja von Mal zu Mal eine Besserung. Sollte einmal ein Rückfall eintreten, kann man das Kind trösten mit einem zu schweren Text, zu großer Müdigkeit oder ähnlichen Ausreden und den Kurvenabfall »unterschlagen«. So »geschönt« zeigt die Linie immer eine tröstende Aufwärtstendenz.

❏ **Grammatikübungen:** Alle Übungen, die im Deutschunterricht das Bilden von Sätzen erforderten, ließ ich die Kinder mündlich machen und mir ins Heft diktieren. Ebenso verfuhr ich mit den Einsatzübungen ins Arbeitsbuch. Mit den trickreichen Regelübungen waren sie fast immer überfordert. Wenn Ihr Kind die zu übende Schwierigkeit, also etwa die Doppelung oder Dehnung, im Legasthenie-Förderkurs noch nicht behandelt hat, sollte man sie ihm ersparen. Dafür beschäftigt man sich besser mit den Regelübungen, die in der Legasthenie-Therapie gerade aktuell sind.

Häufig trauen sich Mütter die grammatischen Übungen nicht zu, weil sie dieses »vertrackte« Gebiet auch nicht mehr beherrschen. Trösten Sie sich: das ist uns allen so gegangen! Erst zusammen mit unseren Kindern haben wir alle Regeln gelernt und später genauso wieder vergessen!

❏ **Rechnen:** Bei einer schweren Legasthenie muß man immer auch beim Rechnen größere Probleme erwarten. Grundsätzlich kann man es allen Kindern erleichtern, indem man selber die Rechenaufgaben vom Buch ins Heft überträgt. So werden Abschreibfehler und damit unnötige Rechenfehler vermieden. Es entfällt außerdem damit, daß die Kinder schon vor dem eigentlichen Rechenvorgang zu sehr ermüden. Das Rechenergebnis einzutragen ist schon Arbeit genug!

So blieb ich auch während des Rechnens bei meinen Kindern, um Fehler gar nicht erst entstehen zu lassen. Es ist so entmutigend, wenn sie alles noch einmal machen müssen.

❏ **Die Textaufgaben** habe ich zunächst den Kindern deutlich vorgelesen. Dann las ich sie mit ihnen zusammen, und wir malten die Textstellen, die für das Verständnis der Aufgabe wichtig waren, mit Leuchtmarkern an. Textaufgaben bleiben fast immer problematisch. Deshalb lohnt sich jede Mühe!

❏ **Beim Kopfrechnen** braucht man viel Geduld. Legastheniker neigen dazu, auf komplizierten Umwegen zum Ergebnis kommen zu wollen. Dabei bleiben dann immer ein paar Zahlen auf der Strecke (schlechtes Kurzzeitgedächtnis).

Über die Schwierigkeiten, die ein Legastheniker sonst noch beim Rechnen haben kann, erfahren Sie mehr in den Kapiteln 6, 9 und auf Seite 187 dieses Kapitels.

❏ **Die Sachfächer:** In allen Fächern wie Erdkunde, Biologie usw. habe ich meinen Kindern auf folgende Weise geholfen: Alle Texte, die sie durchlesen mußten, habe ich ihnen vorgelesen. Dabei schrieb ich mit großer, deutlicher Schrift Stichpunkte auf ein Blatt. Nach diesen Stichpunkten lernten sie dann.

Meist müssen Fragen schriftlich beantwortet werden. Ich las die Fragen vor und ließ mir ihre Antworten ins Heft diktieren.

4. Konkrete Hilfen für jedes Fach im Sekundarbereich

Ein *Tip* vorweg, der Gültigkeit für alle Fächer im Sekundarbereich hat: Unser am schwersten betroffener Sohn, der auch in höheren Klassen noch Schwierigkeiten beim schnellen Mitschreiben diktierter Texte hatte, borgte sich das Heft eines »guten« Mitschülers und fertigte noch in der Schule eine Fotokopie an. Er vermied auf diese Weise nicht nur legastheniebedingte und für das Verständnis oft sehr folgenreiche Fehler, sondern lernte auch, wie man geordnet und übersichtlich schreibt, und hatte damit dann auch gleich Anhaltspunkte für die weitere Ausarbeitung eines solchen Schriftstückes. Sicherlich ist auch Ihnen aufgefallen, daß Legastheniker große Schwierigkeiten mit der Raumaufteilung und der übersichtlichen Gliederung eines Blattes oder Textes haben. Nach meinen Erfahrungen läßt sich dies aber bis zu einem gewissen Grade lernen.

❏ Deshalb kann eine gute Vorlage außerordentlich nützlich sein, auch im Hinblick auf die Notengebung, denn immer – auch im eventuellen späteren Studium – wird einer klar gegliederten und räumlich gut aufgeteilten Arbeit der Vorzug gegeben.

❏ **Aufsätze:** Solange noch Hausaufsätze geschrieben werden, sollte man die Gelegenheit nutzen. Anfangs kann man vorgehen, wie ich es im Abschnitt »Aufsätze« für den Grundschulbereich vorgestellt habe. Später wird die Schreibtätigkeit die Kinder nicht mehr so belasten, und doch wird man ihnen helfen müssen, manche Sätze zu vervollständigen und manchen Ausdruck zu verbessern.

❏ Die **Rechtschreibfehler** habe ich stets stillschweigend berichtigt. Ich machte mit den Jahren die Erfahrung, daß meine Kinder auf Fehler in den mühsam erstellten Arbeiten mit starker Abneigung gegen das jeweilige Wort reagierten und schließlich vermieden, es zu benutzen. **Da niemand gern jahrelang mit seinem Versagen konfrontiert**

❏ **wird, sollte man ihn wirklich auf seine Fehler nicht immer wieder aufmerksam machen!**
Manche Kinder schreiben in dem Alter gern und auch gut mit der Schreibmaschine oder dem PC.
Wie ich die Korrektur von Schulaufsätzen behandelt habe, lesen Sie im Abschnitt »Aufsätze« für den Grundschulbereich.

❏ **Lesen:** Zu Beginn der Sekundarstufe I muß noch oft in der Schule vorgelesen werden. Ich habe den Text erst einmal selbst laut gelesen, damit die richtige Betonung schon mal leichter fällt. Meine Söhne schauten dabei mit ins Buch. Danach kann man die Kinder dann allein lesen lassen. Schauen Sie aber genau hin! Der Legastheniker hat einen reichen Schatz an Phantasiewörtern. Falls das Buch Ihr Eigentum ist, können Sie mit Leuchtmarkern die schwierigen Wörter festhalten und öfters einmal üben.

❑ Die spätere Schullektüre ist häufig ebenso mit Komplikationen verbunden, weil meist Klassenarbeiten folgen, die eine genaue Text-
kenntnis voraussetzen. Bevor meine Kinder sich vom Freund den
Inhalt erzählen ließen, las ich ihnen den geforderten Stoff lieber
selber vor.

Oftmals lasen meine Kinder auch mir vor. Durch Nachfragen erfährt man schnell, wie genau sie gelesen haben und ob auch der
Inhalt verstanden wurde. Dem genauen, aber immer noch langsamen Leser muß auch später gezeigt werden, wie man **überfliegend
lesen** kann, wie man also Wortgruppen erfaßt anstelle von Einzel-
wörtern. Das geht am besten mit dem Leuchtmarker. Im Kapitel 24
habe ich beschrieben, wie sich dieses »überfliegende Lesen« spielerisch noch leichter lernen läßt

Diktate: Meist weiß man vorher, welche Rechtschreibübungen oder
Fremdwörter vorkommen werden. Ich kenne keinen besseren Weg,
als sie intensiv zu üben. Vieles kann man **tabellarisch** ordnen. Das
merkt sich der Legastheniker leichter. So könnte man z. B. in einer
Tabelle alle Fremdwörter mit »Ch« notieren, und zwar in die eine
Rubrik alle Wörter, bei denen das »Ch« als »K« gesprochen wird
wie »Charakter, Chronist, Christ«, in die andere Rubrik daneben
diejenigen Wörter, bei denen man das »Ch« auch als »Ch« spricht:
»Chemie, Chirurg, China«.

In einer Tabelle lassen sich auch gut Beispiele für die Groß- und
Kleinschreibung notieren: »zu Hause, zu Rate ziehen, zur Zeit«
kommen in die eine Spalte, »zuleide tun, zustande bringen, zuwege
bringen« in die andere Rubrik. Auf diese Weise übersichtlich geordnet, lernen sich diese Regelschwierigkeiten wie Vokabeln.

Auch **Karteikarten** für die verschiedenen Rechtschreibschwierigkeiten können nützlich sein. Auf einzelne solcher Karten gesammelt,
lassen sich Regeln und Besonderheiten der Schreibweise leichter
lernen, denn so kann man sie übersichtlicher ordnen, als es in den
meisten Übungsbüchern der Fall ist. An einem Beispiel will ich das
erklären: Auf eine Karteikarte schreibt man alle Wörter mit »a«
(lang gesprochen) wie »Dame, Bart, Gras« usw. Auf die nächste
Karte kommen die Wörter mit »ah« wie »Fahne, Fahrt, Zahl« und
auf die dritte Karteikarte die Wörter mit »aa« wie »Aal, Staat,
Waage« usw.

Auch die **Fremdwörter** können mit dem Karteikartensystem gut gelernt werden. Beispiel: Wörter mit »y« wie »Rhythmus, Lyrik, Analyse« etc. kommen auf eine Karte, alle Wörter mit »Qu« wie »Quartett, Quader, Quelle« auf eine andere und auf eine dritte alle Fremdwörter, die auf »tion« enden: »Operation, Nation, Portion« usw.

Ebenso versucht man, **Eselsbrücken** zu bauen, wie in den folgenden Beispielen: »häßlich« kommt von »hassen«, »weiß« von »wissen«. Kennt das Kind die Grundform eines Wortes, kann es auch über den Umlaut und das Doppel-s richtig entscheiden.

Oder: »verheimlicht« kommt von »verheimlichen« und »erledigt« von »erledigen«. Man läßt also die Grundform des Zeitwortes suchen, damit die Kinder herausfinden, ob das Wort mit »icht« oder »igt« geschrieben wird.

Oder: durch »Verlängern« eines Wortes wie »herrlich – herrliche Ferien« und »sonnig – sonnige Länder« erfährt das Kind, ob ein Wort am Ende mit »ig« oder mit »ich« geschrieben wird. Für alle Eselsbrücken eignet sich das beschriebene Karteikartensystem ebenfalls ganz ausgezeichnet.

❏ Erwarten Sie nicht, daß diese für das Diktat intensiv geübten Wörter nun für immer sitzen. Sie müssen zu diesem Zweck in Abständen noch mehrfach aufgegriffen werden. Leider hat man dazu meistens keine Zeit, weil schon das nächste Diktat droht.

Bei der **Berichtigung von Diktaten** ist es zwecklos, jedes Fehlerwort dreimal oder den ganzen Satz noch einmal schreiben zu lassen. Sie
▶ produzieren nur neue Fehler! Der Lehrer Ihres Kindes wird hoffentlich ein Einsehen haben. Ich habe beim Verbessern noch einmal erklärt, warum das Fehlerwort anders geschrieben werden muß.

Auswendiglernen: Wir haben den betreffenden Text so lange zusammen durchgelesen, bis es auswendig ging. Mit dem Schriftbild vor Augen lernt manches Kind es leichter, anderen gelingt es besser über das Gehör. Das müssen Sie ausprobieren.

Grammatikübungen: Legasthenikern mit ihrer Schwäche, Regeln auch richtig anzuwenden (Kapitel 6), hilft man am besten, indem
❏ man den grammatikalischen Übungsstoff übersichtlich und mit Beispielsätzen tabellarisch ordnet. Erfahrene Deutschlehrer machen

das auch so. Hausaufgaben sind mit vielen Satzbildungen verbunden. Ich habe mir – wie zu Grundschulzeiten – die Sätze diktieren lassen. Nur so kann das Kind sich auf das Wesentliche – nämlich die Grammatik – konzentrieren. Da man mit Legasthenikern die Grammatik stärker üben muß, habe ich mir für diese Übungen viel Zeit genommen und mir eine gute Grammatik und Übungsbücher angeschafft (s. Literaturverzeichnis).

Unerläßlich ist der »Schülerduden« mit Rechtschreibung und Wortkunde für das 4.–7. Schuljahr. Auf jeden Fall ist er geeigneter als der normale Duden. Das Nachschlagewerk »Stolpersteine« für schwierige Wörter und Kommas sollte nach Möglichkeit auch nicht fehlen. Für Abc-schwache Legastheniker gibt es eine großartige Erfindung – ein Wörterbuch, das auf jeder Seite das ganze Abc am Rand verzeichnet hat: »FIDIBUS. Deutsches Wörterbuch 5–10«.

Als übersichtliche Grammatik kann ich empfehlen: »Deutsche Kurzgrammatik« von Schoebe.

Mathematik: Auch wenn man die Mathematik in der Sekundarstufe nicht mehr beherrscht, kann man doch helfen, zumindest die legastheniebedingten Fehler herauszufinden. Man muß allerdings die Legasthenikertricks kennen. Lesen Sie darüber bitte nach in den Kapiteln 6 und 9. Achten Sie also auf falsch bzw. nicht beachtete Vorzeichen, Richtungswechsel innerhalb von Kettenaufgaben, Vertauschen von Zähler und Nenner beim Bruchrechnen, Fehler beim einfachen Kopfrechnen, beim Einmaleins, beim Umrechnen in größere und kleinere Einheiten, Fehler beim Abschreiben, Verdrehen oder Weglassen von Zahlen, ungenaues Lesen der Textaufgaben. Es gibt genug Klippen, an denen ein Kind mit Rechenschwäche scheitern kann.

Sachbezogene Fächer: Mit meiner Hilfe in diesen Fächern verhielt ich mich anfangs noch so, wie ich es für den Grundschulbereich beschrieben habe. Später, als das Lesen leichter fiel, beherrschten meine Kinder die Technik des Herausschreibens von Stichwörtern so gut, daß sie alles allein bewältigen konnten. Auch umfangreiche Literatur zu ganz speziellen Themen bedeutet heute kein Problem mehr für sie, obwohl sie sich sicher immer mehr anstrengen müssen als Nicht-Legastheniker.

Fremdsprachen: Das größte Problem bereiten bei schweren Legasthenien die Fremdsprachen. Ich habe deshalb darüber zwei Extrakapitel (8, 21) geschrieben. Dort können Sie auch erfahren, wie man die Hausaufgabenprobleme am besten lösen kann.

❏ Wenn Sie dieses Kapitel gelesen haben, mag es Ihnen vorkommen, als ob Sie für nichts anderes mehr Zeit hätten und sich ausschließlich um die Hausaufgaben kümmern müßten. Aber so ist es nicht! Es ist alles nur eine Frage der guten Einteilung und der gezielt eingesetzten Hilfen. Die meisten Kinder werden auch keine so ausführliche Hilfe nötig haben, wie ich es in diesem Kapitel beschrieben habe.

▶ **Die Zeit aber, die Sie Ihrem Kind bei den Hausaufgaben widmen, ist immer gewinnbringend und meines Erachtens sehr viel wichtiger als Förderkurse.**

Und noch ein wichtiger und allgemein gültiger *Extra-Tip* für die Hausaufgaben:
❏ **Nie** inhaltlich ähnliche Schulaufgaben hintereinander lernen, weil sie sich gegenseitig auslöschen (Ranschburgsche Lernhemmung). Also: **Nie** englische Grammatik nach deutscher Grammatik büffeln, sondern zwischen den Fächern Deutsch und Englisch zuerst einmal Matheaufgaben erledigen!

5. Liste hilfreicher Bücher für die Hausaufgaben

Zum Schluß noch einmal zusammengefaßt die Buchempfehlungen, die Ihnen und Ihrem Kind die Hausaufgaben erleichtern können:
Schülerduden: Rechtschreibung und Wortkunde (ab 4. Klasse)
diverse Schülerduden-Übungsbücher
FIDIBUS: Deutsches Wörterbuch 5–10
LUIK, G.: Stolpersteine. Schwierige Wörter und Kommas
ENDRES, W.: So macht Lernen Spaß
SCHOEBE, G.: Deutsche Kurzgrammatik

21. Hilfen für Fremdsprachenlegastheniker

Unsere beiden Kinder waren so schwer von der Fremdsprachenlegasthenie betroffen, daß ich ungewöhnliche Wege gehen mußte, um ihnen helfen zu können. Mit dem »Mut der Verzweiflung« probierte ich damals manches aus, was die Pädagogen nicht gutheißen konnten. Heute weiß ich, daß es trotzdem richtig war. Die Kinder hatten dann gute Noten, die Fremdsprachen machten ihnen Freude.

1. Allgemeine Hilfen

❏ Anfangs legte ich den Schwerpunkt meiner Arbeit auf die **mündliche Mitarbeit** der Kinder, denn für Rechtschreibübungen waren sie zu diesem Zeitpunkt einfach viel zu überfordert. So haben wir zunächst immer den Schulstundeninhalt noch einmal durchgesprochen. Unsere Kinder hatten so gut wie nichts verstanden, besonders bei den Lehrern, die überwiegend Englisch sprachen.

❏ Um das **neue Kapitel** im Buch zu erarbeiten, schauten wir uns zuerst die Vokabeln mit der deutschen Übersetzung nur gründlich an. Dann übersetzte ich den Text Wort für Wort. Dies war sicher nicht im Sinne der Pädagogen, aber meine Kinder hätten sonst vom Inhalt überhaupt nichts verstanden. Zu viele Anforderungen wurden an sie auf einmal gestellt: genaues Lesen, richtig betonen, Verstehen der Vokabeln und schließlich noch des gesamten Inhaltes.

❏ Dann las ich ihnen das zu erarbeitende Stück vor. Das ist der richtigen Aussprache wegen sehr wichtig. Die Kinder lasen still mit. Danach las ich mit ihnen zusammen, und erst dann ließ ich sie alleine lesen. Dabei habe ich sorgfältig auf die Aussprache geachtet. Diese ständige Korrektur ist leider notwendig. Man muß das den Kindern
▶ erklären. **Eine schlechte Aussprache kann eben wirklich alle Mühe zunichte machen.**

❏ Ganz einfache **Fragen zum Text**, auf die der Legastheniker anfangs nur mit einem Wort, später mit einem kleinen Satz antwortet, sind sehr wichtig, um die mündliche Beherrschung der Sprache zu trainieren.

Einer unserer Söhne konnte sehr leicht auswendig lernen. So behielt er das behandelte Stück sehr schnell und war dadurch bei Sprechübungen und Klassenarbeiten im Vorteil. Das Auswendiglernen fördert zwar nicht gerade das selbständige Formulieren, aber das kann man von Legasthenikern anfangs sowieso noch nicht erwarten. So war uns jedes Mittel recht, wenn dadurch die Möglichkeit bestand, wenigstens ab und an einmal zu einer guten Note zu kommen.

❑ Viel geholfen haben uns die **Kassetten zum Buch**. Das Anhören des inzwischen geläufig geübten Textes (anfangs mit dem Buch zum Mitlesen) brachte ein besseres »Hineinhören« in die fremde Sprache und schließlich auch Erfolgserlebnisse. Nun verstanden sie alles, was ihnen in der Schule völlig unklar geblieben war. Auch für das von Legasthenikern sehr gefürchtete Sprachlabor ist eine solche Übung außerordentlich wichtig.

2. Das Lernen von Vokabeln

❑ Die **neuen Vokabeln** und auch solche, die bei meinen Kindern noch nicht saßen, habe ich in ein großformatiges Vokabelheft geschrieben. Ich ließ die Kinder nicht selber schreiben, um Fehler und undeutliches Gekritzel zu vermeiden. Sie sollten stets ein deutliches Schriftbild vor Augen haben. Meine Kinder waren auch so an meine Handschrift gewöhnt, daß sie danach lieber lernten als aus dem Buch.

❑ In die rechte Seite des Vokabelheftes kam die deutsche Übersetzung, jedoch niemals ein englischer Satz als Erklärung! Das überfordert in den ersten Jahren die Kinder vollkommen. Methodisch strenge Lehrer werden diese Art zu lernen als total überholt verwerfen. Pädagogen aber, die offen sind für die besonderen Lernwege einiger Kinder, werden Verständnis haben. Am besten handeln Sie so, wie Sie es – zusammen mit Ihrem Kind – als den besten Lernweg erkannt und ausprobiert haben und lassen sich nicht von »Lehrmeinungen« und Fachwissen irritieren, denn: **Vokabeln zu lernen bedeu-**

tet für Legastheniker **Schwerstarbeit**. Sie brauchen ein Mehrfaches an Zeit als die Klassenkameraden. Es ist absolut zwecklos, gleiche Leistungen zu erwarten. Ich übte jeden Tag **mündlich** Vokabeln, aber anfangs nicht mehr als drei bis höchstens fünf Wörter und immer nur Englisch–Deutsch. Ich riskierte ganz bewußt, daß die Kinder bei einer Vokabelarbeit noch nicht alle Wörter beherrschten. Für mich war es wichtiger, daß sie vier Vokabeln sicher wußten als zehn nur ungenügend. Der Lehrer war natürlich über mein Vorgehen informiert, und auch den Kindern habe ich die Notwendigkeit dieser Maßnahme erklärt.

❏ **Ebenso bewußt verzichtete ich anfangs auf das Üben der Schreibweise der Vokabeln.** Nur mit leichten Kurzwörtern versuchte ich es. Die Verwirrung im muttersprachlichen Bereich war auch so schon groß genug. Deshalb vermied ich in der ersten Zeit konsequent auch alle jene Wörter, die für meine Kinder unbekannte Buchstabenverbindungen wie »gh – ght – ue – ea – wn« etc. enthielten.

Später fiel es ihnen dann vergleichsweise sehr viel leichter, die Rechtschreibung zu üben. Um die **Schreibweise eines Wortes** zu erlernen, ließ ich meine Kinder die Vokabeln laut lesen und gründlich anschauen. Dann schrieben sie möglichst auswendig das Wort auf, wobei sie laut die Buchstabenfolge ansagten, z. B.: be-au-ti-ful. So konnte ich bei einem Fehler sofort eingreifen, also noch bevor sie ihn niedergeschrieben hatten. **Einen Fehler zu verhindern ist wichtiger, als ihn zu verbessern.**

❏ Der letzte Schritt war dann das Abfragen der Vokabeln und noch einmal das möglichst auswendige Aufschreiben, wobei die Kinder mir wieder die Buchstabenfolge ansagten.

❏ *Extra-Tip für Lehrer-Sprechstunden:* Eine Mutter erzählte mir, daß sie die Zettel, auf denen ihr Sohn die Rechtschreibung der Vokabeln übte, stets aufhob, um sie bei nächster Gelegenheit dem Englisch-Lehrer zu zeigen. Damit konnte sie eindeutig belegen, wie intensiv ihr Sohn gelernt hatte und daß das schlechte Ergebnis der Vokabelarbeit ganz sicher nicht auf mangelnden häuslichen Fleiß zurückzuführen war.

❏ *Extra-Tip für das Vokabellernen:* Schreiben Sie die Vokabeln in Blöcken ins großformatige Vokabelheft, d. h. immer nur ca. drei

Wörter, dann eine Zeile freilassen. Man weiß, daß sich die erste und letzte Zeile eines Blockes gut einprägen, das »Zwischenstück« wird

► schneller vergessen. Deshalb nur wenige Wörter für einen »Block«, damit nicht zu viele vergessen werden.

❑ *Und noch ein Extra-Tip für die Vokabeln:* Karin Ahlborn hat den Vokale-Ordner »Valcos« erfunden. Sie ordnete die Vokabeln nach den verschiedenen Vokalen und entwickelte eine fröhlich aufgemachte Arbeitsanleitung mit dem klugen Raben Valco. Das Prinzip ist ähnlich wie meine Aufstellung der unregelmäßigen Verben (s. S. 196–199). Mit dieser Zusammenstellung wird dem Legastheniker das Vokabellernen sehr erleichtert. Sie erhalten das Heft bei Herrn Karl-Heinz Spies, Erzbergerstr. 25, 76133 Karlsruhe, Telefon 0721/7552.

❑ Das Vokabellernen legte ich aber stets auf einen anderen Zeitpunkt als die übrigen englischen Hausaufgaben. Es wäre sonst für meine Kinder nicht zu schaffen gewesen.

❑ Die Übungen meist grammatischer Art mit dem Schreiben vieler Sätze habe ich ihnen erleichtert. Wir übten mündlich alles gründlich, schrieben eventuell zwei bis drei Sätze oder nur das einzusetzende Wort. Unter die Arbeit kam dann, wie im Kapitel 20 beschrieben, meine Unterschrift und die für das Üben benötigte Zeit.

Heute kann ich mir die extreme Mühe und den enormen Zeitaufwand für die Hausaufgaben in Englisch kaum noch vorstellen, doch damals ging es nicht anders. Und sicher war es richtig gewesen, die Grundlagen der fremden Sprache so genau zu erarbeiten.

❑ Noch ein Wort zur Grammatik. Wir haben sie immer intensiv geübt, denn Legastheniker haben ja ihre Schwierigkeiten damit, wie ich in den Kapiteln 6 und 20 beschrieben habe. Da meine Kenntnisse der englischen Sprache nicht großartig waren, schaffte ich mir zur Unterstützung eine Menge guter Grammatiken an.

3. Zusammenstellung hilfreicher Grammatiken und Übungsmaterialien

»Langenscheidts Kurzgrammatik« hat übersichtlich und tabellarisch das Nötigste geordnet.

Ausführlicher steht es in dem Buch von K. Beilhardt (Hrsg.): »Grundzüge der englischen Grammatik«. Auch hier ist alles sehr übersichtlich angeordnet.

Ich persönlich fand die ähnlich aufgebaute »Englische Grundgrammatik« von Ungerer/Pasch noch ansprechender. Vergleichen Sie am besten in der Buchhandlung, welche Grammatik Ihnen mehr liegt.

Eine sehr ausführliche und sehr gute Grammatik, auch ganz klar tabellarisch gegliedert, ist: »The english companion's modern grammar« von Röhr-Bartels.

Auch das in übersichtlichen Tabellen geordnete Heft: »Langenscheidts Verbtabellen Englisch« ist für Legastheniker zu empfehlen.

Die beiden Grammatiken: Scholze-Mertens: »Neue englische Grammatik« (auch in Französisch und Italienisch) und »Englisch G Grammatik« sind 1994 neu erschienen, klar und übersichtlich gestaltet und sehr für Legastheniker zu empfehlen.

❑ Spätestens im 9. Schuljahr bemerkt man Lücken im Grundwortschatz, denn bei Legasthenikern beobachtet man immer wieder eine Schwäche des akustischen und visuellen Langzeitgedächtnisses (E. Klasen 1978). Auch gut gelernte Vokabeln können nach einigen Monaten wie »ausgelöscht« sein. Dies betrifft besonders auch diejenigen Wörter, die in der belastenden Anfangszeit gelernt wurden. Das sind stets wieder besonders deprimierende Erfahrungen, die unsere Kinder machen müssen. Es ist aber immer noch Zeit genug, diese Lücken zu schließen. Das geht jetzt leichter, da in diesem Alter die größten legasthenischen Schwierigkeiten überstanden sind.

❑ Mit dem »Vokabelkartenkasten« von Klett lassen sich die Vokabeln ausgezeichnet lernen. Der Kasten ist zwar teurer als das Buch »Grundwortschatz«, hat aber den unschätzbaren Vorteil, daß die Wörter nicht alphabetisch gelernt werden müssen. **Man muß bei Legasthenikern unter allen Umständen vermeiden, daß ähnlich klingende Wörter hintereinander gelernt werden, sonst verwechseln sie alles!** Mit der ausgezeichneten Arbeitsanleitung von Frederic Vester zu diesem Vokabelkasten macht das Lernen vielleicht sogar Spaß.

Wer den Karteikasten preiswerter möchte zum Selberbasteln, der bestelle sich im Freiarbeit-Verlag (s. Nützliche Adressen) die Lernkarteien Nr. F303 (nur in 10-er Packung zu erhalten, sind aber auch für andere Fächer zu gebrauchen).

❏ In den ersten Englischjahren übte ich ab und zu mit den »LÜK-Heften«. Ich nahm nur die Hefte, also ohne Kasten und Plättchen,
▶ und übte im wesentlichen nur mündlich, oder ich ließ höchstens einmal einen Buchstaben einsetzen bzw. die betreffenden Kästchen und Sätze an- oder ausstreichen. So wurden die Kinder nicht durch mühsame Schreibarbeit belastet und waren eher bereit zu diesen zusätzlichen Übungen. Erarbeiten Sie aber immer nur eine Seite bzw. ein Kapitel, und wiederholen Sie alles nach ein paar Tagen, ehe Sie mit einem neuen Abschnitt beginnen. Es gibt die Hefte: Englisch Frühbeginn, Englisch 1, Englisch 2, Englisch 3.
Ferner kann ich sehr empfehlen die Hefte von U. Lauster: »Englischspiele 1 und 2«, die sehr motivierend gestaltet sind.
Für die Übungen mit dem Wortschatz, der Rechtschreibung und der Grammatik fand ich die »Manz-Lernhilfen« sehr geeignet. Ich benutzte die Bücher »Englisch 5. Klasse«, ebenso »Englisch 6. Klasse« und »Englisch Mittelstufe«. Allerdings nahm ich diese Bücher erst in der 9. und 10. Klasse. Sie sind für Legastheniker sonst zu schwer. Und auch in höheren Klassen läßt sich der Übungsstoff noch gut damit wiederholen. Jedes Buch enthält die Lösungen der Aufgaben,
❏ so daß auch Eltern, die die Sprache gar nicht beherrschen, diese Übungen ausführen können.
Für den Lateinunterricht erhält man diese Hilfen übrigens auch.

4. Neue Methoden

Inzwischen gibt es seit einigen Jahren auch Erfahrungen, wie man mit Hilfe der Suggestopädie (Superlearning) die Fremdsprachen leichter lernt. Der Grundgedanke heißt: Lernen durch Entspannung. So hat man herausgefunden, daß sich der Mensch durch klassische und romantische Musik von Beethoven, Haydn und Mozart entspannt und besser lernen kann. Wichtig ist noch ein zusätzlicher Effekt: die störenden und Legastheniker leicht ablenkenden Hintergrund- und Nebengeräusche werden überdeckt.
Zwar hat man bei sehr musikalischen Kindern gemerkt, daß sie zunächst mit verstärkter Unruhe reagierten. Nachdem sie aber systematisch das Anhören dieser Musik trainiert hatten, mit immer wieder denselben Stücken, fühlten auch sie sich wohl und entspannt.

Und wer klassische Musik nicht mag, für den gibt es auch moderne Versionen auf vielen Entspannungskassetten und CDs.

Zur Wiederholung des Lernstoffes sollte man die langsamen Sätze (mit 60 Takten pro Minute) aus dem Barock einsetzen, wie Bach, Corelli und Vivaldi.

Mit einer solchen Hintergrundmusik lassen sich auch Vokabeln über Kopfhörer lernen und sogar – mit oder ohne Musik – Grammatik pauken.

Wenn die ungewohnte Satzstellung im Englischen Mühe macht, dann kann man den englischen Text auf Kassette sprechen und den deutschen Text *wortwörtlich übersetzt* dabei lesen lassen. Da klingt dann die deutsche Übersetzung sicher reichlich merkwürdig, um nicht zu sagen »bescheuert«, aber das macht nichts, Hauptsache die Legastheniker lernen auf diese Weise den englischen Satzbau.

Mit dieser neuen Methode, die von Vera Birkenbihl stammt, haben einige Legasthenietherapeuten schon erfolgreich gearbeitet. Lesen Sie selbst die Literatur über die »Birkenbihlmethode« und entscheiden Sie, ob dies ein Weg sein könnte, Ihrem Legastheniker das Erlernen der Fremdsprachen zu erleichtern.

Natürlich bereitet ein solches Training enorme Arbeit und kann nur von Eltern geleistet werden, die Zeit haben und die englische Sprache beherrschen. Aber notfalls könnte man sich dabei ja helfen lassen. *Wichtig ist nur:* regelmäßig dreimal in der Woche müßten solche Übungen schon sein, sonst stellt sich kein Erfolg ein!

5. Wie Legastheniker die unregelmäßigen Verben im Englischen besser lernen können

Zum Schluß möchte ich Ihnen noch darstellen, wie ich mit meinen Kindern die unregelmäßigen Verben gelernt habe. Ich habe diese Wörter, wie Sie aus der nachfolgenden Tabelle entnehmen können, nach Gleichheitsgesichtspunkten geordnet. Auf diese Weise erhalten sie einen gewissen logischen Sinn und eine Ordnung, die das Lernen leichter und überschaubarer macht. Ich schrieb die Verben mit großer Handschrift auf DIN-A4-Bögen im Querformat, malte besondere Schwierigkeiten in der Rechtschreibung mit Leuchtmarkern an und vervollständigte sie mit den jeweils neu gelernten Verben. Die Bögen tat ich in verschiedene Klarsichthüllen. So lagen sie stets griffbereit auf dem Schreibtisch der Kinder und konnten immer wieder in kleinen »Dosierungen« schnell zwischendurch angeschaut werden.

Ich möchte betonen, daß diese Zusammenstellung nicht nach sprachwissenschaftlichen Erkenntnissen erfolgte, sondern nur aufgrund meiner Erfahrungen in dem jahrelangen Kampf mit der Fremdsprachenlegasthenie. Mit dieser Methode sind für unsere Kinder die unregelmäßigen Verben jedenfalls nicht zum Problem geworden.

❏ Diese Tabelle enthält aus Platzgründen nur die gebräuchlichsten irregulären Verben. Klingen Ihnen manche Vokabeln zu ähnlich, wie z. B. bei »creep« und »keep«, dann ändern Sie die Reihenfolge. Beim kontinuierlichen Notieren der neu zu lernenden Verben wird sich ohnehin in den einzelnen Rubriken eine andere Reihung erge-
▶ ben. Am besten teilen Sie auch in diesem Fall dem Lehrer Ihres Kindes mit, warum der Legastheniker unregelmäßige Verben mit zu großen Ähnlichkeiten nur auf einen längeren Zeitraum verteilt lernen und behalten kann (vgl. meine Ausführungen über die Fehler beim Erlernen der englischen Sprache in diesem Kapitel).

(Hinweis: Ein Spiel, mit dem sich die unregelmäßigen Verben gut üben lassen, habe ich im Kapitel 24 beschrieben.)

S. 220

Die unregelmäßigen Verben im Englischen

Gruppe 1:

bring	brought	brought	= bringen
buy	bought	bought	= kaufen
think	thought	thought	= denken
fight	fought	fought	= fechten
teach	taught	taught	= lehren
catch	caught	caught	= fangen
seek	sought	sought	= suchen

Gruppe 2:

blow	blew	blown	= blasen
fly	flew	flown	= fliegen
grow	grew	grown	= wachsen
know	knew	known	= kennen, wissen

196

| throw | threw | thrown | = werfen |
| draw | drew | drawn | = zeichnen |

Gruppe 3:

stink	stank	stunk	= stinken
sink	sank	sunk	= sinken
ring	rang	rung	= läuten
drink	drank	drunk	= trinken
run	ran	run	= laufen
sing	sang	sung	= singen
spring	sprang	sprung	= springen
swim	swam	swum	= schwimmen
begin	began	begun	= anfangen

Gruppe 4:

| become | became | become | = werden |
| come | came | come | = kommen |

Gruppe 5:

break	broke	broken	= brechen
forget	forgot	forgotten	= vergessen
speak	spoke	spoken	= sprechen
wake	woke	woken	= wachen
steal	stole	stolen	= stehlen
weave	wove	woven	= weben
drive	drove	driven	= fahren
ride	rode	ridden	= reiten
write	wrote	written	= schreiben
overtake	overtook	overtaken	= übernehmen
shake	shook	shaken	= schütteln
take	took	taken	= nehmen
hide	hid	hidden	= verstecken
bite	bit	bitten	= beißen
give	gave	given	= geben
forgive	forgave	forgiven	= vergeben
fell	fall	fallen	= fallen
eat	ate	eaten	= essen

Gruppe 6: (alle drei Formen sind gleich):

read	read	read	= lesen
bet	bet	bet	= wetten
let	let	let	= lassen
set	set	set	= setzen, stellen
burst	burst	burst	= bersten
cut	cut	cut	= schneiden
put	put	put	= setzen, stellen, legen
shut	shut	shut	= schließen
hurt	hurt	hurt	= verletzen
hit	hit	hit	= schlagen
split	split	split	= spalten
cost	cost	cost	= kosten

Gruppe 7: (zweite und dritte Form sind gleich):

grind	ground	ground	= mahlen
find	found	found	= finden
bind	bound	bound	= binden
make	made	made	= machen
have	had	had	= haben
sit	sat	sat	= sitzen
pay	paid	paid	= zahlen
lay	laid	laid	= legen
mean	meant	meant	= meinen
learn	learnt	learnt	= lernen
hear	heard	heard	= hören
dream	dreamt	dreamt	= träumen
deal	dealt	dealt	= handeln
build	built	built	= bauen
hang	hung	hung	= hängen
stick	stuck	stuck	= stecken
strike	struck	struck	= schlagen
dig	dug	dug	= graben
tell	told	told	= sagen
win	won	won	= gewinnen
shoot	shot	shot	= schießen
shine	shone	shone	= scheinen

198

sell	sold	sold	= verkaufen
lose	lost	lost	= verlieren
unterstand	understood	unterstood	= verstehen
stand	stood	stood	= stehen
keep	kept	kept	= halten
creep	crept	crept	= kriechen
sleep	slept	slept	= schlafen
sweep	swept	swept	= fegen
spend	spent	spent	= verbringen
spell	spelt	spelt	= buchstabieren
smell	smelt	smelt	= riechen
send	sent	sent	= senden
meet	met	met	= treffen
lend	lent	lent	= leihen
leave	left	left	= (ver)lassen
feel	felt	felt	= fühlen
weep	wept	wept	= weinen
lead	led	led	= führen
hold	held	held	= halten
feed	fed	fed	= füttern
flee	fled	fled	= fliehen

Gruppe 8:

lie	lay	lain	= liegen
tear	tore	torn	= zerreißen
wear	wore	worn	= (an sich) tragen
swear	swore	sworn	= schwören
saw	sawed	sawn	= sägen
sow	sowed	sown	= nähen
show	showed	shown	= zeigen

22. Hilfen bei Rechenschwäche (Dyskalkulie)

❏ Bevor man sich mit Hilfen für rechenschwache Kinder beschäftigt, sollte das Kind von einer Ergotherapeutin getestet werden, ob es ohne besondere fachliche Hilfe seine Defizite meistern kann.

Über die Hilfen, die Eltern geben können, ist bereits in verschiedenen Kapiteln (16, 20, 24) ausführlich geschrieben worden, so daß ich mich im Folgenden mit Stichpunkten begnügen kann.

❏ *Das Wichtigste:* Fangen Sie mit Ihrem Hilfseinsatz ganz von vorne an, bei den **einfachsten Rechenvorgängen im Zehnerraum!** Erst wenn dies ganz sicher beherrscht wird, wenn das Mengenvorstellungsvermögen in Ordnung ist, dann kann der Zehner überschritten werden. **Die Grundlagen müssen sitzen!**

1. Allgemeine Hilfen

a) Raumlagetraining (s. psychomotorische Übungen in Kap. 16)

b) Visuelle und akustische Wahrnehmungsübungen, Serialitäts- und Intermodaltraining (siehe Arbeitsmaterialien in Kap. 24)

Diese Übungen können von Eltern nach Einarbeitung in das Problem selbst ausgeführt werden. Sie sind die wichtigste Hilfe, die sie geben können.

c) Förderung des Selbstkonzeptes: Entwickeln von Arbeitsstrategien zur Vermeidung von Fehlern bzw. zum Auffinden und zur Korrektur der Fehler – ganz wichtig!

d) Angstabbau durch pädagogische und psychologische Therapie (autogenes Training o. ä.)

Für diese beiden Punkte werden Eltern fachliche Hilfe benötigen (Mathematiklehrer, Psychologe).

e) Konzentrationstraining (s. Liste in Kap. 24)

f) Graphomotorisches Training (s. Kap. 16), evtl. Malen nach Musik (nur selten notwendig)

Die unter den Punkten e) und f) genannten Übungen können Eltern natürlich auch selber ausführen, doch werden sie nicht in jedem Fall erforderlich sein.

g) geregelter Tagesablauf, ausgeruhtes Kind!

Dieser Punkt erfordert viel Konsequenz von den Eltern, sollte aber in seiner Wichtigkeit nicht unterschätzt werden!

2. Liste von hilfreichen Arbeitsmaterialien und Spielen, die Eltern leicht handhaben können

Großkariertes Rechenpapier zum genauen und überschaubaren Hineinschreiben der Zahlen

Muggelsteine – Stecker – Stäbchen – Groschen o. ä. – 1 × 1-Karten (s. Kap. 25)

Maxi-Domino (Holz)	MESPI
Hunderter Steckbrett	
(ein sehr zu empfehlendes Spiel mit bunten Steckern und Zahlen	
unter den Steckern) zu beziehen über:	Wehrfritz
Aufbau des Tausenders A. Nr. 22621	Schubi Lehrmittel
KOWARIK, O.: Ich übe mit Sindi und Moro Teil 4, (Intermodal-Seri-	
litätstraining ab 10–1000)	Jugend und Volk
LAUSTER, U.: Rechenspiele 1 (1./2. Klasse)	Lentzverlag
LAUSTER, U.: Rechenspiele 2 (3./4. Klasse)	Lentzverlag
Farbige Stäbe	Klett Nr. 16534
große Würfel	diverse Firmen
Duden: Mein erstes Zahlenbuch	Dudenverlag

Bei den Spielen für rechenschwache Kinder habe ich nur diejenigen aufgeführt, die sicher über Jahre zu erhalten sind. Für Eltern ist es sehr schwer, gute Rechenspiele zu finden (s. Kap. 24). Und auch die LÜK-Hefte, die teilweise durchaus zu empfehlen sind, ändern ständig ihre Ausführungen, und leider sind eben nicht alle für rechenschwache Kinder geeignet. Grundsätzlich gilt für alles: klare übersichtliche Darstellung, Großdruck und für den Anfänger kein abstraktes Zahlengewirr, sondern bildhafte Darstellung der Mengen. Die Formen oder Figuren müssen groß und eindeutig sein.

Eine Anordnung von Punkten, die z. B. so aussieht, ist ungeeignet:

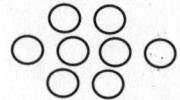

Besser wäre es so:

3. Literatur zum Thema Rechenschwäche

(s. auch Literaturverzeichnis)

ATZESBERGER, M.: Legasthenie und Dyskalkulie

GRISSEMANN, H.: Legasthenie und Rechenleistung

LORENZ, J. H. (Hrsg.): Untersuchungen zum Mathematikunterricht (guter Überblick für Lehrer)

MILZ, J.: Rechenschwäche erkennen und behandeln

NISSEN, G.: Erbliche Dyskalkulie

SCHENK-DANZINGER, L.: Legasthenie – Cerebral funktionelle Interpretation

23. Elterliche Hilfen für sprachentwicklungs-gestörte oder sprachentwicklungs-verzögerte Kinder
Mit Literaturangaben

Vorrangig muß sicher fast immer durch Logopäden oder Sprachheiltherapeuten bzw. Sprachheilpädagogen professionelle Hilfe geleistet werden. Meist sind auch ergotherapeutische und evtl. krankengymnastische Unterstützung nötig. Trotzdem wird es ohne die elterliche Mitarbeit mit Sicherheit nicht gehen! Was also können Sie tun?

1) Alle Fingerspiele (s. Kap. 16) sind äußerst hilfreich bei diesen Kindern, ebenso wie Basteln, Malen, Werken und Bewegungsspiele mit Musik (Literatur s. Kap. 16).

2) Alle psychomotorischen Übungen (s. Kap. 16) können unterstützend eingesetzt werden.

3) Alles, was darüber hinaus Sprache anregt wie: miteinander Reden, Vorlesen, Singen, Spielen, Erzählen von Märchen, Theaterspielen und **viel Bewegung!**

4) Achten Sie auf einen ruhigen, geregelten Tagesablauf – auch Ferien können belastend sein! (s. Kap. 10)

5) Bedenken Sie: Diese Kinder entwickeln sich langsam! Manche müssen trotz möglicherweise guter Begabung über den zweiten Bildungsweg gehen. Wenn man ihnen die Zeit gibt zum »Aufwachen«, können sie später sehr vieles aufholen, vorausgesetzt allerdings, daß die Hirnschädigung nicht zu schwer ist.

Dieser Drahtseilakt aber zwischen Geduld und Wartenkönnen, zwischen Anregen, Fördern und Überfordern ist natürlich von den Unsicherheiten begleitet, ob man denn das richtige Maß gefunden hat.

Wer sich auf seine Gefühle nicht verlassen kann oder möchte, wem Freunde, Verwandte und Nachbarn dreinreden, der muß sich den Rat der Fachleute holen, um sicherer im Umgang mit der Förderung zu werden.

Aber vergessen Sie eines nicht dabei: Sie als Mutter kennen Ihr Kind am besten, Sie haben und beobachten es Tag und Nacht. Deshalb sind alle Ihre Wahrnehmungen und Gefühle außerordentlich wichtig! Natürlich können Eltern auch »betriebsblind« sein, ihre Liebe und Fürsorge oder ihren Ehrgeiz übertreiben. Um dieser Gefahr zu entgehen, habe ich mich regelmäßig mit den verschiedensten Fachleuten beraten, aber mich auch selbst kundig gemacht.

Vielleicht helfen Ihnen diese Hinweise, sicherer zu werden im Umgang mit dem Handicap Ihres Kindes, sicherer, geduldiger und zuversichtlicher!

Literatur:
Außer den im Kapitel mit den Hilfen für wahrnehmungsgestörte Kinder schon genannten Büchern für Finger-, Bewegungs- und psychomotorische Spiele möchte ich zur Sprachanregung noch folgendes Material empfehlen:

MEIXNER, F.: Bildgeschichten 1, 2, 3

Für Lehrer, die sich nur einen kurzen Überblick über die verschiedenen Sprach- und Sprechstörungen verschaffen wollen, ohne gleich ein medizinisches Fachbuch »wälzen« zu müssen, empfehle ich:

ENGLBRECHT, A. / WEIGERT, H.: Lernbehinderungen verhindern.

24. Eltern helfen Fördern
Tips auch für Lehrer

In vielen Fällen werden schulische Fördermaßnahmen leider gar nicht angeboten. Bei einer schweren Legasthenie reichen sie meist auch nicht aus. Außerschulische Förderung aber kostet viel Geld. Aus diesen und noch einigen anderen Gründen entschließen sich manche Eltern, die Legastheniebehandlung ihres Kindes selbst zu übernehmen.

1. Welche Vorbildung muß man haben?

Man braucht keine schulische oder berufliche Ausbildung oder gar ein Studium. Ich hatte das auch nicht. Und alle Eltern, die sich in den Jahren meiner Beratungstätigkeit entschlossen, ihre Kinder selber zu fördern, besaßen ebenfalls keine besondere Ausbildung dafür. Rückblickend bin ich sogar froh darüber, daß ich völlig unbelastet an die Arbeit ging. Ich kannte damals die vielen widersprüchlichen Abhandlungen über die ständig wechselnden Methoden noch nicht, sondern ließ mich beraten von einer Lehrerin, die über jahrelange praktische Erfahrung in der Legasthenieförderung verfügte. Und immer waren es diejenigen, die in der Praxis mit Legasthenikern zu tun hatten, die mir auf Kongressen und Tagungen des Bundesverbandes entscheidende Tips geben konnten.

2. Welche Methode soll bevorzugt werden?

Auch das ist bis heute ungeklärt. Sicher ist nur, daß die ausschlaggebende Rolle nicht irgendeine bestimmte Methode spielt, sondern die Intensität des Bemühens um das legasthene Kind.

3. Welche Anforderungen werden dabei an die Eltern gestellt?

❏ Wer sein Kind selbst fördern will, muß sich darüber klar sein, daß dies ein jahrelanger Prozeß sein kann.

❏ Man braucht sehr, sehr viel Geduld, die Fähigkeit, warten zu können auf minimale Fortschritte und bei Rückschlägen nicht ent-
▶ täuscht zu sein. Es ist unendlich hilfreich, wenn man über eine positive Lebenseinstellung verfügt.

❏ Und natürlich muß man Zeit haben.
Ich mußte mich auf jede Stunde, die ich meinen Kindern gab, auch eine Stunde vorbereiten. So wurde die Legasthenie meiner Kinder für mich zum »Hobby«. Die Anforderungen, die an mich gestellt wurden, begannen mir Spaß zu machen. Trotzdem – und das will ich nicht verschweigen – war ich durch den ganzen Komplex dieser schweren Legasthenien körperlich und seelisch bis an die Grenzen meiner Leistungsfähigkeit gebracht worden. Letztlich aber haben sich alle Mühe und aller Verzicht in so hohem Maße gelohnt, daß ich immer wieder dankbar bin, in der glücklichen Lage gewesen zu sein, meinen Kindern helfen zu können.

❏ *Das Wichtigste:*
Übernehmen Sie die Therapie nur dann selber, wenn Sie und Ihr Kind es wirklich wollen, wenn Ihr Verhältnis zueinander ungestört ist! Es muß Ihnen als Mutter Spaß machen, damit Sie die Freude an der Arbeit auf Ihr Kind übertragen können. Fordern Sie jedoch auch von sich selbst nicht zuviel, und üben Sie nur mit Programmen und Konzepten, die Ihnen liegen, mit denen Sie sich sicher fühlen. Probieren Sie auch mal eigene Ideen aus, dann macht diese Arbeit noch mehr Freude!
Und stellen Sie die gesamte Hilfe auf die partnerschaftliche Ebene!
Sie müssen alles genau so lernen wie Ihr Kind, denn als Legasthenietherapeutin sind Sie schließlich auch nicht geboren worden. Die
❏ auftretenden Probleme müssen zusammen angegangen werden. Durch dieses gemeinsame Erlebnis: »Wir schaffen es« kann es zu einem neuen Gefühl der Zusammengehörigkeit zwischen Ihnen und Ihrem Kind kommen.

❏ Lassen Sie sich vorher aber von Fachleuten (z. B. denen Ihres Legasthenie-Landesverbandes) anhand des genauen Testergebnisses Ihres Kindes ausführlich beraten!

Manche Therapeuten leiten Eltern auch an und überwachen die Förderung. Eine solche Unterstützung muß natürlich bezahlt werden, ist aber durchaus zu empfehlen.

4. Was ist grundsätzlich bei der Förderung zu beachten?

❏ Eine erfolgreiche Behandlung der Legasthenie ist nur möglich, wenn gleichzeitig eine möglichst weitgehende Entlastung von den Hausaufgaben erfolgt. Im Kapitel 20 habe ich beschrieben, wie man den Kindern wirksam dabei helfen kann.

❏ Lesen Sie sämtliche Kapitel dieses Buches sorgfältig. Sie müssen über alles informiert sein, ehe Sie mit dem Förderprogramm beginnen.

❏ Arbeiten Sie regelmäßig jeden Tag, aber **nie** am Sonntag und in den Ferien!

❏ Beginnen Sie mit 20 Minuten. Länger als eine Stunde täglich sollte auch bei älteren Kindern und schweren Legasthenien das Förderprogramm nie sein.

❏ Machen Sie Ausnahmen, wenn Ihr Kind sehr müde und abgespannt ist, wenn besondere Ereignisse (Einladung, erster Schnee, ein heißer Sommertag etc.) die Konzentrations- und Arbeitsbereitschaft von vornherein belasten.

❏ Schalten Sie genügend Pausen ins Programm (s. Kap 16).

❏ Arbeiten Sie abwechslungsreich mit den verschiedenen Materialien. Nur ein einziges Arbeitsmittel einzusetzen ist zwecklos, weil es in Kürze langweilig würde und auch nie allen Anforderungen genügen kann.

❏ Beginnen Sie mit spielerischen Übungen wie Malen nach Musik, einfachen Funktionsübungen und Spielen.

❏ Machen Sie sich und das Kind vertraut mit Entspannungsübungen, und bauen Sie regelmäßig psychomotorische Übungen ein (s. Kap. 16).

❏ Bei schweren Fällen sollten Sie sich auch die Lautgebärden aneignen, mit denen sich das Kind die Buchstaben leichter merken kann (s. Kap. 16).

❏ Vergessen Sie die Belohnungen nicht, und denken Sie an die außerschulischen Erfolge (Hobbys etc.).

❏ Verbessern Sie heimlich alle Fehler (Tintenkuli).
Sprechen Sie möglichst nicht über die Mißerfolge und Rechtschreibfehler, es sei denn, Ihr Kind wünscht es ausdrücklich. Versuchen Sie, Legasthenie als etwas »Normales« zu betrachten, das nun mal

❏ da ist, mit dem man leben lernen muß. D. sagt heute noch, daß es für ihn die größte Entlastung bedeutet hätte, daß zu Hause seine Behinderung von niemandem als »Problem« angesehen wurde. Natürlich wird dies schwieriger, wenn man außerdem noch schulisch sehr erfolgreiche nichtlegasthene Kinder hat, doch sollten Sie es versuchen!

❏ Geben Sie Ihrem Kind Erfolgserlebnisse durch Aufgaben, die es schon kann oder die ihm nur wenige Mühe bereiten.

❏ Wiederholen Sie regelmäßig: nach ein bis drei Tagen eine Kurzwiederholung, ebenso nach etwa zehn Tagen. Nach ca. vier Wochen müssen besondere Schwierigkeiten nochmals aufgegriffen werden. Und auch dann wird der Übungsstoff noch nicht für immer sitzen.

❏ Eine Legastheniebehandlung muß sicherlich über zwei Jahre hinweg geführt werden. In schweren Fällen dauert sie noch viel länger.

❏ **Grundsätzlich:** Eltern sollten stets versuchen, nicht allzu einseitig zu üben, sondern Hören, Sehen, Sprechen, Bewegung (psychomotorische Übungen, Lautgebärden, Spiele, Tanz) und den taktilen Bereich (graphomotorische Übungen) mit einzubeziehen (s. Kap. 16).

❏ *Aber:* Überfordern Sie Ihr Kind nicht! Es könnte immerhin sein, daß es ihre Hilfe als massives mütterliches Störmanöver empfindet! Deshalb erzwingen Sie nichts. Mit einem erschöpften, lustlosen oder ausgeflippten Wesen kann man nicht arbeiten! Machen Sie lieber ein Vierteljahr lang »Erholungspause« und tun überhaupt nichts. Schließlich ist auch nicht Ihr Ehrgeiz wichtig und Ihr Traum von guten Noten, sondern: Fördern Sie Ihr Kind im Rahmen der

❏ Möglichkeiten, die es hat! **Stellen Sie sich darauf ein, daß es leider nicht in jedem Fall gelingen kann, einen glanzvollen Schulabschluß zu erreichen.**
Ein Elternhilfe-Kurzprogramm für Leute, die nur wenig Zeit haben, finden Sie am Schluß dieses Kapitels.

5. Welche Hilfen für welches Kind?

Grundsätzlich richten sich die Hilfen nach dem Schweregrad der Legasthenie und dem Alter des Kindes. Professor Othmar Kowarik schreibt in seinem Buch »Die Legasthenie und ihre methodische Behandlung«: »... Art und Schweregrad der Lese- bzw. Rechtschreibstörung sind bei jedem Legastheniker verschieden. Es gibt daher kein Material und auch keine perfekte Methode, die allen legasthenischen Kindern gerecht werden könnte.«

a) Hilfen im Grundschulbereich bei leichten Legasthenien

Bei **leichten** Lese-Rechtschreib-Schwächen genügt im allgemeinen eine intensive Unterstützung im Sinne der Schularbeitenhilfe, wie ich es im Kapitel 20 beschrieben habe. Schulische Förderkurse sollten zusätzlich besucht werden.

Wenn die Betreuung durch die Schule nicht möglich ist oder Ihr Kind nicht gerne und freiwillig hingeht, können Sie selbst ohne allzu großen Aufwand Ihrem Kind helfen. Bevor Sie in irgendeiner Form mit Ihrem Kind arbeiten, sollten Sie kontrollieren, ob das **Alphabet** auch schriftlich beherrscht wird, d. h., diktieren Sie große und kleine Buchstaben durcheinander. Merken Sie dabei, daß das Buchstabenschreiben noch Probleme bereitet, so üben Sie das Abc, wie es im Kap. 25 beschrieben wird oder auch besonders gut und abwechslungsreich im 4. Teil von »Sindi und Moro« von Kowarik (s. Literaturverzeichnis) zu finden ist.

❏ *Extra-Tip:* Auch für das Nachschlagen im Duden oder Lexikon sind die Abc-Übungen unerläßlich. »Vorgänger« und »Nachfolger« (was steht vor »L«; was hinter »P« z. B.) müssen immer wieder trainiert werden. Das Abc und das Nachschlagen werden sonst zu einem lebenslangen Problem!

❏ Wenn dann jeder einzelne Buchstabe geläufig geschrieben wird, können Sie mit leichten **Abschreibübungen** beginnen. Dies ist nicht nur wichtig zur Verbesserung der Rechtschreibfähigkeit, sondern
▶ auch, um die Schreibgeschwindigkeit zu steigern (unerläßlich für das spätere Mitschreiben eines diktierten Stoffes und das Abschreiben von der Tafel!). Die Texte müssen interessant sein und zunächst auch ganz leicht. Zuerst werden nur Silben geübt, dann Wörter und

schließlich Satzteile und ganze Sätze. Beim Schreiben wird die Silbe oder das Wort laut mitgesprochen. Das hilft, Fehler zu vermeiden, und prägt sich auch besser ein.

❏ *Merke:* Beim Abschreiben sollte das Kind versuchen, nach genauem Hinschauen **auswendig zu schreiben**! Das geht anfangs nur silbenweise und wird dann langsam gesteigert. Ist das Kind unsicher, darf es noch einmal hinschauen, um dann wieder auswendig

▶ weiterzuschreiben. Dabei das **laute Mitsprechen** nicht vergessen!

Wenn Sie bei Abschreibübungen in dieser Weise vorgehen, werden Sie auch erfolgreich sein. Aber üben Sie nicht länger als zehn Minuten täglich.

Für die Wörter, die immer wieder falsch geschrieben werden, legen Sie sich am besten eine **Fehler-Kartei** an. Auf Karteikarten werden die Fehlerwörter schön deutlich und groß geschrieben. Die Besonderheiten der Rechtschreibung kennzeichnet man mit Leuchtmarkern. Die Karteikarten werden dann alphabetisch geordnet. Mit dem Drei-Klassen-System: »gekonnt« – »noch nicht ganz sicher« – »unsicher« lassen Sie die geübten Wörter nach hinten wandern. Alle vier Wochen werden auch die Wörter in der Rubrik »gekonnt« noch einmal hervorgeholt und diktiert oder auswendig aufgeschrieben.

Merke: Einen Fehler zu vermeiden ist wichtiger, als ihn zu verbessern! Deshalb sollten Sie genau hinschauen, wenn Ihr Kind ein Wort schreibt. Bemerken Sie, daß ein Fehler entsteht, sagen Sie sofort – aber ganz ruhig: »Stopp, bei diesem Wort wäre es besser, wenn du noch einmal überlegst, wie es geschrieben wird.«

Ist ein Fehler schon entstanden, sollte grundsätzlich das Wort noch einmal ganz neu notiert werden. So merkt sich das Kind die Rechtschreibung besser, als wenn der falsche Buchstabe nur übermalt wird.

Auch bei leichten Legasthenien mit anscheinend gutem Lesevermögen müssen Sie prüfen, ob Ihr Kind auch **genau** genug liest. Ratendes Lesen, auch wenn es sich nur um wenige Wörter handelt, rächt sich später bitter. Wählen Sie Bücher, die Ihr Kind mag und selbst ausgesucht hat. Lesen Sie im folgenden Abschnitt b) nach, wie man die Leseübungen am besten durchführen kann.

❏ **Geben Sie Ihrem Legastheniker Mut und Selbstvertrauen. Das ist der wichtigste Teil der Therapie.**

b) Hilfen im Grundschulbereich bei schweren Legasthenien

❑ Bei allen **schweren** Legasthenien sollte man sich nach der exakten Diagnose vom testenden Psychologen oder dem Bundesverband Legasthenie beraten lassen, welchen Umfang das Förderprogramm haben sollte. Im Rahmen dieses Buches ist es mir leider nicht möglich, ein umfassendes Therapieprogramm vorzustellen. Wenn aber Eltern dieses Buch gelesen haben und ausreichend über die Legasthenie informiert sind, können sie auf die Bücher zurückgreifen, die sich aus praktischer Erfahrung heraus primär an die Pädagogen wenden. (Siehe auch das Literaturverzeichnis am Ende dieses Kapitels.)

Lesenlernen:
Da Lesenlernen leichter ist als Schreibenlernen, sollte bei schwereren Legasthenien am Anfang das Lesen gründlich geübt werden.
Im Falle einer ganz schweren Legasthenie, wenn Sie also bemerken, daß es Ihrem Kind kaum möglich ist, auch nur einen Buchstaben zu lernen und zu behalten, würde ich dringend raten, daß Sie sich eine gute Lese-Fibel mit der Handzeichen-Methode anschaffen. Man
▶ nennt sie auch **Lautgebärden.** Diese »Lautgebärden-Methode« wurde schon in den 20er Jahren für Lernbehinderungen entwickelt. Legasthenie-Therapeuten haben sie in letzter Zeit mit viel Erfolg eingesetzt. Frau Dr. Dummer arbeitet in Kiel seit vielen Jahren mit den Handzeichen. In ihrem Buch »Mit Phantasie und Fehlerpflaster« sind sie alle aufgeführt. Mit der Fibel »Horchen – Zeigen – Lesen« (Heft 1 und Heft 2) von Krenn/Kowarik liegt ein vorzüglicher Lehrgang für Lese-Rechtschreib-Schwierigkeiten vor. Ich wünschte, ich hätte diese Methode schon früher gekannt. Die unsagbare Mühe des Buchstaben-Einprägens wäre uns sicher sehr erleichtert worden (s. Kap. 1).
Wenn die Legasthenie nicht so schwer ist, wird Ihr Kind ohne Lautgebärden-Fibel lesen lernen. Zum Üben sollten Sie aber, um Erinnerungen an die Schule zu vermeiden, nicht die dort benutzte Fibel nehmen. Ich ging – als meine Kinder einigermaßen lesen gelernt hatten – mit ihnen zusammen in die Buchhandlung, nachdem ich
❑ den Buchhändler vorher orientiert hatte, damit er nicht zu schwere Lektüre anbot. Die Kinder konnten selber entscheiden, ob sie lieber

Schreib- oder Druckschrift lesen wollten. **Wichtig ist, daß die Bücher viele Bilder enthalten und einen großen Druck mit vielen Absätzen haben. Natürlich dürfen auch keine zu schwierigen Wörter darin vorkommen. Der Inhalt sollte möglichst spannend sein.**

Gute Erfahrungen liegen vor mit den dtv junior »Lesebär-Ausgaben« und den etwas schwierigeren »rotfuchs-Taschenbüchern« aus dem Rowohlt-Verlag. Das **genaue Lesen** kann nicht lange genug geübt werden! Anfangs setzt man unter schwere Wörter Silbenbögen, mit Leuchtmarkern können Schwierigkeiten markiert und am nächsten Tag dann leichter wiederholt werden. Der Satz wird zunächst in kürzere Sinnabschnitte aufgeteilt. Das Kind sollte auch nur die Zeile sehen, die es gerade liest, decken Sie also den übrigen Text ab.

Wichtig: Ihr Kind muß laut lesen! Wenn anfangs unbekannte Texte zu große Schwierigkeiten machen, kann man den Text erst einmal vorlesen, während das Kind mit ins Buch schaut. Die **Lesedauer** kann Ihr Kind selbst bestimmen. Länger als zehn Minuten wird es sich in den ersten Jahren nicht aufs Lesen konzentrieren können.

Unser Sohn, der im 3. Schuljahr noch nicht lesen konnte, hat mit all diesen Hilfen, die ich auch unter anderem schon im Kapitel 20 beschrieben habe und auf die ich in diesem Kapitel (Absatz: Spiele, die man nicht zu kaufen braucht, s. S. 219) noch eingehen werde, so gut lesen gelernt, daß er beim Eintritt ins Gymnasium bereits schwierige Texte über Verhaltensforschung im Brehm las und seitdem vor keinem Buch, sei es auch noch so dick, zurückschreckt. In Streßsituationen liest er allerdings noch hin und wieder ungenau. Das führte bei Textaufgaben in Mathematik und bei Arbeitsanweisungen mit erschwertem Textverständnis leider immer wieder zu Fehlleistungen.

Nachtrag aus den Erfahrungen, die meine Söhne inzwischen machten: Das ungenaue Lesen bereitet ihnen immer wieder Schwierigkeiten und führt manchmal zu erheblichen Fehlleistungen. Aus meiner Unerfahrenheit heraus habe ich damals leider nicht lange und intensiv genug auf das **genaue** Lesen geachtet.

Deshalb meine Warnung an Sie: Vergessen Sie nicht die intensiven Leseübungen! Üben Sie das laute und genaue Lesen – anfangs silben-wei-se! – jeden Tag 5–10 Minuten und nach Möglichkeit bis mindestens zur 6. Klasse! Sollte dabei Ihr lieber Legastheniker aber auf Tauchstation gehen, einfach streiken und nicht mehr lesen wollen, so versuchen Sie es mit Belohnungen und abwechselndem Lesen: ein großes Stück Sie, ein kleines Stück der Sprößling, mit interessanten Büchern, einigen Wochen »Lesepause« und viel Liebe!

❑ **Leseübungen erscheinen mir wichtiger als alles andere!**

Förderprogramme und Arbeitsmaterialien für die Rechtschreibung: (Alle aufgeführten Arbeitsmaterialien und Spiele des gesamten Kapitels finden Sie noch einmal übersichtlich mit Angaben zu den Autoren und Verlagen im Anhang ab Seite 229 und teilweise auch im Literaturverzeichnis.) Die Autoren Helge und Helmut Tamm haben ein umfangreiches Förderprogramm entwickelt, das ich nach wie vor für sehr geeignet halte. Es heißt »Lies mit uns, schreib mit uns« und gibt es für die Klassenstufen 2/3, 3/4 und 5/6. Nach meinen Erfahrungen sollte man bei schweren Legasthenien in den Klassenstufen des Buches lieber zurückgehen, d. h. für ein Kind im 4. Schuljahr ist zunächst das Buch für die 2./3. Klassenstufe völlig ausreichend. Es ist aber wichtig, daß Sie sich mit den Arbeitsbüchern gründlich beschäftigen. Inzwischen ist ein sehr zu empfehlendes Arbeitsmaterial von Kowarik erschienen: »Ich übe mit Sindi und Moro« (4 Hefte). Auch dies ist ein aufbauendes Trainingsmaterial, beginnend mit einfachen akustischen Übungen bis hin zu Regel-, Rechen- und Reihenübungen im 4. Teil. Jedes Heft enthält zudem Konzentrations-, Raumlage-, Monatsnamen-, Abc-, Uhrzeitübungen und Spiele, alles sehr motivierend und für ungeübte Eltern einfach zu handhaben.

❑ *Achtung:* Nur die Übungen mit Schreibschrift sollten Sie auslassen, weil die Buchstaben anders aussehen, als sie bei uns in Deutschland üblich sind! Auch der »Kieler Leseaufbau« von Dummer/Hackethal ist ein ausgezeichnetes und umfassendes Programm für das Lesenlernen bei schwerer Legasthenie (mit Lautgebärden und interessanten Spielen), mit dem bereits sehr erfolgreiche Therapie-Erfahrungen vorliegen. Eltern, die sich diesen Leselehrgang zulegen möchten, sollten sich allerdings vorher beraten lassen und feststellen, ob sie sich so ein umfangreiches Programm auch zutrauen. Die Kosten sind außerdem wegen der vielen Kopiervorlagen recht hoch.

Niemals aber sollte man sich nur **auf ein einziges Förderprogramm stützen!** Um die Arbeit mit dem Kind so abwechslungsreich wie möglich zu gestalten, müssen eine Reihe verschiedener Arbeitsmaterialien eingesetzt werden.

Ich selber habe neben dem »Tamm«, den ich in allen Klassenstufen gründlichst durchgearbeitet habe, mit meinen Kindern noch sehr viel Material ausprobiert. Nicht alles ist empfehlenswert, und immer sollte das Arbeitsmaterial Kind und Eltern gefallen.

Außer dem schon Genannten kann ich sehr empfehlen:

»Diktatspiele 1« von Lauster, allerdings nur bei **leichter** Lese-Rechtschreib-Schwäche, da es kein aufbauendes Trainingsmaterial ist!

»Grammatikspiele« von Lauster (3.–5. Kl.)

▶ »Lesespiele 1 u. 2« (1.–4. Kl.) von Lauster, aber nur für gut informierte Eltern, weil nicht alle Übungen auch für Legastheniker geeignet sind!

»Aufsatzspiele 1 u. 2« (1.–4. Kl.) von Lauster – sehr wichtige Übungen, die bei fast allen Legasthenikern notwendig sind.

Der Plosiv-Würfel (Wildegger, s. Adressen im Anhang) eignet sich sehr gut, wenn Kinder Schwierigkeiten beim Unterscheiden der sog. Stoppkonsonanten (b, d, p, k) haben.

Für die konzentrations- und richtungsgestörten Kinder ist in der Grundschule das Funktionstraining »Kannst du das auch?« von Kowarik sehr geeignet.

»Konzentrationsspiele 1 u. 2« (1.–4. Kl.) von Lauster sind gute Übungen, die Ihrem Kind sicher viel Spaß bereiten werden. Sie sind zudem noch für die Raumlageübungen und das visuelle Training zu gebrauchen.

Für alle Legastheniker geeignet, auch später noch: »Mein Kind ist Legastheniker«, 40 einfache Hilfen von Peschka. Es sind meist spielerische Übungen, einfach auszuführen, ohne daß Vorkenntnisse oder Vorbereitungen von den Eltern erwartet werden. Allerdings stimmen die Ausführungen über Legasthenie im theoretischen Teil nicht mit meinen Vorstellungen überein.

Wenn Ihr Kind sich schon etwas stabilisiert hat und ähnliche Buchstaben nicht mehr so stark verwechselt, dann übt es sicher gerne mit dem *profax-Gerät* und den entsprechenden Heften, mit denen ein visuelles und akustisches Training spielerisch möglich ist.

Falls Ihr Kind ausgeprägte auditive Schwächen und vielleicht auch noch Sprachprobleme hat, kann ich folgende Programme empfehlen:

»Horchen Zeigen Lesen« (1, 2) von Krenn/Kowarik

»hören und üben« Heft 2 (für Fortgeschrittenere) von Fackelmann

»Eins zwei drei ritsche ratsche rei« (Kinderspielreime) von Stöcklin-Meier

»Bildgeschichten 1, 2, 3« von Meixner.

Einfach zu handhaben sind auch folgende Arbeitsmittel: Lernspiele »Deutsch 2« ab Klasse 2 und Lernspiele »Rechtschreiben 3/4« im Westermann-Schulbuchverlag. Sie sind über den Buchhandel zu beziehen und enthalten u. a. Spiele wie Bingo, Domino, Quartett und anderes zum Einüben schwieriger Worte. Außerdem kann für jede Klassenstufe der Grundwortschatz leicht erarbeitet werden. Diese Lernspiele sind nicht nur für Eltern wichtig, sondern auch für den Förderunterricht in den Schulen.

Im Handel gibt es laufend neue Lernspiele. Es sollte Sie aber jemand beraten, der von Legasthenie etwas versteht, denn oft sind auch diejenigen Spiele **nicht** geeignet, die die Bezeichnung »für lese-rechtschreibschwache Kinder« tragen.

1995 ist ein Eltern-Kind-Intensivkurs von R. Hackethal erschienen. Mit diesem Büchlein, das zehn Übungseinheiten enthält, können Eltern eine gute Grundlage für den Aufbau einer sicheren Rechtschreibung schaffen. Auch ältere Schüler in weiterführenden Schulen können sich mit diesen Techniken noch verbessern. Jeder Übungseinheit für ca. 15 Minuten täglich sind Lieder und Spiele angeschlossen.

Sinnvoll läßt sich mit einer Fehlerkartei arbeiten, wie ich es bei den leichten Legasthenien beschrieben habe. Da meine Söhne, wie alle Kinder mit einer schweren Legasthenie, eine Abneigung gegen jegliche Art von Schreiben hatten, beschriftete ich die Karteikarten mit deutlichen Buchstaben selbst. Bei Wiederholungen durften sie das Wort genau anschauen und auswendig auf Zettel schreiben, die sie am Ende der Übung mit Wonne zerrissen haben. Ich habe deshalb den Papierkorb nur selten geleert, denn je mehr er sich füllte, um so stärker hatten sie das Bewußtsein, wirklich enorm fleißig gewesen zu sein!

Ich probierte mit meinen Kindern auch das **Schreibmaschineschreiben** aus, natürlich nur das »Einfinger-Tippsystem«. Nachdem sie Spaß daran fanden, ließ ich sie die linke Seite der Maschine mit dem linken Zeigefinger und die rechte Hälfte mit dem rechten Zeigefinger bedienen, um ihnen ein besseres Gefühl für rechts und links zu geben. Natürlich half ich ihnen anfangs, indem ich ihnen bei jedem Buchstaben zeigte, wo er lag. Beim Schreiben mit der Maschine machen die meisten wesentlich weniger Fehler, weil sie gezwungen sind, wirklich Buchstaben an Buchstaben zu reihen, und ihr Produkt auch besser lesen können als ihre Handschrift. Und sie müssen sozusagen nicht »selbst« schreiben. Ich benutzte ein schwarz-rotes Farbband für die Schreibmaschine. Das brachte mehr Spaß in die Übungen.

❏ Bei sehr schweren Legasthenien erfordert dieses Schreiben aber einen erheblichen Konzentrationsaufwand und geht sehr langsam. Deshalb legte sich bei meinen Kindern die anfängliche Begeisterung auch wieder.

Inzwischen haben aber immer mehr Kinder in speziellen Kinderkursen mit der Schreibmaschine schreiben gelernt. Es sind damit sehr positive Erfahrungen gemacht worden. Auch meine Söhne schrieben damals alles mit der Maschine. Heute haben sie allerdings einen PC, was ich allen Kindern empfehlen möchte.

Die modernen **Duden-Korrekturprogramme** der PCs erleichtern sicherlich den weniger schwer Betroffenen das richtige Schreiben. Leider ist aber auch ein Computer nicht perfekt und versagt besonders bei den später zurückbleibenden Lieblingsfehlern der Legastheniker, der schwierigen Groß- und Kleinschreibung (z.B. der substantivierten Verben), den Kommaregeln und natürlich auch beim »vermaledeiten« »ß« oder »s« in den Wörtern »das« oder »daß«. Deshalb hat die Praxis gezeigt, daß im Falle einer höheren Fehlerquote die Korrektur durch Eltern oder verständnisvolle Freunde schneller und sicherer ist! Und am allerbesten wäre es, wenn die »helfende Hand« die Verbesserungen gleich am PC selber durchführen könnte, um dem Legastheniker den Anblick eines durchkorrigierten Blattes zu ersparen. Wer nachvollziehen kann, wie sehr das Selbstbewußtsein auch eines schon erwachsenen Legasthenikers von so einem »Stück Papier« getroffen werden kann, wie es ihn mit Wut auf sich selber erfüllt, wieder einmal versagt zu haben, wie er sich frustriert »einigelt« beim Anblick der vielen Fehler, der wird so unauffällig wie möglich helfen und korrigieren.

Nun gibt es inzwischen viele **Computer-Rechtschreibprogramme**, die Sie aber nur zusätzlich benutzen sollten. Sie sind als beliebtes und abwechslungsreiches Training durchaus zu begrüßen, doch ersetzen sie nach wie vor nicht die persönliche Übermittlung des Lernstoffes. Da unentwegt neue Übungsprogramme auf den Markt kommen, möchte ich hier keine bestimmten Empfehlungen geben. Eltern können die Nützlichkeit eines pädagogischen Förderprogramms allerdings sicher nicht beurteilen. Sie müssen sich auf die Beratung durch die Landesverbände Legasthenie oder eines Therapeuten verlassen.

Arbeitsmittel und Hilfen für das Rechnen:
Für Kinder, die auch Schwierigkeiten im Rechnen haben, eignen sich die Farbigen Stäbe Nr. 16534 aus dem Klett Verlag und auch ganz große Würfel, um überhaupt erst einmal ein Raumvorstellungsvermögen zu bekommen. Auch mit der »1-2-3-Magnetbox« von den Oberschwäbischen Magnetspielen läßt sich dies gut trainieren. Und für den Zahlenraum 10 bis 1000 ist sehr zu empfehlen das Heft 4: »Sindi und Moro« von Kowarik. Mit diesem Heft habe ich bei der sehr schweren Rechenschwäche unseres Sohnes noch im 3. und 4. Schuljahr erfolgreich gearbeitet. Allerdings muß der schwierige Teil, der Zahlenraum bis 10, beherrscht werden, bevor Sie dieses Programm einsetzen können.

Auch die mit der Rechenschwäche einhergehenden Schwierigkeiten beim Erlernen von Wochentagen, Monatsnamen und des Alphabetes können damit ausgezeichnet geübt werden.

Zusätzlich braucht man bei solchen Kindern unbedingt ein Hunderter-Steckbrett mit bunten Steckern. Auch bunte Knöpfe und flache Plättchen in verschiedenen Größen und Farben (Floh-Spiel) sollte man haben, um den Kindern ein räumliches Vorstellungsvermögen der Zahlenmenge zu geben.

Rechenspiele können zu den Rechenübungen erfolgreich eingesetzt

werden, auch die Rechenspiele von Lauster und ebenso die im Anhang angegebenen »mini-LÜK-Hefte«, allerdings **ohne** Kasten und
Plättchen.

Viele Rechenspiele sind leider für Legastheniker ungeeignet, was
Eltern nur schwer erkennen können. Als allgemein gültiger Hinweis
mag gelten, daß ein gutes Rechenspiel sehr übersichtlich und klar
geordnet sein muß (s. Kapitel über die Hilfen bei Rechenschwäche).

Um das **Einmaleins** zu üben, brauchen Sie viel Geduld und Zeit.
Und auch ein bißchen Mut gegenüber der Schule, denn Sie sollten

❏ erst dann mit dem Üben der nächsten 1×1-Reihe anfangen, wenn
die vorhergehende wirklich gut beherrscht wird. Am besten sprechen Sie mit dem Lehrer und bitten ihn, Ihr Kind im Mündlichen
beim Einmaleins eine Weile zu übergehen. Schwierig wird es bei
den Klassenarbeiten, wenn Ihr Kind noch nicht soweit ist wie die
anderen. Ich kenne sehr mutige Mütter, die haben ihren Legastheniker vor einer Rechenarbeit regelrecht »krank geredet«. Ein ent-
mutigter Legastheniker glaubt schnell, daß er tatsächlich krank sei,
wenn man ihm nur eindringlich genug sagt, wie schlecht er aussähe
und daß er sicher Fieber habe. Daß man ein solches Vorgehen nicht
zum Prinzip werden lassen darf, ist wohl klar. Aber ab und an einmal eine drückende Sorge weniger, das tut dem Legastheniker nur
gut!

❏ Noch ein *Hinweis* zum Einmaleins-Lernen: Alle Reihen mit ungera-
den Zahlen sind schwer zu lernen – Ausnahme ist das 1×5. Die

❏ schwierigste Reihe ist das 1×7. Lassen Sie sich deshalb Zeit, denn
wenn das kleine Einmaleins nicht klappt, wird es mit dem großen
Einmaleins nie etwas werden.

Ausführliche Informationen zur Rechenschwäche finden Sie in den
Kapiteln 9 und 22.

Gesellschaftsspiele:

Sie sind zur Auflockerung des Förderprogramms unerläßlich. Bei
meinen Kindern erlebte ich aber immer wieder, daß sie viele Spiele
nicht mochten, obwohl ich ganz bewußt jede Wettbewerbssituation
ausgeschaltet hatte. Sie witterten wohl die pädagogische Absicht dahinter. So war ich mit jeder Art von Puzzles nicht sehr erfolgreich.
Wahrscheinlich machten sie ihnen als schwer visuell gestörten Kin-

dern zu große Mühe. Auch »Scrabble« haben sie nicht gemocht. Leichter ging es dagegen mit der »Buchstabensuppe«. Sehr gern spielten sie auch »Schau genau«, vermutlich, weil ich damit mindestens solche Mühe hatte wie sie selber. Der räumlich gut orientierte Sohn spielte mit Begeisterung jede Art von Memory und war ohne große Anstrengung stets besser als ich. Mit dem in der »Raumlage« schwer gestörten Sohn spielte ich Memory in der Form, daß wir uns gegenseitig halfen, das Richtige zu finden.

❏ Für Eltern ist aber die Vielfalt der in Frage kommenden Spiele verwirrend. Ich rate Ihnen deshalb, sich die Spiele mit Ihrem Kind zusammen anzusehen. Lassen Sie sich Zeit bei der Auswahl und beraten Sie sich mit einer erfahrenen Verkäuferin, welches Spiel für die jeweiligen Schwächen Ihres Kindes geeignet sein könnte.

Grundsätzlich sind Spiele in jeder Form sehr wichtig als Auflockerung in der Legasthenikerarbeit (s. Kap. 16 »Lernspiele«).

Spiele, die man nicht zu kaufen braucht:
Um das »genaue Hinhören« und deutliches Sprechen zu üben, eignet sich vorzüglich das Spiel »Stille Post« mit dem Ziel, das Wort möglichst genau wiederzugeben.

❏ *Oder:* »Ich sehe was, was du nicht siehst, es fängt mit B an.«

❏ *Oder:* »Hören auf Buchstaben«: »Was hörst du in dem Wort ›Kartoffel‹ nach dem ›a‹?«, »Im Wort ›Finger‹ nach dem ›i‹?«

❏ Auch ähnlich klingende Wörter lassen sich so üben: Was hörst du in »Kirche« nach dem »K« und in »Küche« nach dem »K«, in »Leiter« und in »leider« nach dem »ei«, oder was hörst du bei dem Wort »Licht« und »nicht« am Anfang und am Ende?

❏ *Oder:* Die beliebten Abzähl- und Kinderreime. Sie zwingen zur genauen Aussprache, auch Abc- und Wochentageübungen sind dabei, und lustig sind sie auch noch! (In dem Buch: »Eins zwei drei ritsche ratsche rei« von Stöcklin-Meier sind sie alle gesammelt.)

❏ *Oder:* Für rechts-linksschwache Kinder eignet sich das Spiel: »Mein rechter Platz ist leer, ich wünsche mir... (die Lotte) her.«

❏ *Oder:* Großflächiges Malen mit Filz- und Wachsmalstiften oder mit Wasserfarben trägt zur Entkrampfung der Schreibsituation bei. Auch Malen nach Musik lieben manche Kinder. Am besten nimmt man alte Tapetenrollen oder Makulaturpapier (im Zeitungsverlag zu erhalten). Auch zur Unterscheidung von ähnlichen Buchstaben kann man das Malen zur Hilfe nehmen. Die dunkel klingenden Buchstaben erhalten blaue Farbe, die hellen eine rote.

❑ *Oder:* Zum Lesenüben kann man das Spiel »Lesehüpfen« verwenden. Jeder sucht sich aus einem beliebigen Text ein Wort aus und liest es. Der andere muß dann suchen, wo das Wort steht. Diese Übung eignet sich ausgezeichnet, um »überfliegendes Lesen« zu trainieren. Natürlich darf dieses Spiel erst dann zur Anwendung kommen, wenn das Kind bereits geläufig lesen gelernt hat, also vorwiegend erst nach der 4. Klasse (s. S. 226).

Oder: Das Suchbild in Illustrierten eignet sich hervorragend, um das »genaue Hinschauen« zu trainieren.

c) Hilfen im Sekundarbereich bei allen Legasthenieformen

Zu diesem Zeitpunkt hängt die Elternhilfe wesentlich davon ab, wie schwer betroffen und wie belastungsfähig die Kinder sind. Meine Kinder waren – nicht zuletzt durch die schwere Fremdsprachenlegasthenie und weitgehendes Unverständnis der meisten Lehrer – in der 5. und 6. Klasse so belastet, daß ich außer der gründlichen Hilfe bei den Hausaufgaben (s. Kap. 20) nicht mehr viel an spezieller Legasthenietherapie durchführen konnte.

❑ Ich habe auch bewußt ab Klasse 5 die Förderung in Deutsch zugunsten von Englisch zurückgestellt.

Allgemeine Hilfen:
Die meisten **Spiele** lassen sich auch jetzt noch im Sekundarbereich anwenden. Bei den Spielen, die Sie selber herstellen können, möchte ich auch noch ein Spiel für die unregelmäßigen Verben in Englisch erwähnen. Ein Vater erfand es für seine legasthene Tochter:

❑ In einer Art modifiziertem Memory beschriftete er Karten mit den drei Stammformen. Jedes Kind muß nun durch Aufdecken der Karten wie beim Memory oder auch durch Abfragen beim Nachbarn in der Art eines Quartetts versuchen, alle drei Formen eines Verbs zu erhalten und in der richtigen Reihenfolge sortiert vor sich hinzulegen. Eine großartige und empfehlenswerte Übung besonders für die Kinder, die zwar mechanisch die Reihenfolge reproduzieren können, aber versagen, wenn z. B. zum Verb »went« die Grundform gesucht wird. Um anfänglich das Spiel nicht zu sehr zu erschweren, kann man sich auch nur auf zwei Karten beschränken, d. h. auf die eine Karte schreibt man die Grundform, auf die andere die beiden Vergangenheitsformen. Wenn das dann klappt, läßt sich das Spiel mit drei Karten erschweren.

Die Hefte »Funktionstraining 1 und 2: Das ist Spitze« von Kowarik lassen sich jetzt erfolgreich einsetzen. Sie enthalten außerdem Abc-, Monatsnamen-, Rechen- und Uhrzeitübungen.

Die »Konzentrationsspiele 3« von Lauster (5.–6. Klasse) sind ebenfalls sehr empfehlenswert.

Auch in der Sekundarstufe ist für alle Legastheniker noch geeignet: »Mein Kind ist Legastheniker« von Peschka.

Für den Deutschunterricht:

Der »Schülerduden« ist unerläßlich! Das Suchen im Lexikon bleibt für Legastheniekinder stets ein Problem. Um so wichtiger sind häufige Nachschlagübungen. In höheren Klassen muß auch bei fremdsprachlichen Klassenarbeiten das Lexikon benutzt werden. Legastheniker sind dann immer im Nachteil, wenn ihnen das alphabetische Suchen noch Probleme bereitet.

Für diese Kinder eignet sich hervorragend das Buch »FIDIBUS. Deutsches Wörterbuch 5–10« für die Klassen 5–10, da dort auf jeder Seite am Rand das ganze Abc aufgeführt ist und zusätzlich der zu suchende Anfangsbuchstabe farbig markiert wurde. Abc-schwache Legastheniker werden dieses Buch als großartige Erleichterung empfinden.

Ein umfassendes Trainingsmaterial, das sehr motivierend gestaltet ist, liegt mit dem Buch: »Lies mit uns, schreib mit uns« von Tamm für die 5./6. Klasse vor. Auch Eltern können gut damit umgehen.

Mit den Heften: »So werde ich Rechtschreibmeister (1, 2)« von Kowarik schließt der Autor ein Training an, das auf das Übungsprogramm: »Ich übe mit Sindi und Moro« aufbaut. Sie sind also nur zu empfehlen – wie übrigens auch das oben genannte Buch von Tamm –, wenn die Vorübungen der Grundschuljahre mit den entsprechenden Heften erfolgt sind. Wer nur einzelne Rechtschreibregeln üben möchte oder wer Übungsstoff zur Grammatik braucht, sollte sich das Buch »Der deutsche Aufsatz I« von K. A. Dostal kaufen.

Über eine gute Grammatik habe ich bereits im Kapitel 20 geschrieben.

Auch die »Grammatikspiele 3« von Lauster für die 3.–5. Klasse enthalten sinnvolle Übungsmöglichkeiten.

Aufsatzübungen sind weiterhin ungeheuer wichtig. Gute Anleitung dafür bietet Lauster mit den Heften: »Aufsatzspiele 3« (5./6. Klasse).

Zum Glück gibt es inzwischen gutes Fördermaterial auch für **ältere Schüler.** Darunter eignet sich besonders das Konzept von Frau Reuter-Liehr im Verlag D. Winkler, in das Sie aber durch Therapeuten eingeführt und kontrolliert werden müssen.

Mit den folgenden neuen Fördermaterialien können Eltern und Lehrer jedoch leicht umgehen:

»Kimspiele« als Wahrnehmungstraining von H. Bücken (ab 5./6. Klasse einsetzbar),

Lernspiele »Rechtschreiben« 5./6. Klasse im Westermann Schulbuchverlag,

»Rechtschreibblätter mit Selbstkontrolle 5. und 6. Schuljahr« von Müller/Vollmer,

»Rechtschreibtraining« Klasse 5–7 von Straub/Thoms.

Die beiden letztgenannten Materialien sind nur zur aufbauenden Förderung gedacht.

Auch die **Leseübungen** habe ich schon im Kapitel 20 beschrieben. Ich verweise auf das unter dem Absatz »Spiele, die man nicht zu kaufen braucht« erwähnte Spiel »Lesehüpfen« (s. S. 220). Dieses Training macht Spaß und ist unerläßlich zum Üben des schnellen, überfliegenden Lesens, das in höheren Klassen und im täglichen Leben gebraucht wird.

Meine Kinder lasen mir, während ich mit Hausarbeit beschäftigt war, ganz gern lustige Bücher vor. **Laute Leseübungen sind auch jetzt noch sehr wichtig!**

Über den Umgang mit einem Karteikasten für Rechtschreibübungen schrieb ich bereits im Abschnitt a) in diesem Kapitel und im Kapitel 20, ebenso über die Arbeit mit der Schreibmaschine. Übungen mit dem *Alphabet* s. S. 236.

Das Üben zumindest der gebräuchlichsten Fremdwörter ist leider notwendig, besonders dann, wenn die Schreibweise ungewöhnlich ist. Der ganze Duden nutzt dem Legastheniker nichts, wenn er beispielsweise auf der Suche nach dem Wort »Rhetorik« unter »Re« oder bei »Szene« unter »Z« nachschlägt. Eine ungefähre Vorstellung, wie das Fremdwort geschrieben werden könnte, sollte der Legastheniker schon haben.

Rechenübungen:
Das große und kleine Einmaleins werden noch Schwierigkeiten bereiten, ebenso das Umrechnen in größere und kleinere Einheiten und das Bruchrechnen. Alles muß intensiv geübt werden, denn diese Grundlagen fehlen dem Legastheniker sonst später. Unsere eigenen Erfahrungen haben uns gezeigt, daß die Lücke in den Grundrechenarten für die ganze Schulzeit zum Stolperstein werden kann. Bei einem unserer Söhne stellte sich später eine ausgesprochene Begabung für Mathematik heraus. Er war einer der Besten im Leistungskurs. Und doch wagte er nicht, Mathematik als Leistungsfach für das Abitur zu nehmen, weil er seine legasthenischen Schwächen, u. a. auch in den Grundrechenarten, zu sehr fürchtete (s. Kap. 9).

Hilfen für Erdkunde:
Aus leidvoller Erfahrung weiß ich, daß auf raumlagegestörte Kinder, die sich am eigenen Körper nicht auskennen, im Fach Erdkunde einige Fallen lauern. Deshalb bin ich froh, daß es im Persen-Verlag wieder Puzzles gibt, mit denen man die Erde, Europa und Deutschland kennenlernen kann. Dann kann man doch hoffen, daß Klassenarbeiten zum Thema »Hauptstädte der Welt« oder »Länder Südamerikas« nicht mehr mit einer mittleren Katastrophe enden, weil für den Legastheniker Paris in Spanien liegt, er den Machu Picchu den Rocky Mountains zuordnet und natürlich nicht weiß, wie man New Delhi schreibt.

Übungen für Englisch:
Die Hilfen für Englisch habe ich im Gegensatz zu denen bei den muttersprachlichen Übungen intensiv eingesetzt. Eine starke Unterstützung in den ersten beiden Englischjahren war für mich wichtiger als die Legasthenietherapie der Muttersprache, zumal wir mit der Fremdsprachenlegasthenie schon genug zu tun hatten und deshalb für andere Übungen auch kaum noch Zeit blieb.
Der Schwerpunkt meiner Hilfe lag bei den Hausaufgaben. Im Kapitel 20 habe ich geschrieben, wie man auf diesem Gebiet wirkungsvoll

helfen kann. Wie sich sonst noch eine gezielte Unterstützung im Bereich der englischen Sprache einsetzen läßt, erfahren Sie im Kapitel 21. Ein interessantes Spiel zum Erlernen der unregelmäßigen Verben habe ich in diesem Kapitel beschrieben.

Übungen für Latein:
Für dieses Fach kann ich die »Manz Lernhilfen Latein« empfehlen. Sie sind den verschiedenen Lateinjahren angepaßt und enthalten immer einen Lösungsteil, so daß man auch als Nicht-Lateiner die Möglichkeit hat, die Aufgaben zu überprüfen.
Den »Vokabelkasten« zum Grundwortschatz gibt es auch für Latein, allerdings noch nicht in der vorzüglichen Ausgabe wie für Englisch.

❏ *Allgemeiner Hinweis:* Es gibt inzwischen unendlich viele gute und leider auch schlechte Übungsmaterialien. Ich habe Ihnen nur einige aufgeführt, von denen ich als Mutter ohne pädagogische Vorbildung annehme, daß auch andere Mütter damit zurechtkommen werden. Wenn Sie unsicher sind, lassen Sie sich von Fachkräften beraten, schauen Sie sich alles an und entscheiden Sie mit Ihrem Kind, ob Sie diese Übungshilfen mögen.

d) Wie kann man älteren Legasthenikern helfen, die Schulnoten noch zu verbessern?

Ich denke dabei an Legastheniker der 6. bis 10. Klasse, die ein eigentliches Regeltraining nicht mehr so nötig brauchen oder auch inzwischen keine Lust mehr dazu haben, die aber doch in ihrer Gesamtschulleistung legastheniebedingte Defizite aufweisen.
So schreiben viele Schüler in diesem Alter noch viel zu langsam. Nie schaffen sie ihr Pensum bei den Klassenarbeiten und beim Mitschreiben. Dagegen läßt sich einiges tun, und ich schlage Ihnen deshalb folgende Übungen vor:

Schnellschreibtraining:
Sie geben dem Kind einen nicht zu schweren Text als »Diktat«, d.h. es kommt **nicht** auf die Fehler an, sondern darauf, daß Ihr Kind so schnell wie möglich mitschreiben lernt.

Diesen Text diktieren Sie jeden Tag wieder, ca. 5 Minuten lang, bis es schnell genug geht. Erst dann kommt ein neuer Text.
Bedingung: gut lesbare Schrift. Sie können den Text auch einmal auf Kassette sprechen, dann brauchen Sie nicht jeden Tag dabeizusein, was dem Schüler vielleicht ganz lieb ist. Sie können auch die Stoppuhr einführen, wenn das Spaß macht. So sieht man jeden Tag, daß es etwas schneller geht. **Aber bitte: Fehler nicht verbessern!** Das deprimiert nur unnötig! Der Schüler muß lernen, schneller zu schreiben, ohne an die möglichen Fehler zu denken.

Abschreibtraining:
Die meisten Legastheniker haben Probleme, schnell und genau genug von der Tafel o. ä. abzuschreiben. Das muß deshalb geübt werden. Aber bitte richtigmachen: Das ganze Wort ansehen und auswendig hinschreiben. Nie zulassen, daß nach jedem Buchstaben oder jeder Silbe geschaut wird! Später geht man dazu über, ganze Satzteile und schließlich vollständige Sätze auswendig schreiben zu lassen. Der Legastheniker muß einfach lernen, sich zuzutrauen, auch einmal längere Sätze auswendig wiedergeben zu können. Dann kommt das Tempo von selber!

Schönschreibtraining:
Jeden Tag 5 Minuten Schönschreibtraining! Ein Legastheniker mit schlechter Handschrift ist immer im Nachteil, auch später bei Bewerbungen für einen Arbeitsplatz, im Beruf selber etc. Lassen Sie zunächst die Buchstaben des Abc in großer, deutlicher Schrift malen, denn bei manchem Buchstaben weiß der Legastheniker sicher nicht mehr, wie er richtig geschrieben wird. Dann sollten nur interessante Texte abgeschrieben werden, die das Kind selbst bestimmen kann.

Stichwort-Mitschreibtraining:
Diese Übung ist ein zusätzliches Training, um das Mitschreiben in Stichwörtern zu üben. Legastheniker vermeiden das Stichwörterschreiben, weil sie fürchten, dann gar nicht mehr mit dem Text zurechtzukommen. Hören und gleichzeitig mitschreiben stellt hohe Anforderungen an die Kinder. Also muß es geübt werden.
Dazu brauchen Sie als Vorübung das **Schnellschreibtraining** und außerdem das **Schnell-Lesetraining**, das ich anschließend noch vor-

stelle. Wenn diese beiden Übungen gut funktionieren, läßt sich das Mitschreiben nach Stichwörtern leichter üben. Sie beginnen damit, Ihrem Kind zunächst einen bekannten Text vorzulesen, damit es ihm nicht so schwerfällt, Stichwörter zu finden. Dann versuchen Sie es mit einem unbekannten Text. Und während Sie vorlesen, muß Ihr Kind in Stichwörtern mitschreiben. Langsam wird es Ihnen gelingen, Ihren Legastheniker zu überzeugen, daß auch nur wenige Wörter ausreichen, um einen Text zu verstehen.

Schnell-Lesetraining:
Ältere Legastheniker müssen lernen, sich vom einzelnen Buchstaben zu lösen, damit der Lesevorgang insgesamt schneller wird. Dafür übt man das sog. »sinnverstehende« Lesen, d. h., man zeigt dem Legastheniker, wo besonders wichtige Wörter (Bausteine) im Satz stehen, mit deren Hilfe man den weiteren Satz erraten kann. Ein Beispiel: »Der **Hund knurrt** den **Gast** des Hauses böse an.« Diese Bausteinwörter malt man mit dem Leuchtmarker an. So geht man den ganzen Text durch. Dann schreibt man die angestrichenen Wörter heraus und läßt damit wieder Sätze bilden. So entdeckt der Legastheniker, daß er gar nicht Wort für Wort lesen muß, um den Inhalt zu verstehen. Er lernt einen Text schneller zu lesen.

Technik des Querlesens (überfliegendes Lesen):
Ganz ähnlich verfährt man, wenn man das Lesetempo noch mehr steigern will, d. h., wenn man dem Kind klarmacht, wie man anhand von wenigen Stichpunkten auf einer Seite doch einen Text vom Inhalt her erfassen kann, eben einen Text »querlesen« kann.
Man geht so vor, daß man selbst ein markantes Wort (längeres Hauptwort) heraussucht, also z. B. »Gewitterwolken«, es dem Kinde mitteilt und nun suchen läßt, wo das Wort wohl stehen könnte. Zunächst nimmt man natürlich nur ganz kleine Abschnitte, um das Suchen nicht zu sehr zu erschweren. Das muß ja erst gelernt werden. Zur Abwechslung darf dann das Kind sich ein Wort rauspicken, das Sie suchen. So bringt die ganze Übung noch etwas Spaß. Ich nenne das Spiel »Lesehüpfen« und halte es für sehr wichtig, denn manchen Text muß Ihr Kind später schnell überfliegend lesen und verstehen können. Deshalb kann mit Hilfe dieser vorgestellten Technik das »Querlesen« leichter angeeignet werden.

Klare Gliederung:

Die allermeisten Legastheniker bringen es nicht fertig, einen Text übersichtlich geordnet und gegliedert zu Papier zu bringen. Das hängt mit ihrer Raumlageschwäche zusammen, aber man kann es üben! Borgen oder fotokopieren Sie Hefte von Schülern, die das gut können, um ein Vorbild zu haben.

Üben Sie zunächst die Gliederung eines Aufsatzes oder Referates nach Gedankenvorgängen, die in Stichpunkten notiert werden wie z. B.: 1., 2., 3., oder: a), b), c) oder: I., II., III.; nach diesen Stichpunkten muß nun überlegt werden, wo muß ein Absatz hin, wo endet ein Gedanke, wo fängt ein neuer an. Dabei ist auch die räumliche Einteilung des Geschriebenen sehr wichtig!

So üben Sie gleich mehrere Dinge:

Das Überlegen von Stichpunkten vor Beginn der Niederschrift, das optisch klare Bild eines gut gegliederten Inhaltes, und nebenbei üben Sie auch noch ein wenig die bessere Wortwahl, das Einschalten von Nebensätzen und komplizierten Wörtern, damit auch der Stil des Aufsatzes oder Referates verbessert wird. Alles zusammen ist unendlich wichtig für die Schule und für die späteren Anforderungen bei Lebenslauf, Bewerbung etc. Immer wird man einer klar gegliederten, übersichtlich angelegten Arbeit den Vorzug geben.

Mit all diesen Übungen, die nicht viel Zeit einnehmen sollen (also pro Übung nicht länger als 5–10 Minuten und natürlich auch nicht jeden Tag alle Übungen) können Sie die Gesamtleistung des Legasthenikers in der Schule doch deutlich verbessern. Sie geben ihm Sicherheit in vielen Bereichen, die ihm sonst immer unnötige Minuspunkte einbringen.

Zum Abschluß dieser Übungen für die älteren Legastheniker möchte ich noch ein Training anfügen, das mir die inzwischen verstorbene Frau Dr. Lotte Schenk-Danzinger empfohlen hat. (Die Dipl.-Psychologin hat sich durch die Legasthenie ihres Sohnes – und später auch des Enkels – auf dem Gebiet der Legasthenieforschung einen bedeutenden wissenschaftlichen Rang erworben.) Sie gab den Rat, täglich einige Zeilen aus einem Buch auf ein Tonband zu sprechen (langsam!), sich den Text vom Tonband diktieren zu lassen, das Geschriebene mit dem Buchtext zu vergleichen und die falsch geschriebenen Wörter danach zu üben.

6. Elternhilfe-Kurzprogramm für eilige Mütter und unwillige Kinder

Nach meinen bisherigen Erfahrungen in den inzwischen gegründeten Elterngruppen Hessens haben nur wenige Mütter auch genügend Zeit und Geduld, um ein umfangreiches Therapieprogramm durchzuführen. Deshalb habe ich für die unter Zeitdruck stehenden Mütter und die geplagten Kinder ein Kurzprogramm entworfen, das sicherlich bei allen **leichteren** und **vielleicht auch mittelschweren Legasthenien** – neben der Hilfe und Entlastung bei den Hausaufgaben, die ich immer noch für vorrangig halte – ausreichend ist.

❑ 15 Minuten jeden Tag zusätzlich zu den Hausaufgaben sind das Minimalprogramm, das Sie durch die evtl. noch nötigen Konzentrations- und psychomotorischen Übungen und einige Spiele erweitern können.

Für ältere Legastheniker, die schon etwas mehr Übungszeit verkraften, kommen dann vielleicht noch die Hilfen für die »älteren Legastheniker« hinzu, auch das Üben von Aufsätzen und der Grammatik erscheint mir sehr wichtig.

Die Zeit- und Häufigkeitsangaben sind nur ein »Gerüst« für Sie, weil ich weiß, wie unsicher manchmal Eltern sind, wenn es darum geht, wie lange und wie oft geübt werden sollte. Letzten Endes müssen Sie entscheiden, wieviel Zeit und wieviel Kraft Sie und Ihr Kind investieren wollen und können:

– Laut lesen lassen!   5–10 Min. täglich
  Wichtigste Übung bis 6. Klasse mindestens
– Konzentrationsübungen nach Möglichkeit   5 Min. täglich
– Psychomotorische und
  graphomotorische Übungen   5 Min. 2–3 × wöchentlich
  (falls notwendig)
– Spiele und Förderprogramme   1–2 × wöchentlich
  (falls möglich und nötig)
– Abschreibübungen
  (s. S. 209 u. S. 225)   3–5 Min. 1–2 × wöchentlich
  (falls nötig; richtige Technik!)
– Abc-Übungen, Nachschlag-Übungen
  Reihenfolge üben (Monate etc.)   3–5 Min. 1 × wöchentlich

- Übungen mit der Fehlerkartei   5–10 Min. 2–3 × wöchentlich
  für Ältere (falls nötig)
- Schnellschreibtraining   3 Min. 2 × wöchentlich
  für Ältere
- Schnell-Lesetraining   5 Min. 2 × wöchentlich
  nur für Ältere!

Nachfolgend finden Sie aus der Sicht meiner praktischen Erfahrungen eine Liste mit empfehlenswerten Arbeitsmaterialien sowie eine Literaturliste für Eltern und Lehrer.

7. Arbeitsmaterialien und Förderprogramme für Schule und Elternhaus. Bücherlisten für Eltern und Pädagogen

Hilfen für das Fach Deutsch
LAUSTER, U.:   Aufsatzspiele 1   (1.–2. Kl.)
LAUSTER, U.:   Aufsatzspiele 2   (3.–4. Kl.)
LAUSTER, U.:   Aufsatzspiele 3   (5.–6. Kl.)
mini-LÜK: Ganz einfache   (2.–4. Kl.)
            Grammatik 1, 2
            (Nur bei leichter Legasthenie!)
LAUSTER, U.:   Grammatikspiele   (3.–5. Kl.)
Nur für sehr erfahrene Eltern:
LAUSTER, U.:   Lesespiele 1   (1.–2. Kl.)
LAUSTER, U.:   Lesespiele 2   (3.–4. Kl.)

❏ Alle diese genannten Materialien sind nicht gedacht für die Therapie von schwereren Legasthenien. Lassen Sie sich in diesem Fall beraten, was aus den nachfolgend aufgeführten Förderprogrammen und Büchern für Ihr Kind am besten sein könnte.

Übungen zur besseren Konzentration mit visuellem und Raumlage-Training:
KOWARIK, O.:   Kannst du das auch?   (1.–3. Kl.)
KOWARIK, O.:   Das ist Spitze 1, 2   (ab Kl. 5)
KOWARIK, O.:   Ich übe mit Sindi und Moro, Teil 4
LAUSTER, U.:   Konzentrationsspiele 1   (1.–2. Kl.)

LAUSTER, U.:   Konzentrationsspiele 2   (3.–4. Kl.)
LAUSTER, U.:   Konzentrationsspiele 3   (5.–6. Kl.)

Übungen bei auditiven Schwächen und Sprachproblemen:

LÜK:	Sehen-Denken-Sprechen Heft 1
KRENN, R./KOWARIK, O.:	Horchen-Zeigen-Lesen 1, 2
STÖCKLIN-MEIER, S.:	Eins zwei drei ritsche ratsche rei
MEIXNER, F.:	Bildgeschichten 1, 2, 3
MINI – LÜK:	Übungen für Legastheniker, Heft B

Übungen für fortgeschrittene Legastheniker:

FACKELMANN, J.:	hören und üben 2 (Lehrerausgabe)

Hilfen für die Hausaufgaben:

EBNER, J./EBNER, H.:	Duden Übungsbücher
ENDRES, W.:	So macht Lernen Spaß
GREBE, P.:	Schülerduden (4.–7. Kl.)
PLICKAT, H./HAAF, U.:	FIDIBUS. Deutsches Wörterbuch 5–10
SCHOEBE, G.:	Deutsche Kurzgrammatik

Bücher, die für alle Legastheniker geeignet sind:

PESCHKA, A.:	Mein Kind ist Legastheniker (40 einfache Hilfen, auch noch ab Sekundarstufe)
STÖCKLIN-MEIER, S.:	Eins zwei drei ritsche ratsche rei (übt Rhythmik, Koordination, Konzentration, Übungen bei akustischen und graphomotorischen Schwächen im Grundschulalter)

Übungsprogramme, um den Tastsinn und die motorische Geschicklichkeit der Hand zu verbessern:

JENSEN, V./WOODBURG HALLER, D.:	
	Was ist das? (Taktile Übungen)
MAHLSTEDT, D.:	Schreibschritte, vereinfachte Ausgangsschrift

PAUSEWANG, E.:	Neue Fingerspiele. Die Unzertrennlichen Teil 3
STÖCKLIN-MEIER, S.:	Eins zwei drei ritsche ratsche rei

Hilfen für Englisch:

LÜK:	Englisch Frühbeginn
LÜK:	Englisch 1, 2, 3
LAUSTER, U.:	Englischspiele 1, 2
HEWITT, PH. N./	
LANGHANS, R.:	Vokabelkartei Englisch
AHLBORN, K.:	Vokale-Ordner Valcos

Erst ca. ab Klasse 9:
Manz Lernhilfen für die 5. und 6. Klasse
Manz Lernhilfen Mittelstufe

Langenscheidts Kurzgrammatik
Langenscheidts Verbtabellen

UNGERER, F./PASCH, P.:	Grundgrammatik
RÖHR, H./BARTELS, B.:	The English Companion's modern grammar
SCHOLZE-MERTENS, G.:	Neue englische Grammatik (1994 erschienen)
	Englisch G Grammatik (1994 erschienen)

Hilfen für Latein:
Vokabelkartei Grundwortschatz
Manz Lernhilfen   diverse Ausgaben

Übungshefte für rechenschwache Legastheniker:

KOWARIK, O.:	Ich übe mit Sindi und Moro, Teil 4
LAUSTER, U.:	Rechenspiele 1, 2 (1.–4. Kl.)
Duden:	Mein erstes Zahlenbuch

MINI-LÜK: die meisten Hefte sind zu empfehlen, doch ändern sie sich leider ständig, deshalb beachten Sie die Empfehlungen aus dem Kapitel 22 über die Rechenschwäche.

Übungsprogramme für gut informierte Eltern, die die Legasthenie-behandlung ihres Kindes selber übernehmen wollen:

❑ Grundschulbereich:

DUMMER, L. / HACKETHAL, R.:	Kieler Leseaufbau
KOWARIK, O.:	Ich übe mit Sindi und Moro, Teil 1–4
TAMM, H. / TAMM, H.:	Lies mit uns, schreib mit uns, 2.–4. Kl.
Westermann Schulbuchverlag:	Lernspiele: Deutsch 2
Westermann Schulbuchverlag:	Lernspiele: Rechtschreiben 3/4
Verlag Aktuelles Lernen	Lese- und Rechentraining mit dem pro-fax-Gerät
HACKETHAL, R.:	Zehn Schritte zur Rechtschreibung (auch noch in der Sekundarstufe geeignet)

❑ Sekundarstufe:

DOSTAL, K. A.:	Der deutsche Aufsatz I (mit Grammatik)
KOWARIK, O.:	So werde ich Rechtschreibmeister, Heft 1, 2
TAMM, H. / TAMM, H.:	Lies mit uns, schreib mit uns, 5.–6. Kl.
Westermann Schulbuchverlag:	Lernspiele: Rechtschreiben 5/6
BISCHOFF:	Rechtschreibarbeitsbuch ab Kl. 7
MÜLLER / VOLLMER:	Rechtschreibblätter mit Selbstkontrolle 5./6. Schuljahr
STRAUB, A. / THOMS, W. D.:	Rechtschreibtraining 3, Kl. 5–7

Bücher für Eltern und Pädagogen (genaue bibliographische Angaben siehe Seite 263 ff.):

AYRES, J.: Bausteine kindlicher Entwicklung

* BALLINGER, E.: Lerngymnastik, Bewegungsübungen für mehr Erfolg in der Schule. Auch als Video

* BERNAU, S.: Schulversagen durch falsche Ernährung. Selbsthilfe bei Phosphatempfindlichkeit und Allergie

* BERNAU, S.: Hilfen für den Zappelphilipp

BIELEFELDT, E.: Tasten und Spüren, wie wir bei taktil-kinästhetischer Störung helfen können (durch den neurophysiologischen und neuropsychologischen Teil auch für Lehrer interessant!)

BRAND, J. / BREITENBACH H. E., / MEISEL, V.: Integrationsstörungen. Diagnose und Therapie im Erstunterricht

BREUER, H. / WEUFFEN, M.: Gut vorbereitet auf das Lesen- und Schreibenlernen? (mit Früherkennungstest)

BREUER, H. / WEUFFEN, M.: Lernschwierigkeiten am Schulanfang (mit Test von 5–7 Jahre)

BRÖHM-OFFERMANN, B.: Suggestopädie. Sanftes Lernen in der Schule

BUCHNER, C.: Neues Lesen, neues Lernen

BUNDESVERBAND LEGASTHENIE: Legasthenie. Berichte über die Fachkongresse von 1980–1995 (zu beziehen beim Bundesverband Legasthenie e.V., Königstr. 32, 30175 Hannover). Die Beiträge in diesen Bänden sind teilweise für Lehrer und * Eltern.

DEFERSDORF, R.: Drück mich mal ganz fest. Geschichte und Therapie eines wahrnehmungsgestörten Kindes

DENNISON, P. / DENNISON, G.: Braingym 1 + 2 als Kassette und Lehrerhandbuch

DUMMER, L.: Die Diagnose der Legasthenie in der Schulklasse

* –, –: Mit Phantasie und Fehlerpflaster. Was Eltern und Lehrer über Legasthenie wissen sollten und wie sie helfen können

* EBERLEIN, G.: Autogenes Training mit Kindern

* ENDRES, W.: So macht Lernen Spaß

ENGLBRECHT, A. / WEIGERT, H.: Lernbehinderungen verhindern, Anregungen für eine förderorientierte Grundschule

HÜNNEKENS, H. / KIPHARD, E. J.: Bewegung heilt

* KIPHARD, E. J.: Wie weit ist ein Kind entwickelt

JUNA, J. / SRETENOVIC, K. (Hrsg.): Legasthenie, gibt's die?

KESPER, G. / HOTTINGER, C.: Mototherapie bei Sensorischen Integrationsstörungen

KLASEN, E.: Das Syndrom der Legasthenie

KOWARIK, O.: Die Legasthenie und ihre methodische Behandlung

LLOYD, L.: Des Lehrers Wundertüte. NLP macht Schule

* LOHMANN, B.: Müssen Legastheniker Schulversager sein?

* MACCRACKEN, M.: Charlie, Eric und das ABC des Herzens

MILZ, I.: Sprechen, Lesen, Schreiben. Teilleistungsschwächen im Bereich der gesprochenen und geschriebenen Sprache

–, –: Rechenschwächen erkennen und behandeln

MISKE-FLEMMING, D.: Theorie und Methode zur Behandlung von perzeptionsgestörten Kindern

* MÜLLER, E.: Du spürst das Gras unter deinen Füßen (Autogenes Training für Kinder)

* MÜLLER, E.: Hilfe gegen Schulstreß (Autogenes Training, Atemgymnastik und Meditation für Kinder und Jugendliche)

* MÜLLER, E.: Träumen auf der Mondschaukel. Autogenes Training mit Märchen und Gute-Nacht-Geschichten

* PASSOLD, M.: Hyperaktive Kinder. Psychomotorische Therapie

* RÜCKER-VOGLER, O.: Bewegen und Entspannen (bis ca. 9 Jahre)

* RÜCKER-VOGLER, O.: Kinder können entspannt lernen (Yogaübungen, auch für den Unterricht)

SCHENK-DANZINGER, L.: Legasthenie. Cerebral-funktionelle Interpretation

SIMON, W.: Befund Legasthenie

* VITALE, B. M.: Lernen kann phantastisch sein. Kinderleichtes Lernen durch optimalen Einsatz beider Gehirnhälften. (Als Einstiegslektüre in den Bereich der sensomotorischen Störungen und der Hilfen für »anders lernende« Kinder ist dieses Buch für Eltern leicht zu lesen und auch besonders interessant für Lehrer, denen die üblichen Lernprogramme der Schule nicht ausreichen.)

Alle mit * gekennzeichneten Bücher sind auch für Eltern leicht zu lesen.

25. Hilfen, Tips und Tricks für Legastheniker von erwachsenen Legasthenikern, erfahrenen Müttern und Therapeuten

1. Tricks von Legasthenikern für Legastheniker

- Zettel ins Scheckheft legen mit den ausgeschriebenen Zahlen, die man nie richtig schreibt, wie sechzig, dreißig o. ä.
- Für Behördengänge und Bibliotheken Freund mitnehmen.
- Abc auf ein Lesezeichen schreiben und ins Lexikon oder in den Duden legen, das erleichtert das Suchen im Alphabet.
  Oder: Reiterchen mit dem betreffenden Buchstaben in den Duden klemmen.
- Mancher Legastheniker notiert sich gern schwierige Wörter auf Zettel und hängt sie überall im Zimmer auf – aber Vorsicht: einige macht das nervös und aggressiv, so ständig das eigene Versagen vor Augen zu haben! Also selber ausprobieren!
- Um sich den Kampf mit der eigenen Ordnung zu erleichtern und das äußere Chaos zumindest abzumildern, hilft es sehr, wenigstens eine »äußere« Ordnung herzustellen mit stapelbaren Ablagen, Klarsichtfolien, Ringordnern, alphabetischen Ablagen oder Ablageordnern mit selbst erstellter Einteilung, Pinnwand für Wichtiges, Behältern für verschiedene Kleinutensilien und mit einem elektronischen Wecker, der auf eine einzuhaltende Arbeitszeit eingestellt werden kann, ohne daß ein Zeiger läuft oder die Uhr tickt, was sonst leicht zu Ablenkungsmanövern führt!
- D. hielt nicht viel von »Eselsbrücken«, die andere ihm sagten. Er behielt etwas erst, wenn er seine eigene »Eselsbrücke« fand. Dazu sollten Sie Ihr Kind anregen.
- ❏ *Wichtig:* Die Lernstrategien, die Ihr Kind selbst entwickelt, um sein Handicap in den Griff zu bekommen, die sind die allerwichtigsten und besten!

2. Tips und Hilfen von erfahrenen Müttern und Therapeuten

– Beide Eltern am Üben beteiligen, damit nicht nur die Mutter immer diejenige ist, die Anforderungen stellt.
– Viel Zeit und Einsatz erfordert es zwar, wenn Sie die zu lesende Schullektüre auf Kassette sprechen; aber beim Abhören des Textes liest das Kind mit und versteht nun wenigstens, was es zu lesen hat. Viele kommen so zu einem besseren und schnelleren Textverständnis und bauen die Hemmschwellen vor der Lektüre ab.
– Gegenseitiges Vorlesen mit Fehlersuche: Mutter baut absichtlich Lesefehler ein, die vom Kind bemerkt werden müssen. Umgekehrt paßt natürlich auch die Mutter auf wie ein Luchs. So ist das Lesenüben weniger ernsthaft und doch sehr wirkungsvoll.
– Einkaufen üben: sehr wichtig, weil der Legastheniker stets die Hälfte vergißt (Übung fürs Kurzzeitgedächtnis).
– Ein Spiel: Bei Spazierfahrten kann das Lesen von Ortsschildern bewußt trainiert werden, weil's nämlich besonders schwer ist, im Vorbeifahren richtig zu lesen. Dies gibt Extrabelohnungen!
– Für Abc-Übungen Buchstaben (Holz, Plastik, Magnet) geordnet in Reihen und in der Abc-Folge in Dreierblocks untereinander legen: ABC – DEF – GHI usw. Ein paar Buchstaben benennen, z. B. »MNO« und vom Kind herausholen lassen.
– Sehr viel schwieriger wird diese Übung, wenn die Buchstaben zwar in Reihen geordnet (Übersicht muß sein!) liegen, aber nicht in Abc-Folge. Das Abc in die richtige Abfolge der Buchstaben zu bringen ist nicht einfach, aber sehr wichtig zu üben!
Buchstaben aus Metall, Filz oder Schmirgelpapier fühlen lassen. Achtung: nicht jedes Kind mag diese Materialien, also nicht zwingen! Meine Söhne mochten dieses Buchstabenfühlen gar nicht. Es kann aber sehr hilfreich sein, da sich die Kinder den Buchstaben besser vorstellen können, wenn sie ihn – auch mit geschlossenen Augen – erfühlt haben.
– Ein altes Laken mit den Einmaleins-Aufgaben bemalen. Das Kind muß nun in die Kästchen hüpfen und dabei sprechen: »$2 \times 2 = 4$.« Bei dieser Übung werden alle Sinne der Bewegung im Raum, des Sprechens, Hörens und der visuellen Wahrnehmung angesprochen. (Diese Übung geht natürlich erst dann, wenn das Vorstellungsvermögen vom Einmaleins vorhanden ist!) Die Ein-

maleins-Klippen lassen sich auch auf Karten schreiben: vorne die Aufgabe (3 × 4), auf der Rückseite das Ergebnis (12). Andere Kärtchen kann man mit der ganzen Einmaleins-Reihe beschriften, auf der Rückseite dann das ganze rückwärts. Ebenso lassen sich auch Karten mit Divisionsaufgaben erstellen. Mit diesem Material läßt sich leicht eben mal zwischendurch üben, ohne daß teure Spiele angeschafft werden müssen.

– Eine gute visuelle Übung und gleichzeitig Konzentrations- und Gedächtnistraining (Kurzzeitgedächtnis) ist es, wenn Sie verschiedene kleine Gegenstände in ein Gefäß füllen. Das Kind schaut hinein und sagt dann auswendig, was es gesehen hat, und wenn es mag, kann es die Dinge auch aufschreiben. Langsam die Anzahl der Gegenstände steigern.

– Als gute Konzentrations- und gleichzeitig Wortschatzübung könnten Sie zu einem Stichwort alle passenden Wörter entweder nach »Diktat vom Kind« notieren oder das Kind anregen, es selbst zu schreiben. Auch Unsinnwörter sind zugelassen. Am Beispiel »See«: Seeungeheuer, Seenot, Seenotrettungsring, Seenotrettungsboot, Seenotrettungsdampfer, Seefische, Seezunge, Seeufer, Seeuferunkraut, Seerose, Seewind, Seemannsfrau, Seemannskinder, Seemannsheim, Seemannslieblingskatze, Seemannslieder, Seesegelfahrt und... und...

– Als leichtes Leseangebot kann man die Überschriften aus Zeitungen lesen lassen. Dies baut die Hemmschwelle vor dem Zeitungslesen, die viele haben, weil die Fläche groß und für Legastheniker ungeordnet ist, recht gut ab.

Auf diese Weise können ideenreiche Eltern das leider notwendige Üben mit ihren Kindern etwas lustiger und abwechslungsreicher gestalten.

26. Gemeinsam sind wir stark!
Mütter und Väter: Wer hilft ihnen aus den Problemen?

Zunächst die Väter: Sie halten sich fast immer weitgehend aus den Problemen heraus. Zu den Elternabenden unserer Legastheniekreise kommen eigentlich nur die Mütter. Warum ist das so? Warum sind Väter da so zurückhaltend?

Sind Erziehung und Sorgen um die Kinder immer noch nur Angelegenheit der Mütter? Warum tun sich Väter so viel schwerer als die Mütter, das Handicap ihrer Kinder anzunehmen? Warum ist es für Väter so schwierig, ein Kind gut zu finden, das offensichtlich überhaupt nicht erfolgreich ist?

Im Gespräch fragte mich einmal ein Vater, wie ich es denn ertragen hätte, so gar nicht stolz sein zu können auf die eigenen Kinder. Ich habe eine Weile gebraucht, bis ich verstand, was er mich gefragt hatte, bis ich begriff, daß »Stolz-sein-Können« wohl etwas mit Leistung zu tun haben muß. Da es sich hier nur um schulische Leistungen handeln kann, wurde mir klar, welche übergewichtige Bedeutung »schulische Leistungen« haben müssen. Ganz offensichtlich sind alle sonstigen Anlagen und Fähigkeiten eines solchermaßen betroffenen Kindes nicht wichtig. Was zählt, worauf man stolz sein kann, ist der Schulerfolg! Das ist wahrlich erschreckend, aber leider viel häufiger anzutreffen, als man glaubt. Die Väter schämen sich, solche Versager in die Welt gesetzt zu haben. Offensichtlich denken sie, man würde vom versagenden Kind Rückschlüsse auf den Vater ziehen und ihn ebenfalls als Versager hinstellen. Und das wäre ja fatal, nicht wahr?

Es ist dies allerdings sicher nicht nur ein Problem der Väter **legasthener** Kinder. Ganz offensichtlich ist es generell für Väter besonders schwer, Behinderungen ihrer Kinder, gleich welcher Art, anzunehmen.

Zwar möchte ich keineswegs nun den Eindruck erwecken, daß **alle** Väter Probleme mit der Akzeptanz ihres legasthenen Nachwuchses haben. Es gibt sie natürlich auch, diejenigen Väter, die regelmäßig in die Elterngruppe gehen, die ihr Kind verstehen und es unterstützen, die sich offen zum Problem bekennen, dennoch sind sie – es ist nun leider einmal so – eine verschwindend geringe Minderheit.

Hin und wieder kommt es vor, daß mich – im Rahmen meiner beratenden Tätigkeit – Väter anrufen, und dann sind es fast immer schwierige Gespräche. Die Väter sind meist kurz angebunden und wollen nur wissen, wo sie sofortige und effektive Hilfe erhalten. Die näheren Informationen aber, die ich über Entwicklung des Kindes und Schulnoten brauche, erhalte ich von ihnen nicht, weil sie so genau leider nicht informiert sind. »Das weiß alles meine Frau besser«, so die Standardantwort. Trotzdem haben meist in derartigen Fällen die Mütter nichts mehr zu »melden«, denn sie sind in den Augen **dieser** Väter stets viel zu nachsichtig. Und über die seelische Not des Kindes erfährt man schon gar nichts. Es ist für Väter offensichtlich eben sehr schwer, das Leid ihrer Kinder emotional zu erfassen.

So ist es verständlich, daß die Zusammenarbeit mit solchen Vätern schwierig ist. Sie verweigern die Arbeit am Problem. Das aber darf nicht sein! Aus demselben Grunde bin ich auch sehr dagegen, daß Mütter ihr Kind beim Therapeuten abliefern, die Tür zumachen und sich um nichts mehr kümmern. Auf diese Weise verlieren sie schnell das Verständnis für ihr Kind und dessen Sorgen. Und die Väter, die sich aus allem »raushalten«, **die** sind genauso: sie überlassen das Problem der Mutter und verstehen deshalb ihr Kind nicht mehr.

Was können Mütter dagegen tun?

Vielleicht nehmen Sie sich einmal die Zeit und schreiben alle **guten** Eigenschaften des Kindes auf. Jeden Tag sollten Sie überlegen: »Was hat mein Kind heute richtig gut gemacht?«, und das sollten Sie aufschreiben! So müßte doch allen, auch den Vätern, bald klarwerden, daß ihre Kinder viele Eigenschaften haben, auf die sie stolz sein können.

Lassen Sie die Väter an den Sorgen teilhaben, lassen Sie sie miterleben, wie mühevoll Hausarbeiten sind, wie schwierig das Legasthenietraining und wie wenig motivierend diese Plagerei für den Legastheniker ist.

Beziehen Sie die Väter mehr in die Verantwortung mit ein, nehmen Sie sie mit zum Informationsabend über Legasthenie und zum Elternabend der Schule, geben Sie ihnen Literatur zum Thema Legasthenie.

Führen Sie deshalb auch immer wieder Gespräche, helfen Sie den Vätern, das Problem kennenzulernen. Halten Sie sich immer wieder vor Augen, wie einmalig und wunderbar Ihr Kind doch ist und daß dieses Legasthenieproblem gemeinsam gemeistert werden muß. Mit gegenseitiger Schuldzuweisung ist die Legasthenie nun mal nicht aus der Welt zu schaffen. Und leider sind es ja auch erfahrungsgemäß keine Einzelfälle, daß aus diesen Auseinandersetzungen um das legasthene Kind massive Eheprobleme erwachsen. Anders müßte es doch auch gehen, oder?

Und noch etwas:

Die Legasthenie darf nie im Mittelpunkt des Familienlebens stehen!
Sie muß als etwas betrachtet werden, das nun mal ganz normal zum Alltag gehört und das deshalb keiner besonderen Erwähnung mehr bedarf. Unsere Söhne sagten später immer, daß diese Einstellung bei uns ihnen sehr geholfen hat.

Sicher geht das einfacher, so paradox das auch klingen mag, wenn – wie bei uns – beide Kinder betroffen sind. Trotzdem wünsche ich Ihnen nicht, daß alle Ihre Kinder dies Problem haben! Seien Sie dankbar, wenn es nur eins ist, und betrachten Sie es als etwas, das nun mal zu Ihrem Leben gehört, das Sie beide herausfordert, alle Ihre Kräfte zu mobilisieren und das Beste daraus zu machen.

Was aber geschieht mit den Müttern, die alleinerziehend sind oder trotz großer Anstrengungen keine Unterstützung vom Vater des legasthenen Kindes erhalten? Sie geraten oft in einen fast ausweglos erscheinenden Kreislauf von Sorgen und Problemen.

Um nun diesen alleingelassenen Müttern und den ratlosen Eltern zu helfen, gründete ich vor mehr als 12 Jahren die erste **Elternselbsthilfegruppe**. Inzwischen gibt es eine ganze Reihe solcher Gesprächskreise.

Schnell zeigte sich, daß diese Abende eine große Hilfe für die Betroffenen bedeuten. Sie erleben sich dann nicht mehr so als Einzelkämpfer auf verlorenem Posten. Sie müssen ihre Bedrückung, ein schwieriges Kind zu haben, schuld zu sein an seinem Versagen, sie müssen ihre Aggressionen der Schule gegenüber und die vielen Demütigungen, das alles müssen sie nicht mehr schlucken und tief in sich vergraben. An solchen Abenden können sie darüber sprechen, und sie erfahren: Wir sind mit unserem Problem nicht allein!

Doch schon bald wurde deutlich, daß nur mit dem Austauschen von Sorgen Mütter – und auch Väter – nicht fröhlicher und zuversichtlicher werden können. Es bleibt die Frage: Wie finden wir einen Ausstieg aus dem Dilemma? Was läßt sich tun?

So wurde mir klar, daß zwar Gespräche über die Probleme sehr entlastend sind, aber daß es ebenso oder fast noch wichtiger ist, den Eltern das notwendige Problemverständnis zu geben. Deshalb entwickelte ich ein »Eltern-Hilfsprogramm«. Das sieht dann so aus, daß wir vom Landesverband Hessen vor allem erst einmal Grundwissen über Legasthenie vermitteln. Danach geben wir Informationen über Möglichkeiten der Hilfe für die Kinder, über Bücher und Arbeitsmaterialien, über Entspannungs- und psychomotorische Übungen, über erfolgreiche Lernmethoden, über Spiele. Wir sprechen über Verhaltensauffälligkeiten, über die Gespräche mit den Lehrern, die uns so im Magen liegen, wir feiern auch einmal ein Fest gemeinsam mit den Vätern, den betroffenen Kindern und ihren Geschwistern. Wir bitten Ärzte, Psychologen, Pädagogen und sonstige Therapeuten über Behandlungsmethoden und -möglichkeiten zu sprechen.

Die Themen habe ich meist ausgearbeitet. Die Eltern erhalten die Texte fotokopiert, können weitere Gesprächsnotizen dazuschreiben und zu Hause dann in Ruhe das Ganze noch einmal durchgehen. So wächst in ihnen das Gefühl, daß sie nicht mehr tatenlos dem Drama zusehen müssen.

Sobald Eltern erfahren, daß sie selbst etwas verändern und bewirken können, kann man nur staunen, was sie alles vermögen! Und wenn dann wirklich auch die Väter noch an solchen Gruppen teilnehmen, wenn alle begreifen, wie mühsam Schule tatsächlich ist, wenn sie verstehen, was mit ihrem Kind »los« ist, erst dann kann die richtige Hilfe einsetzen. Ein großer Teil der Spannungen, der Ungeduld, des Nichtverstehenkönnens, das sich im Laufe der Jahre angestaut hat, verschwindet spontan, wenn Eltern erfahren, daß ihr Kind weder bockig noch dumm, weder faul noch böswillig ist, sondern daß es tatsächlich trotz vieler Anstrengungen und normaler Begabung nicht in der Lage ist, sich zu verbessern, jedenfalls nicht, so lange man ihm nicht hilft!

Wenn dies dann alles verstanden wird, dann kann eine ganz andere, entspanntere Atmosphäre entstehen, dann kann es **allen** bessergehen! Auf diese Weise, **gemeinsam**, könnten Sie als Familie »unschlagbar« sein und Ihrem Kind wirklich die Hilfe geben, die es in seinem jahrelangen Kampf gegen seine Schwäche und gegen das weitgehende Unverständnis seiner Umwelt so dringend nötig braucht.

Gemeinsam sind wir stark!

Gemeinsam helfen wir unserem Kind!

27. Welche Hilfen gibt es für den Legastheniker in der Ausbildung und im Beruf?

In vielen Bundesländern haben die Landesverbände Legasthenie mit den **Industrie- und Handelskammern** für das ganze Land nicht nur Erleichterungen für Klassenarbeiten in der Berufsschule, sondern auch für die Prüfungen im Lehrlings-, Gesellen- und Meisterbereich geschaffen. Für Hessen ist dies auch schriftlich festgehalten worden (s. S. 261).

Außerdem habe ich mit einer südhessischen Industrie- und Handelskammer zusammen einen Brief entworfen, den Legastheniker ihrer Bewerbung beilegen können (s. S. 260).

Die **Handwerkskammern** sind in der Regel ebenfalls großzügig, wenn es um die theoretischen Prüfungen geht.

Führerscheinprüfungen können mündlich abgelegt werden, wenn Sie den Nachweis der Legasthenie erbringen.

Im **Studium** könnten Sie für die Examina Zeitverlängerung beantragen. Sie brauchen dazu ein fundiertes Gutachten und gehen damit zum Gesundheitsamt, um die Behinderung bestätigen zu lassen. Dann können diese Unterlagen beim für die Prüfung zuständigen Ministerium eingereicht werden. Unser Sohn erhielt 25 % mehr Zeit zum Schreiben, die er dringend benötigte. Vielleicht kann man diese Zeitverlängerung auch schon für die Klausuren erhalten. Das haben wir nicht versucht, aber denkbar wäre es.

Legastheniker, die **beruflich umschulen** müssen, weil sie durch ihre legasthenen Probleme den Anforderungen nicht gewachsen sind, können den Rehabeauftragten des Arbeitsamtes aufsuchen und über das Bundessozialhilfe- und das Arbeitsförderungsgesetz eine Umschulungsmaßnahme und evtl. auch eine Legasthenietherapie beantragen. Dies sind allerdings Einzelfallentscheidungen, die genau überprüft werden müssen.

Im übrigen gibt es in fast jeder Stadt Volkshochschulkurse. Die angebotenen Seminare sind allerdings meist für Analphabeten gedacht. Deshalb müssen erwachsene Legastheniker, die nur ihre Rechtschreibkenntnisse verbessern wollen, sich an private Therapeuten wenden. Eine Einzeltherapie ist sowieso anzuraten, da jeder seine eigenen Schwierigkeiten hat, die ganz speziell angegangen werden müssen. Diese Maßnahme kann u. U. auch über das Bundessozialhilfegesetz bezahlt werden. Dazu wenden Sie sich bitte an das Sozialamt.

▶ Da eine Therapie im Erwachsenenalter aber kein Zuckerschlecken ist und Rechtschreibung schnell wieder verlernt werden kann, wenn sie nicht täglich gebraucht wird, sollte sehr genau überlegt werden, wie wichtig oder unerläßlich eine Verbesserung dieser Fähigkeit für den Beruf oder das eigene Selbstbewußtsein ist. Es ist kein leichter Weg. Motivation und Durchhaltevermögen sind unerläßlich.

Legastheniker sollten ihr Handicap nicht verstecken (das geht auf die Dauer sowieso nicht gut), sondern offen dazu stehen – dann erhalten sie auch Hilfe!

Nachtrag

Was aus Legasthenikern werden kann

Der schönste Tag im Leben der Mutter eines Legasthenikers wird der sein, an dem ihr Kind sein Schulabschlußzeugnis erhält. Als auch mein zweiter Sohn sein Abiturzeugnis in Empfang nahm und als Schulsprecher die Abiturientenrede hielt – nun, ich denke, Sie werden wissen, was in mir vorging. Die Tränen des Glücks liefen, obwohl ich doch schon lange wußte, daß auch er ein gutes Abitur machen würde. D., der zweimal zur Sonderschule sollte, D., der sich fast aufgegeben hatte: D. hatte sich ein Traumnotenabitur erkämpft. Aber bis zum Schluß, so sagt er heute, hat er das Gefühl gehabt, stets beweisen zu müssen, daß er nicht dumm ist. Längst zwar hatte er Lehrer und Mitmenschen überzeugt, daß dem nicht so ist, doch die Ängste des jahrelangen Versagens wurzeln tief, werden wohl nie vergessen werden können.

Dennoch: die Söhne und wir Eltern sehen durchaus in allem Schweren, das wir erlebten, auch viel Positives. Vor 12 Jahren beschrieb ich am Anfang des Buches, wie die Legasthenie zum gemeinsam getragenen Familienschicksal wurde. Und so ist es geblieben.

Für fast alle Legastheniker, die die Schulzeit halbwegs erfolgreich überstanden haben, wird gelten, daß sie nicht so schnell verzweifeln. Sie wissen, daß sie arbeiten und sich mehr anstrengen müssen als andere, aber auch, daß sie Erfolge haben können! Legastheniker sind meist sozial sehr engagiert, denn sie haben erlebt, wie schwer das Leben sein kann. Sie helfen dem, der schwächer ist, und erhalten so wieder Antrieb und Freude für ihre weitere Arbeit.

Für viele Legastheniker allerdings sind später auch die Lehre, eventuelles Studium und Berufsleben keine ganz einfache Angelegenheit. Doch kenne ich inzwischen sehr viele, die schon berufstätig sind. Sie haben teilweise erstaunliche Strategien zur Bewältigung ihrer Schwäche entwickelt.

Eine Sekretärin mit großen Raumlageschwierigkeiten liefert trotzdem hervorragend übersichtlich getippte Briefe ab. Bei Rechtschreibproblemen ruft sie ihren Mann an, die Ablage (Abc!) macht eine Kollegin.

Eine schwer legasthene Mutter brachte sich selbst erst Lesen und Schreiben bei, als sie vor dem Problem stand, ihren Kindern vorlesen zu müssen. Später traute sie sich dann auch noch zu, Bürokauffrau zu werden!

Beide Mütter – die legasthene Sekretärin und die legasthene Bürokauffrau – therapierten ihre schwer betroffenen Söhne fast ausschließlich ohne fremde Hilfe!

Und was sind sie so geworden, die Legastheniker, die ich kennenlernte? Heizungsmonteur, Juristin, Gartenbaufachmann, Sozialpädagogin, Volkswirt, Mediziner, Landwirt, Bankkaufmann, Sonderschullehrer, Erzieherin, Ingenieur, Logopädin, Psychologe, Volkswirt, Krankengymnastin.

Und unsere Söhne W. und D. – was ist aus ihnen geworden?

W. wollte nach dem Abitur eine Banklehre absolvieren. Aber schon der Einstellungstest war die erste Klippe, denn stets war ein Diktat gefordert. Es gab aber eine Bank, die statt des Diktates Allgemeinwissen abfragte. Vielleicht können Sie, falls Ihr Kind am Diktat scheitert, anregen, sich ebenso zu verhalten wie diese Bank, die unseren Sohn dann einstellte.

Die Banklehre hat W. gut überstanden. Schnell bewies er sich und anderen, daß er trotz Legasthenie gute Arbeit leisten konnte. Schon bald durfte er in einer Nebenstelle die Leiterin für einige Zeit vertreten – ein weiterer Beweis dafür, daß im Berufsleben andere Fähigkeiten stärker gefragt und wichtiger sind, als fehlerfrei schreiben zu können. Anfangs korrigierte ich noch seine Berichtshefte für die Berufsschule und die Bank, aber W. macht nicht mehr so viele Rechtschreibfehler. Größere Ängste hatte er vor den Examensfragen nach dem »Multiple-Choice-Verfahren«, denn er liest ungenau.

W.s Lesefertigkeiten allerdings entwickelten sich so erstaunlich, daß ich doch davon berichten will, um Müttern, die sich um ihre leseunlustigen Sprößlinge sorgen, ein wenig Zuversicht zu geben. Bis zum 16. Lebensjahr rührte W. freiwillig kein einziges Buch an. Der Einstieg ins »Lesealter« begann für ihn mit Kurzgeschichten von Kishon. Von da an ging's aufwärts, und heute liest er freiwillig und viel, trotz aller Mühen mit Verlesen und sehr viel notwendiger Konzentration. Anlaß, jede Menge Bücher durchzuarbeiten, war seine Teilnahme an einem Literaturkreis und auch häufig seine ehrenamtliche Tätigkeit, die Referate über die verschiedensten Themen erfordert, und das Wissen dafür muß er sich erst einmal anlesen!

W. war fertiger Bankkaufmann mit fester Anstellung, als er sich 1987 entschloß, noch Wirtschaftswissenschaften zu studieren. Bei der Fehlerkorrektur halfen Familie oder Freunde, und so kam er ganz gut zurecht.

Nach dem Studium betreute er zunächst einen gemeinnützigen Verband, den er ehrenamtlich schon als Student unterstützt hatte.

Als er 1994 das Angebot erhielt, in der Verwaltung eines Krankenhauses zu arbeiten, nahm er dies an und hat nun damit die Tätigkeit gefunden, die für ihn die richtige ist. Mit dem Rechtschreibprogramm des PCs findet er die meisten Fehler. Und im übrigen läßt er sich von den Fehlern, die er nun noch macht, nicht unterkriegen. **Er weiß: Bei seiner Arbeit sind ganz andere Qualitäten gefragt.**

D. war unvorstellbar mutig, er begann nach dem Abitur ein Jurastudium. Nebenbei hörte er anfangs theologische und philosophische Vorlesungen, Lieblingsfächer aus der Schulzeit, aber aus dem Ärmel schütteln konnte er's eben nicht, es sind der Stolpersteine zu viele für Menschen mit schwerer Legasthenie.

Die Professoren interessierte sein Handicap nicht, aber anfangs erhielt er auch noch keine Abstriche wegen der fehlerhaften Klausuren. (Unter die Arbeit schrieb er stets: »Ich bin Legastheniker«!) Schlimmer ist für ihn fast sein ungenaues Lesen, obwohl ihn auch die dicksten Wälzer nicht mehr schrecken. Doch ein kleines – aber wichtiges – einschränkendes oder erklärendes Wort, ein »oder«, ein »und« überlesen, ein halber Satz übergangen, ein paar Buchstaben (der Käufer K, der Händler H) miteinander verwechselt, die Reihenfolge in der Arbeitsanweisung (a, b, c) vertauscht – ganz schnell war da mal eine Klausur »verbaut«. Einmal durfte sie wiederholt werden – und da sitzt dann die Angst im Nacken und blockiert vieles!

Bei den Hausarbeiten für das Studium sprangen Mutter oder Freunde ein zum Tippen. Später hatte er einen PC mit Rechtschreibprogramm, trotzdem mußte noch jemand Korrektur lesen, denn auch ein PC ist leider nicht perfekt.

Auch für Briefe, die er schrieb, brauchte er verstehende Freunde, die korrigierten. Formulare auf Behörden auszufüllen ist ihm ein Greuel, ebenso einen Scheck im Geschäft, denn wie schreibt man »dreißig«, wie »sechzig«? Nach wie vor benutzte er bei seinem Studium die Arbeitstechnik, die ich ihm in den ersten Schuljahren beibrachte: alles in Stichpunkten rausschreiben und danach lernen.

»Ein Legastheniker muß eben alles auswendig wissen, denn er kann nichts nachschlagen«, sagt D. Das alte Lied: das Abc! Das kann er noch immer nicht besonders gut, und deshalb wird auch das Nachschlagen stets zum Problem.

So stößt D. zwar immer wieder an die Grenzen seiner Möglichkeiten, dennoch war er glücklich und erfolgreich im Studium. Er bereut keine der Strapazen seiner Schulzeit – es hat sich alles gelohnt, so sagt er! Und je älter er wird, um so besser beherrscht er Arbeitstechniken und Hilfen, um mit seinen »Stolpersteinen« leben zu können.

D. ist intensiv in meine Elterngruppenarbeit eingestiegen, selbst bei Vorträgen kann er für mich einspringen, denn was ich Eltern und Pädagogen zu sagen habe, das kennt er ja alles mindestens genauso gut.

In den Semesterferien fuhren wir öfter gemeinsam zu den verschiedenen Elterngruppen. Zu diesen Treffen wurden auch die legasthenen Kinder eingeladen. D. sprach mit ihnen allen, mit den Eltern und ihren Sorgenkindern, denn da kennt er sich aus, dafür hat er die notwendigen Antennen. Für ihn war dies ein Stück Vergangenheitsbewältigung, das Sprechen über die Schwierigkeiten, die er hatte und noch hat. Und den Betroffenen hilft es, wenn sie erfahren:

Legastheniker können mit diesem Handicap leben – sie können fast alle Ziele erreichen – mancher vielleicht über einige Umwege – und sicher nur, wenn Schule, Umwelt und Elternhaus helfen!

Wie es mit D. bis 1996 weiterging, das erfahren Sie im folgenden Kapitel.

Die unendliche Geschichte von D. und der Legasthenie…

D. ruft an: »Soll ich euch mal mal Schönes sagen?« »Oh, ja bitte!« »Ich habe ein Stipendium für eine Doktorarbeit. Nun kann ich mir die Zeit lassen, die ein Legastheniker eben länger braucht, um eine solche Arbeit zu schreiben.« Ich kann's nicht fassen vor Freude. Das ist wie die erste gute Note im Diktat. Und diese Freude, die hat ihren Grund: Als D. zum Bewerbungsgespräch für ein Promotionsstipendium bei der XY-Stiftung antrat, eröffnete einer der drei anwesenden Professoren das Gespräch mit der zynischen Bemerkung, man müsse sich wohl mal über die Rechtschreibung verschiedener Wörter in seiner Bewerbung unterhalten.

D. versucht, seine Legasthenie zu erklären. Der Herr Professor wischt alles mit einer Handbewegung vom Tisch. Die nächsten diskriminierenden Fragen folgen. D., dessen Selbstbewußtsein eigentlich inzwischen ganz ordentlich angewachsen war, ist wie erstarrt. Das trifft die wundeste Stelle, die vielen Verletzungen, die Narbe, die nie verheilt, das Schicksal Legasthenie hat ihn wieder einmal mehr aufs neue eingeholt. Die Abstriche der Rechtschreibung wegen bei den Staatsexamina, die höhnischen Bemerkungen der korrigierenden Herren: »Warum benutzt der Verfasser Wörter, wenn er sie nicht schreiben kann« oder: »Völliger Schwachsinn!«, wenn D. mal wieder Wörter vergessen, Sätze nicht zu Ende geführt hat, das rote Strichmuster in den Klausuren wie in schlimmsten Schulzeiten – alles ist wieder da. D. läßt sich fallen. Seine Antworten auf die Fragen zu seiner Doktorarbeit kommen – so scheint es ihm – stockend, nicht kompetent genug, es läuft einfach nicht so, wie er es erhofft hat. Bedrückt verläßt er die Runde der richtenden Professoren. D. ist Assessor, und er hat gelernt, daß dies ein Wort mit vier »s« ist, aber, so scheint es, das reicht nicht aus. Der Teufelskreis hat ihn eingeholt.

Als er den Eltern von seinem Mißerfolg erzählt, sind auch sie tief getroffen. Rachepläne schmiedet die Mutter. Denen will sie was erzählen von Legasthenie! Der Sohn winkt müde ab: »Für ein Gespräch mit dir kommen die nicht zusammen!« In der Mutter wütet es weiter, aber sie muß einsehen, daß sie dieses Mal passiv bleiben muß. Das kann's aber doch nicht gewesen sein! Und das war's auch nicht. D.s Anruf bestätigt es mir: er hat das Stipendium doch bekommen. Hatten die zwei anderen Herren ein Einsehen? War er doch nicht so schlecht, wie er geglaubt hatte? Wir fragen nicht weiter – wir jubeln!

Eine Woche später ein Anruf von D.: »Soll ich euch mal was Schönes sagen?«»Oh, ja bitte!«»Ich habe eine Stelle!« Nun wirft es mich wirklich um. Laut singen möchte ich und tanzen! Unglaubliches ist geschehen. Die Kanzlei, die ihn nehmen will, nimmt sonst nur Superexamenskandidaten. Das aber hat D. nicht geschafft. Zwar sind es keine schlechten Examina, das wirklich nicht. Er erhielt auch mehr Zeit zum Schreiben. Seine Legasthenie war als Behinderung anerkannt worden. 1½ Stunden mehr Zeit zum Schreiben, das hat er dringend gebraucht, bitternötig sogar. Trotzdem hat er seine Rechtschreibfehler nicht verhindern, hat sie nicht alle finden und korrigieren können. Und: D. mußte es sich beweisen, daß er genauso gut und so schnell wie andere das Studium beenden konnte. In der schnellstmöglichen Zeit schaffte er es denn auch, aber er weiß nun, daß er sich mehr Zeit hätte geben sollen. **Legastheniker brauchen eben meist länger – ein bitteres Fazit, aber Realität. Wer das nicht akzeptiert als schwer Betroffener, der muß eben kleinere Brötchen backen.**

D., der diese bittere Pille nicht schlucken wollte, wiederholt noch in der folgenden Referendarzeit das 1. Staatsexamen. »Unser Hobby-Examensschreiber«, so nennt mein Mann ihn liebevoll. Die Wiederholung des Staatsexamens neben allen Klausuren der Referendarzeit verbessert D. ein gutes Stück. Zwar ist es immer noch nicht die erhoffte Traumnote, aber damit kann er nun leben.

Nach dem 2. Staatsexamen, dem Assessorexamen, das seiner Wunschvorstellung ebenfalls nicht entspricht, läuft er wochenlang mühsam lächelnd umher, es kocht in ihm: das Ganze noch einmal – das wäre möglich, aber wird es die erhoffte Verbesserung bringen? Sein bester Freund hat inzwischen bereits eine Stelle, obwohl auch bei ihm die Traumnoten nicht purzelten. Das tut ein bißchen weh. Immer, immer wieder mißt ein Legastheniker, und sei er noch so erwachsen geworden, seinen Wert, sein Selbstbewußtsein an seinen Rechtschreibleistungen und seinen Noten.

Die Eltern plädieren dafür, die Tatsachen zu akzeptieren und den ganzen Zauber zu vergessen. D. geht bei Freunden auf dem Lande auf Tauchstation, vertieft sich in seine Doktorarbeit und findet sein Gleichgewicht wieder.

Er fängt an, sich zu bewerben. Bei den Gesprächen, die er führt, bleibt es nicht aus, daß gefragt wird, gefragt nach seinem Engagement für die Legastheniker, denn das kann man im Lebenslauf lesen. Er beschönigt nichts, denn verheimlichen läßt sich ein solches Handicap ja nun einmal wirklich nicht. Und seine Offenheit wird ihm zum Erfolg – man schiebt die angestammten Bedenken fort und nimmt ihn trotzdem!

Vielleicht werden Sie als Eltern von Kindern, die noch auf dem schweren Weg sind, nun ein wenig bitter und traurig sein. Es mag Ihnen unerreichbar erscheinen, das, was D. gelang. D. hat in der Tat Traumhaftes geschafft, aber in den Schoß gefallen ist es ihm auch nicht. D. hat das Glück einer guten Begabung und eines gesunden Ehrgeizes. Und er ist ein Kämpfer! So aber kann natürlich nicht jedes Kind sein, und nicht alle Kinder können solche Belastungen aushalten. Doch jeder Legastheniker kann heute das werden, was im Rahmen seiner Begabungen, seines Willens und seiner Anstrengungsbereitschaft liegt.

Sie als Eltern haben als wichtigste Aufgabe, realistisch zu erkennen, wo die Möglichkeiten und Grenzen Ihres Kindes liegen, es nicht zu überfordern, es aber so zu fördern und für die Balance seines Lebens zu sorgen, daß es eines Tages das Ziel erreicht, das ihm erstrebenswert erscheint, wenn auch für manche ein Umweg unumgänglich werden wird. Die Eltern werden dann in den Hintergrund treten, aber bereit sein, aufzufangen, wenn es denn notwendig sein sollte.

So spürten wir Eltern D.s Unzufriedenheit, seinen Kummer, wir wüteten mit ihm, litten wie er, wir sprachen mit ihm und trösteten, aber seinen Weg, den ging er allein. Und nun, nach all den unglaublichen Freudenbotschaften, wagen wir noch nicht richtig wieder durchzuatmen, glauben noch alle Traumtänzer zu sein, aber doch schon Traumtänzer auf der Straße des Glückes.

Und da kommt noch eine Freudenbotschaft: Unser Traumtänzer – er fand eine Frau, eine, die ihn und die sicher immer wieder auftretenden Probleme verstehen wird. Und die Hochzeit bestätigte ihm, was er in der Schulzeit vergeblich suchte, daß ein warmherziger Freundeskreis da ist, der ihm helfen, ihm den notwendigen Ausgleich geben wird für eine nicht einfache Berufstätigkeit. Denn D. hat natürlich auch hier schlechtere Startbedingungen, muß härter arbeiten als andere, braucht mehr Zeit als andere zum Lesen, wird immer unsicher sein, ob er sich nicht doch verlesen habe, muß sich auf gute und verständnisvolle Kollegen verlassen können und wird doch immer wieder konfrontiert mit der bekannten schulischen Situation: seiner Angst zu versagen. Da braucht er nach wie vor viel Unterstützung, Hilfe von allen, von Familie, Freunden, Kollegen, und so wollen wir für die Zukunft hoffen, daß seine unendliche Geschichte mit den Höhen und Tiefen weiterhin einen zwar sicher nicht einfachen, aber letztlich doch guten Verlauf nehmen möge.

Anhang

Nützliche Adressen

Bundesverband Legasthenie e.V.
Königstraße 32
30175 Hannover
Tel.: 0511/318738
Fax: 0511/318739

Beim Bundesverband Legasthenie oder bei der nachstehend genannten Adresse können Sie auch Ansprechpartner im europäischen Ausland erfahren. Die meisten europäischen Länder haben sich in der »European Dyslexia Association« zusammengeschlossen.

Katrin Sellin
Bugenhagenstr. 21
23568 Lübeck
Tel.: 0451/33085
Fax: 0451/36526

In Österreich und der Schweiz erreichen Sie Ansprechpartner über folgende Adressen:

Österreichischer Bundesverband Legasthenie
c/o Mag. Klein-Strasser
Rosentalgasse 13/11
A–1140 Wien
Tel.: 0222/9113277

Verband Dyslexie Schweiz
Postfach 998
CH-8021 Zürich
Tel.: 052/2021707
Fax: 052/2021707

Internate und Psychotherapeutische Kliniken:
Adresse beim Bundesverband Legasthenie erfragen

Kinderzentrum für wahrnehmungsgestörte Kinder
Büdingerstr. 17
60435 Frankfurt/M.
Tel.: 069/954318–0
Fax: 069/954318–17

Arbeitskreis »Überaktives Kind«
Geschäftsstelle: Postfach, 27729 Hambergen
Beratungsstelle: Dieterich-Str. 9, 30159 Hannover
Tel.: 0511/3632729
Fax: 0511/3632772

Verlage für Arbeitsmaterialien:

Psychomotorische Materialien
Bücher und Spiele Laden
G. Seidl-Jerschabek
An den drei Hasen 22
61440 Oberursel
Tel.: 06171/51390
Fax: 06171/51419

Freiarbeit-Verlag
77839 Lichtenau
Tel.: 07227/2019
Fax: 07227/958895

Schubi-Lehrmittel GmbH
Zeppelinstr. 8
78244 Gottmadingen
Tel.: 07731/7018
Fax: 07731/71629

Wildegger
Kerschensteinerstr. 98 A
82110 Germering
Tel.: 089/6990733

Sigrid Persen Verlag
Postfach 2 60
21637 Horneburg
Tel.: 0 41 63/81 40 40
Fax: 0 41 63/81 40 50

Wehrfritz GmbH
Postfach 11 70
96476 Rodach
Tel.: 0 95 64/9 29–0
Fax: 0 95 64/92 92 24

profax-Gerät und Materialien über:

Deutschland:
Aktuelles Lernen
Noman Fischer
Tölzer Str. 12
83607 Holzkirchen
Tel.: 0 80 24/80 01
Fax: 0 80 24/80 03

Schweiz:
PROFAX VERLAG
Sonnenrain 60
CH-8700 Küsnacht
Tel.: 01/9 10 92 06
Fax: 01/9 12 04 64

Österreich:
Jörg Baumgartner GmbH
Schröckingr Weg 2
A-8010 Graz
Tel.: 03 16/6 7 27 02
Fax: 03 16/6 7 27 12

Landesverband Legasthenie Hessen e.V.

Rheinstraße 89. 64295 Darmstadt
Telefon (0 61 51) 8 71-0
Telefax (0 61 51) 87 12 81

Information für IHK-Ausbildungsbetriebe

Anlage für ein
Bewerbungsschreiben

Sehr geehrte Damen und Herren,

Ihnen liegt keine gewöhnliche Bewerbung vor.
Der Bewerber ist Legastheniker und hat aufgrund dieser Tatsache in den Fächern
Deutsch und Fremdsprachen keine Benotung in der Rechtschreibung erhalten.

Eine Legasthenie zu haben, bedeutet in keinem Fall eine Minderung der Begabung.
Legastheniker sind immer gut oder sogar überdurchschnittlich begabt.

Trotz ihrer persönlichen Probleme sind die meisten Legastheniker in der Lage,
den Anforderungen eines Ausbildungsberufes zu entsprechen. Sie benötigen
allerdings eigene Lern- und Arbeitsstrategien, vorwiegend beim Lesen und beim
Schreiben.
Bei einem schriftlichen Aufnahmetest können Sie die tatsächliche Begabung des
Legasthenikers nicht erfassen. Wir empfehlen Ihnen daher, statt des schriftlichen Tests ein ausführliches Bewerbungsgespräch zu führen.

Bei Bewerbern für technische Berufe können Sie aufgrund allgemeiner Erfahrung
davon ausgehen, daß viele Legastheniker für diese Berufe besonders qualifiziert
sind und gute Ausbildungsergebnisse erzielt werden können.

Bei Bewerbern für kaufmännische Berufe mit schwerster Legasthenie kann man
keine allgemeingültige Aussage treffen. Wir empfehlen hier die Einschaltung
eines klinischen Psychologen, um die individuelle Eignung feststellen zu
lassen, sofern nicht schon ein entsprechendes Gutachten erstellt wurde.

Die Kammer bemüht sich, im Rahmen der rechtlichen Möglichkeiten, Ihnen bei
der Ausbildung zu helfen. Sie unterstützt zusammen mit den Prüfern Ihr Engagement
durch Schaffung entsprechender Rahmenbedingungen für Zwischen- und Abschlußprüfungen.

Dies ist eine Gemeinschaftsaktion des Landesverbandes Legasthenie Hessen e.V.
und der Kammer zur Verbesserung der Ausbildungs- und Beschäftigungsmöglichkeiten
von Legasthenikern in der Wirtschaft.

Darmstadt, April 1989

Industrie- und Handelskammer
D a r m s t a d t

i. A. *[Unterschrift]*

Dipl.-Hdl. Rosenbauer

Landesverband Legasthenie Hessen e.V.

[Unterschrift]

M. Firnhaber

Landesvorsitzende

Postgirokonto: Postgiroamt Ffm. (BLZ 500 100 60) Nr. 1 451 25-603; **Bankkonten:** BHF-Bank Darmstadt (BLZ 508 200 00) Nr. 13 041 264; Commerzbank Darmstadt (BLZ 508 400 05)
Nr. 1 303 940; Darmstädter Volksbank Darmstadt (BLZ 508 900 00) Nr. 158 704; Deutsche Bank Darmstadt (BLZ 508 700 05) Nr. 180 034; Dresdner Bank Darmstadt (BLZ 508 800 50)
Nr. 1 741 664; Landesbank Hessen-Thüringen - Gir .zentrale - Darmstadt (BLZ 508 500 49) Nr. 5 093 777 000; Stadt- und Kreissparkasse Darmstadt (BLZ 508 501 50) Nr. 554 464

IHK Arbeitsgemeinschaft
hessischer Industrie- und Handelskammern

Empfehlung

Berücksichtigung besonderer Belange von Legasthenikern in Zwischen- und Abschlußprüfungen

A. Grundlage der Empfehlung

Empfehlung des Hauptausschusses des Bundesinstituts für Berufsbildung vom 24. Mai 1985

- Ziff. 2.1.4 - Lernbehinderte (Teilausfälle im kognitiven Bereich)
- § 13 Abs. 4 Musterprüfungsordnung, wonach bei der Prüfung die besonderen Belange körperlich, geistig oder seelisch Behinderter zu berücksichtigen sind.

B. Kurzdefinition von Legasthenie

Legasthenie ist die Bezeichnung für besondere Schwächen und Schwierigkeiten beim Erlernen und beim Beherrschen von Lesen und/oder Schreiben und/oder Rechtschreiben (Teilausfälle im kognitiven Bereich), die weder auf eine allgemeine Beeinträchtigung der geistigen Entwicklung noch auf unzulänglichen Unterricht zurückgeführt werden können. Kennzeichnend allein ist die Diskrepanz zwischen diesen Schwächen und der allgemeinen Intelligenz-Leistungsfähigkeit.

Unverständnis von Schule und Elternhaus gegenüber dieser Schwäche bewirken sehr oft Prüfungsängste, vor allem im kommunikativen, theoretischen Teil einer Prüfung, die - unerkannt - das Prüfungsergebnis erheblich beeinträchtigen können.

C. Empfehlungen für die IHK-Ausbildungsbetriebe und -Prüfungsausschüsse

1. Im Rahmen der Ausbildung und bei den Prüfungen sollen die mit der Legasthenie auftretenden Schwierigkeiten berücksichtigt werden.

2. Bereits bei dem Antrag auf Eintragen des Berufsausbildungsvertrages in das Ausbildungsverzeichnis sollte der Nachweis über Art und Umfang der besonderen Lernschwächen bzw. -schwierigkeiten durch ein **kompetentes ärztliches oder psychologisches Gutachten** beigefügt werden. Dieses Gutachten kann auch bereits Empfehlungen für die Prüfungsdurchführung enthalten.

3. Spätestens bei der Anmeldung zur Prüfung muß der Ausbildungsbetrieb auf das Vorliegen einer Behinderung hinweisen, wenn diese bei der Prüfung berücksichtigt werden soll.

4. Die Feststellung, daß eine zu berücksichtigende Behinderung vorliegt, obliegt der Kammer, nicht dem Prüfungsausschuß.

5. Die besonderen Maßnahmen dürfen lediglich die behinderungsbedingte Benachteiligung ausgleichen. Die **Prüfungsanforderungen** dürfen dadurch qualitativ **nicht verändert** werden, z. B. durch Abstriche an den Prüfungsinhalten.

bitte wenden!

6. In Betracht kommende Hilfen können sein:

- Vorgespräch mit dem/der Prüfungsteilnehmer/-in über den Ablauf der Prüfung führen

- Zeitzugaben bei den einzelnen Prüfungsteilen bzw. -fächern gewähren

- Benutzung eines PC's bzw. einer Schreibmaschine bei schreibmotorischer Behinderung erlauben oder

- mündliche Beantwortung mit Hilfe eines Diktiergerätes bzw. Tonbands zulassen

- Vorlesen der Aufgaben durch ein Mitglied des Prüfungsausschusses oder Abhören eines Tonbandes

- Hinweis geben auf die Möglichkeit der Rückfrage bei Prüfern im Falle von Unverständlichkeiten (vor Beginn der Prüfung)

- Hilfen zulassen, die prüfungsunwichtig sind

- Kennenlernen der Prüfungsörtlichkeit ermöglichen (z. B. durch den Ausbildungsbetrieb)

- Prüfung gegebenenfalls in Einzelräumen bzw. Gruppenprüfung bei Vorliegen gleicher Symptome

7. Grundsätzlich handelt es sich immer um Einzelfallentscheidungen der Kammer.

Frankfurt/Darmstadt, den 1. September 1994

Ferdinand Rosenbauer

IHK-Geschäftsführer

Auf den vorangehenden Seiten:
**Information für die IHK-Ausbildungsbetriebe
– Anlage für ein Bewerbungsschreiben** (S. 260)
**und
Empfehlungen der Arbeitsgemeinschaft
hessischer Industrie- und Handelskammern** (S. 261–262)

Literaturverzeichnis

Viele Bücher dieser Liste können unerfahrene Eltern sehr irritieren. Sie sollten deshalb zunächst die im Anhang des Kapitels 24 mit * empfohlenen Bücher lesen!

ATZESBERGER, M.: Prävention und Intervention bei Lese-Rechtschreibversagen und Lese-Rechtschreibschwäche, Dürr, Bonn-Bad Godesberg 1981

–, –: Legasthenie und Dyskalkulie. In: Kommunikation zwischen Partnern, Band 227, Bundesarbeitsgemeinschaft Hilfe für Behinderte e.V., Düsseldorf 1986

AUGUR, J.: This book doesn't make sens cens scens sns sense (Living and learning with Dyslexia), Newfeld Press Limited, Ashford, Middlesex 1981

AYRES, A. J.: Bausteine der kindlichen Entwicklung, Springer, Berlin–Heidelberg 1984

BAKKER, D. J. / CONNERS, C. K. / GUTEZEIT, G. / MARTINIUS, J.: Diagnose und Therapie der Legasthenie, Internationales Symposium, Venedig 1986. In: Münchner Med. Wochenschrift Nr. 20, 1986

BALLINGER, E.: Lerngymnastik, Bewegungsübungen für mehr Erfolg in der Schule, Neuer Breitschopf Verlag, Wien 1992

BEILHARDT, K. (Hrsg.): Grundzüge der Englischen Grammatik, Klett, Stuttgart 1972

BERNAU, S.: Hilfen für den Zappelphilipp, Herder (Spectrum), Freiburg 1995

BERNAU, S.: Schulversagen durch falsche Ernährung. Reizstoffarme Ernährung für nahrungsmittelempfindliche Kinder und Jugendliche, Hüthig, Heidelberg 1990

BIELEFELDT, E.: Tasten und Spüren. Wie wir bei taktilkinästhetischer Störung helfen können, Ernst Reinhardt, München 1991

BIGLMEIER, F. / SCHWARTZ, E. (Hrsg.): Legasthenie – ein pädagogisches Problem, Beiträge zur Reform der Grundschule Bd. 8, Arbeitskreis Grundschule e. V., Frankfurt 1973

BIRKENBIHL, V.: Sprachenlernen leichtgemacht! Die Birkenbihl-Methode zum Fremdsprachen lernen, mvg-verlag, München–Landsberg am Lech 1995

BRAND, I./BREITENBACH, E./MEISEL, V.: Integrationstörungen, Verlag Maria-Stern-Schule des Marienvereins, Würzburg 1986

BREITENBACH, E.: Unterricht in Diagnose- und Förderklassen. Neuropsychologische Aspekte schulischen Lernens, Klinkhardt, Bad Heilbrunn/Obb. 1992

BREITENBACH, E./JAROSCHEK, E.: Tolpatschig und ungeschickt. Kindliche Dyspraxien, edition bentheim, Würzburg 1995

BREUER, H./WEUFFEN, M.: Gut vorbereitet auf das Lesen- und Schreibenlernen? Deutscher Verlag der Wissenschaften, Berlin 1990 (7. Aufl.)

BREUER, H./WEUFFEN, M.: Lernschwierigkeiten am Schulanfang. Schuleingangsdiagnostik zur Früherkennung und Frühförderung, Beltz (Beltz praxis), Weinheim 1993

BRÖHM-OFFERMANN, B.: Suggestopädie. Sanftes Lernen in der Schule, AOL-Verlag Die Werkstadt, Göttingen, 1994 (erw. Aufl.)

BÜCKEN, H.: Kimspiele. Spiele zum Sehen, Schmecken, Riechen, Tasten, Hören und Denken, Hugendubel, München 1993

BUNDESVERBAND LEGASTHENIE (Hrsg.): Legasthenie. Bericht über den Fachkongreß 1980, Reha-Verlag, Bonn 1981; Berichte über die Fachkongresse 1982, 1984, 1986, 1988, 1990, 1993, 1995, Ostfriesische Beschützende Werkstätten GmbH, Emden 1983, 1985, 1987, 1989, 1991, 1994, 1996

CRITCHLEY, M.: Development Dyslexia, London 1964

DEFERSDORF, R.: Drück mich mal ganz fest. Geschichte und Therapie eines wahrnehmungsgestörten Kindes, Herder, Freiburg 1991

DTV JUNIOR: Diverse Ausgaben Lesebär, München

DOERNBERG, G.: Die Betreuung von Legasthenikern der Sekundarstufe I in der Schulpraxis, Diesterweg, Frankfurt 1978

DOSTAL, K.A.: Der deutsche Aufsatz I, Leitner, Wien 1988 (15. Aufl.)

DUMMER-SMOCH, L.: Mit Phantasie und Fehlerpflaster, Ernst Reinhardt, München 1989

DUMMER, L.: Die spezifische Lese-Rechtschreibschwäche, Jugend und Volk, Wien–München 1981

–, –: Legasthenie – eine Behinderung? In: LRS 1/1980 und LRS 1/ 1982, Informationsorgan des Bundesverbandes Legasthenie, Reha-Verlag, Bonn

Nachgedruckt in: R. Rhein (Hrsg.): Wir sind Legastheniker. Ullstein, Frankfurt–Berlin 1982

–, –: Die Diagnose der Legasthenie in der Schulklasse, Julius Klinkhardt, Bad Heilbrunn/Obb. 1977

DUMMER, L./HACKETHAL, R.: Kieler Leseaufbau, Veris Pädagogische Medien 1, Kiel 1984

EBEL, V. (Hrsg.): Legasthenie – Bericht über den Fachkongreß 1976, Eigenverlag des Bundesverbandes Legasthenie, Bad Königshofen 1977

–, – (Hrsg.): Legasthenie – Bericht über den Fachkongreß 1978, Reha-Verlag, Bonn 1979

EBERLEIN, G.: Autogenes Training mit Kindern, Econ, Düsseldorf 1986

–, –: Ängste gesunder Kinder, Econ, Düsseldorf 1979

ECCLES, JOHN C.: Gehirn und Seele, Piper, München 1987

EGGERT, D. (Hrsg.): Psychomotorisches Training, Beltz (Beltz praxis), Weinheim 1978

ENDRES, W.: So macht Lernen Spaß, Beltz, Weinheim 1987

ENGLBRECHT, A./WEIGERT, H.: Lernbehinderungen verhindern, Unterrichtspraxis: Grundschule, Diesterweg, Frankfurt 1994

ENGLISCH G GRAMMATIK, Cornelsen, Berlin 1994

FACKELMANN, J.: hören und üben 2, Oldenbourg, München

FIDIBUS. Deutsches Wörterbuch 5–10, bearbeitet v. H. H. Plickat u. U. Haaf, Klett, Stuttgart 1991

FRÜHWIRTH, I./MEIXNER, F. (Hrsg.): Sprache und Lernen – Lernen und Sprache, Jugend und Volk, Wien 1990

GALABURDA, ALBERT M.: Dyslexia – A Review of Biological Functions. In: Annals of Dyslexia, Orton Society, Baltimore, MD, USA 1985

GRISSEMANN, H.: Legasthenie und Rechenleistung, Huber, Bern 1974

–, –: Die heilpädagogische Betreuung des legasthenischen Kindes, Huber, Bern 1972

HACKETHAL, R.: Zehn Schritte zur Rechtschreibung. Gemeinsam richtig anfangen, Megalopolis, Schwerin 1995

HEINST, M.: Duden. Mein erstes Zahlenbuch, Dudenverlag, Mannheim 1992

HERING, W.: Bewegungslieder für Kinder. Spiele und Musik von 2–5, Rowohlt, Reinbek 1994

HOFMANN / JUNA / KÖNIG / KROTKY / SIMKOVSKY: Spiel mit uns, Spiele für alle Kinder, besonders Kinder mit Teilleistungsschwächen, Jugend und Volk, Wien 1987

HOLLER, J.: Das neue Gehirn, Ganzheitliche Gehirnforschung und neue Medizin. Theorien, Modell, Aktueller Forschungsstand, Bruno Martin, Südergellersen 1989

HÖGER, D.: Einführung in die pädagogische Psychologie, Kohlhammer, Stuttgart 1972

HÜHOLDT, J.: Wunderland des Lernens. Lernbiologie, Lernmethodik, Lerntechnik, Verlag für Didaktik, Bochum 1984

HÜNNEKENS, H. / KIPHARD, E. J.: Bewegung heilt. Psychomotorische Übungsbehandlung bei entwicklungsrückständigen Kindern, Flöttmann, Gütersloh 1985

HUSEN VAN, B.: Legasthenie – Ratgeber für die Praxis, Deutscher Ärzte-Verlag, Köln 1982

INNERHOFER, P.: Kleine Psychologie für Eltern, mvg-verlag, Landsberg 1987 (2. Aufl.)

JENSEN, V. / WOODBURG HALLER, D.: Was ist das? Sauerländer, Aarau 1986

JUNA, J. / SRETENOVIC, K. (Hrsg.): Legasthenie – gibt's die? Jugend und Volk, Wien 1993

KAPPERS, E. J.: Initielle Dyslexia und Hemisphärenspezialisierung. In: Legasthenie. Bericht über den Fachkongreß 1988, Ostfriesische Beschützende Werkstätten GmbH, Emden 1989

KESPER, G. / HOTTINGER, C.: Mototherapie bei Sensorischen Integrationsstörungen. Eine Anleitung zur Praxis, Ernst Reinhardt, München 1993 (2. verb. Aufl.)

KIPHARD, E. J.: Unser Kind ist ungeschickt. Hilfen für das bewegungsauffällige Kind, Ernst Reinhardt, München 1984

–, –: Wie weit ist ein Kind entwickelt? modernes lernen, Dortmund 1987

KLASEN, E.: Das Syndrom der Legasthenie, Huber, Bern 1971

KOWARIK, O.: Das ist Spitze. Teil 1 und 2, Jugend und Volk, Wien 1988

–, –: So werde ich Rechtschreibmeister. Teil 1 und 2, Jugend und Volk, Wien 1987

–, –: Ich übe mit Sindi und Moro. Teil 1–4, Jugend und Volk, Wien 1985

–, –: Legasthenikerbetreuung in Gruppen und Kursen, Jugend und Volk, Wien 1977

KOWARIK, O. / KRAFT, J.: Die Legasthenie und ihre methodische Behandlung, Jugend und Volk, Wien 1973

–, –: Kannst Du das auch? Jugend und Volk, Wien 1971

KRENN, R. / KOWARIK, O.: Horchen Zeigen Lesen 1, 2, Jugend und Volk, Wien 1982

LANGENSCHEIDTS Kurzgrammatik Englisch, Langenscheidt, Berlin–München 1980

LANGENSCHEIDTS Verbtabellen Englisch, Langenscheidt, Berlin–München 1984

LAUSTER, U.: Diverse Übungshefte, Lentz, München 1994

LLOYD, L.: Des Lehrers Wundertüte. NLP macht Schule, VAK Verlag für Angewandte Kinesiologie GmbH, Freiburg 1993

LOHMANN, B.: Müssen Legastheniker Schulversager sein? Ernst Reinhardt, München 1982

LORENZ, J. H. (Hrsg.): Untersuchungen zum Mathematikunterricht, IDM-Reihe Band 10 (Institut für Didaktik der Mathematik der Universität Bielefeld), Aulis, Köln 1984

LÜK: Englisch Frühbeginn. Englisch 1, 2, 3, Westermann, Braunschweig 1975

LÜK und MINI-LÜK: Diverse Hefte, Westermann, Braunschweig

LUIK, G.: Stolpersteine, Paul Haake, Bonn 1986

LURIJA, A. R.: Das Gehirn in Aktion, Rowohlt, Reinbek 1992

MACCRACKEN, M.: Charlie, Eric und das ABC des Herzens, Fischer Taschenbuch Verlag, Frankfurt 1990 (Band 3273)

MACCRACKEN, M.: Lovey. Die Therapie eines schwierigen Kindes, Fischer Taschenbuch Verlag, Frankfurt 1990 (Band 3274)

MAHLSTEDT, D.: Schreibschritte, vereinfachte Ausgangsschrift, Beltz, Weinheim 1982

MALMQUIST, E.: Eine Untersuchung zu Faktoren, die mit Lesestörungen bei Kindern des 1. Schuljahres verbunden sind. In: R. Valtin (Hrsg.), Einführung in die Legasthenie, Beltz, Weinheim 1973

MANZ Lernhilfen: Diverse Ausgaben, Manz, München 1978

MARTINIUS, J.: Legasthenie: Neuere Aspekte in der Forschung und ihre Anwendung in der Therapie. In: Dt. Ärzteblatt, Okt. 1984

MEIER, CH./RICHLE, J.: Sinn-voll und alltäglich, Materialiensammlung für Kinder mit Wahrnehmungsstörungen, verlag modernes lernen, Dortmund 1994

MEIXNER, F.: Bildgeschichten 1, 2, 3, Jugend und Volk/Diesterweg/Sauerländer, Wien 1991

MERTENS, K.: Körperwahrnehmung und Körpergeschick, verlag modernes lernen, Dortmund 1991

MEYER, H./MEYER, R.: Lese-Rechtschreibschwäche und ihre Behandlung im Unterricht (I) und (II), Schroedel, Hannover 1974

MILZ, I.: Sprechen, Lesen, Schreiben: Teilleistungsschwächen im Bereich der gesprochenen und geschriebenen Sprache, Edition Schindele, 1994 (3. erw. Aufl.)

MINI-LÜK: Mathematik, Diverse Übungshefte, Westermann, Braunschweig 1979

MISKE-FLEMMING, D.: Theorie und Methode zur Behandlung von perzeptionsgestörten Kindern, Schriftenreihe Ergotherapie, verlag modernes lernen, Dortmund 1987

MÜLLER, E.: Du spürst unter deinen Füßen das Gras. Autogenes Training in Phantasie- und Märchenreisen, Fischer Taschenbuch Verlag, Frankfurt 1983 (Band 3325)

–, –: Auf der Silberlichtstraße des Mondes. Autogenes Training mit Märchen zum Entspannen und Träumen, Fischer Taschenbuch Verlag, Frankfurt 1985 (Band 3363)

–, –: Träumen auf der Mondschaukel. Autogenes Training mit Märchen und Gute-Nacht-Geschichten, Kösel, München 1993

–, –: Hilfe gegen Schulstreß. Übungsanleitungen zu Autogenem Training, Atemgymnastik und Meditation für Kinder und Jugendliche, Rowohlt, Reinbek 1991

MÜLLER, R.: Leseschwäche, Leseversagen, Legasthenie. Band 1 und 2, Beltz, Weinheim 1974

–, –: Anleitungsbuch zum Material für gezieltes Rechtschreibtraining, Beltz, Weinheim 1969

MÜLLER, H./VOLLMER, U.: Rechtschreibblätter, Persen, Horneburg 1993

NIEBERGALL, G.: Diagnostische Aspekte der Legasthenie: In: Monatsschriften Kinderheilkunde, Springer, Berlin–Heidelberg 1987

NISSEN, G.: Erbliche Dyskalkulie. In: Handbuch Sonderpädagogik, Band 4, Pädagogik der Lernbehinderten, Marhold, Berlin 1977

O'CONNOR, J./SEYMOUR, J.: Neurolinguistisches Programmieren: Gelungene Kommunikation und persönliche Entfaltung, VAK Verlag für Angewandte Kinesiologie GmbH, Freiburg 1994

OTT, E.: Fit durch Entspannung. Ein 3-Minutenprogramm, Kösel, München 1986

PASSOLD, M. (Hrsg.): Hyperaktive Kinder, Psychomotorische Therapie, Ernst Reinhardt, München 1993

PAUSEWANG, E.: Die Unzertrennlichen. Neue Fingerspiele, Band 3, Don Bosco, München 1988

PESCHKA, A./HAGEMEISTER, B.: Mein Kind ist Legastheniker, Schnetztor, Konstanz 1986

PILZ, D./SCHUBENZ, S. (Hrsg.): Schulversagen und Kindergruppentherapie, Pahl-Rugenstein, Köln 1979

PROFAX: Diverse Hefte und Gerät Lese- und Rechentraining, Aktuelles Lernen, Holzkirchen

QUIN, V.: Dyslexia what parents ought to know, Penguin, London 1988

REMSCHMIDT, H.: Was sind Teilleistungsschwächen? In: Monatsschriften Kinderheilkunde, Springer, Heidelberg 1987

REMSCHMIDT, H./SCHMIDT, M. (Hrsg.): Neuropsychologie des Kindesalters, Enke, Stuttgart 1981

RENTZ, R.: Neuere Ergebnisse der Legasthenieforschung. In: Sozialpädiatrie in Praxis und Klinik, Heft 9, 4. Jahrgang 82, Kirchheim u. Co., Mainz

REUTER-LIEHR, C.: Lautgetreue Rechtschreibeförderung, Lautgetreues Material Bd. 5, D. Winkler, Berlin 1992

RÖHR, H./BARTELS, B.: The English Companion's modern grammar, Diesterweg, Frankfurt 1979

RÜCKER-VOGLER, U.: Kinder können entspannt lernen. Grundlagen und Übungen, Don Bosco, München 1994

RÜCKER-VOGLER, U.: Bewegen und Entspannen. Spiele und Übungen für Kinder, Otto Maier, Ravensburg 1994

SCHENK-DANZINGER, L.: Legasthenie – Cerebral-funktionelle Interpretation, Ernst Reinhardt, München 1991 (überarb. Ausgabe)

–, –: Entwicklungspsychologie, Österreichischer Bundesverlag, Wien 1988 (überarb. Auflage)

–, –: Ist die Legasthenie wirklich ein Milieuproblem? Und: Eine neue Untersuchung von Problemen der Raum-Lage-Unsicherheit legasthenischer Kinder. In: E. Schwartz (Hrsg.), Legasthenie – ein pädagogisches Problem, Beiträge zur Reform der Grundschule, Bd. 8, Arbeitskreis Grundschule e.V., Frankfurt 1973

SCHLOTTKE, P. F.: Zwischen »Zappelphilipp« und »Hans-guck-in-die-Luft«: Kinder mit Aufmerksamkeitsstörungen. In: Acta Paedopsychiatrica, Heft 3, Marhold, Düsseldorf 1988

SCHOEBE, G.: Deutsche Kurzgrammatik, Oldenbourg, München 1979 (7. Aufl.)

SCHOLZE-MERTENS, G.: Neue Englische Grammatik, Das neue Fachbuch, Göppingen 1994

SCHÜLERDUDEN: Rechtschreibung und Wortkunde, Bibliographisches Institut, Mannheim 1984

SCHÜLERDUDEN: Übungsbücher, Bibliographisches Institut, Mannheim 1969

SCHULTE, B. / TRENK-HINTERBERGER, P.: Legasthenie und Sozialrecht, Reha-Verlag, Bonn 1982

SIMON, W.: Befund: »Legasthenie«, Schwann, Düsseldorf 1981

SINNHUBER, H.: Spielmaterial zur Entwicklungsförderung – von der Geburt bis zur Schulreife, verlag modernes lernen, Dortmund 1986

STÄDELI, H. (Hrsg.): Die leichte frühkindliche Hirnschädigung, Huber, Bern 1972

STÖCKLIN-MEIER, S.: eins zwei drei ritsche ratsche rei. Otto Maier, Ravensburg 1987

STRAUB, A. / THOMS, W. D.: Rechtschreibtraining 3, Dürr & Kessler, Rheinbreitbach 1991

STRAUB, A. / ATZESBERGER, M.: Die Förderung des Legasthenikers in der Schule, Klett, Stuttgart 1974

TAMM, H.: Die Betreuung legasthenischer Kinder, Beltz, Weinheim 1972

TAMM, H. / TAMM, H.: Lies mit uns, schreib mit uns, Heft 2/3; 3/4; 5/6, Beltz, Weinheim 1965

TAUSCH, R.: Hilfen bei Streß und Belastung, Rowohlt, Reinbek 1993

TAYLOR, E.: Das hyperaktive Kind, Hippokrates, Stuttgart 1985

UNGERER, F. / PASCH, P.: Englische Grundgrammatik, Klett, Stuttgart 1979

VELLUTINO, F. R.: Legasthenie. In: Spektrum der Wissenschaft, Heidelberg 1987

VESTER, F.: Phänomen Streß, wo liegt sein Ursprung, warum ist er lebenswichtig, wodurch ist er entartet? dtv, München 1991

VITALE, B. M.: Lernen kann phantastisch sein. Kinderleichtes Lernen durch optimalen Einsatz beider Gehirnhälften, Gabalverlag, Bremen 1993

WALTER, U.: Mein kleines wildes Teufelchen, Verlag Sport und Gesundheit, Berlin 1992

VOKABELKARTEI Grundwortschatz Englisch und Latein, Klett, Stuttgart 1974

WARNKE, A.: Behandlung der Legasthenie im Kindesalter. In: Monatsschriften Kinderheilkunde, Springer, Heidelberg 1987

–, –: Legasthenie und Hirnfunktion. Neuropsychologische Befunde zur visuellen Informationsverarbeitung, Huber, Bern 1990

WEINSCHENK, C.: Rechenstörungen bei sonst normaler Intelligenz – ihre Diagnose und Therapie. In: V. Ebel (Hrsg.): Legasthenie – Bericht über den Fachkongreß 1978, Reha-Verlag, Bonn 1979

–, –: Die erbliche Lese-Rechtschreibschwäche und ihre sozialpsychiatrischen Auswirkungen, Huber, Bern 1962

WESTERMANN SCHULBUCHVERLAG: Diverse Lernspiele, Braunschweig 1990

WILLIMCZIK, K. / FIRNHABER, W., U. A.: Bewegungsverhalten und Bewegungsstörungen im Grundschulalter – Entwicklung, Ursachen, Abbaumöglichkeiten, Schriftenreihe des Bundesministers für Jugend, Familie und Gesundheit, Bd. 97, Kohlhammer, Stuttgart 1981